浙江省民族宗教事务委员会研究成果后期资助项目

跨文化解构与交际行为再构：
高校跨文化交际英语教学策略研究

张　蓉　著

中国农业出版社
农村读物出版社
北　京

图书在版编目（CIP）数据

跨文化解构与交际行为再构：高校跨文化交际英语教学策略研究 / 张蓉著. —北京：中国农业出版社，2022.10（2023.8 重印）

ISBN 978-7-109-30016-3

Ⅰ.①跨… Ⅱ.①张… Ⅲ.①英语－教学研究－高等学校 Ⅳ.①H319.3

中国版本图书馆 CIP 数据核字（2022）第 169820 号

中国农业出版社出版

地址：北京市朝阳区麦子店街 18 号楼
邮编：100125
责任编辑：肖　杨
责任校对：周丽芳
印刷：北京中兴印刷有限公司
版次：2022 年 10 月第 1 版
印次：2023 年 8 月北京第 2 次印刷
发行：新华书店北京发行所
开本：700mm×1000mm　1/16
印张：13
字数：260 千字
定价：78.00 元

在全球经济一体化和文化多元化的大背景下，各国之间的交流合作日益频繁，跨文化交际能力的重要性愈加凸显，已成为当代大学生必备的关键能力之一。大学外语教学的最终目标就是让学生运用英语实现顺畅的跨文化交际。然而长期以来，我国高校外语教学侧重语言本身的教学，而忽略了文化教学，这种长期沿袭以讲授语言知识为重点的传统教学模式，导致学生英语文化知识的缺乏，跨文化交际能力薄弱，语言学习者在跨文化交际中出现语用失误，因此迫切需要将跨文化交际融入大学英语教学。这不仅是顺应新时代社会发展的需求，而且是实现外语教学目标的根本途径。基于此，本书主要探究大学英语教学中跨文化交际能力培养的有效策略。

目前很多高校都在关注如何通过高校英语教学模式的创新来培养学生的跨文化交际能力，从而培养出适应时代发展的高素质国际化人才。本书从跨文化交际的角度出发，将跨文化交际的理论知识融于大学英语教学之中，系统介绍了跨文化交际的概念与内涵，跨文化交际中的言语交际和非言语交际，提出了跨文化交际英语教学的理论建构，跨文化交际英语教学的方法等内容，分析了跨文化交际英语教学的问题与建议，探讨了跨文化交际与英语教学的融合；研究了跨文化交际能力的培养策略，并从跨文化交际的视角多方面探讨了大学英语教学的具体实践，包括词汇教学、阅读教学、写作教学和翻译教学，以期为培养更多优秀的国际化人才提供参考。作者总结了英语教学与跨文化交际能力培养方面的理论探索和实践经验，在书中列举了大量的文化知识和教学实例，提高了本书的实用性和应用性。

　　本书在撰写过程中得到了许多专家学者和同事的帮助与支持，在此表示诚挚的谢意。由于作者水平和时间有限，书中难免存在疏漏之处，敬请广大读者批评指正。

CONTENTS 目 录

第一章

文化与交际

第一节 文 化

一、文化的定义

文化一词源于拉丁语 colere，原意为耕种、栽培、养育等，在后世的演变发展中，文化一词还包括培养人的品德和能力。文化是一个内涵丰富且复杂的词，人类学家、社会学家、心理学家等不同的学者，分别从各自的学科角度，对文化下了定义。

英国著名人类学家泰勒（Edward Tylor）在《原始文化》一书中提出了其对于文化的定义：文化是一个复杂的系统，包括知识、信仰、艺术、法律、道德、风俗以及人作为社会成员所获得的所有能力和习惯。尽管后人对这个定义褒贬不一，也不断有新的定义提出，但这一文化定义被学术界公认为是经典且具有权威性的定义。

20世纪美国文化学家克罗伯（Kroeber）和克拉克洪（Kluckhohn）对100多种文化的定义进行了分析和整理，并在《文化：概念和定义的批判性回顾》一书中给文化下了一个综合定义："文化存在于各种内隐和外显的行为模式之中，借助符号的运用被学习和传播，是人类群体的特殊成就，这些成就包括他们制造物品的各种具体式样。文化的基本要素是传统思想观念和价值，其中价值观最为重要。"这是现代西方许多学者所接受的一种定义。由此总结出文化的四大特征：

①文化存在于内隐和外显的行为模式中；

②文化的核心是价值和传统思想观念；

③文化体现了人类群体的显著成就；

④文化能够指导人们的行为。

这一定义不仅强调了文化是人类行为的产物，还指出了文化能够对人类的行为产生决定性的影响和作用。这一定义还提出了文化的核心是价值观的概念，是对泰勒的定义的拓展和延伸。

另外两位学者关于文化的定义更适用于跨文化语言交际的领域。社会语言学家歌德朗夫（Goodenough）认为文化是指"人们为了使自己的社会活动能够被其他社会成员所接受而习得的一切，因此文化是由人们所学习到的所有知识组成的"。本尼迪克特（Benedict）认为文化是某个民族所表现出来的一种思维方式和行为方式，一种不同于其他任何民族的特有方式。这两个定义都强调了文化的民族性，前者突出的是民族内部的差异，后者突出的是民族之间的差异。不同的民族创造了属于自己特有的文化，因此产生了文化差异。文化作为一个概念，有狭义和广义之分。广义上的文化，包括物质文化和精神文化两个方面，是指人类在社会历史发展进程中所创造的物质财富和精神财富的总和。从狭义来看，狭义的文化主要是指精神方面的文化，指的是社会的意识形态、风俗习惯、用语规范及社会制度等，但是精神层面的文化不可能脱离人类物质生产的实践而独立存在，是在人类改造社会的实践当中产生出来的。在社会实践中，在人类的社会活动中既创造了物质财富，又创造了精神财富，形成了人类所特有的思维方式和生活方式，因此精神方面和物质方面的文化是融为一体、密不可分的。不过通常情况下提到文化，人们首先想到的是狭义的精神层面的文化。

《现代汉语词典》对于文化的定义是"在人类社会历史发展过程中所创造的物质财富和精神财富的总和。特指精神财富，如文学、艺术、教育、科学等"。综上所述，文化是人类在社会活动中产生的，包括文学、艺术、教育、科学、生活方式、饮食习惯、建筑、道德观念、宗教信仰、思维方式、价值观念等。

二、文化的特点

（一）文化具有后天习得性

文化不是一个人与生俱来的，也不是通过遗传获得的，而是后天习得的。文化是在后天的生活中逐渐形成的。文化的习得与其所生活的社会环境有密切的联系。例如，一个人如果出生在美国环境中，那么他所学习的语言就是英语，生活方式和饮食习惯就是西方的模式，他的价值观也是西方的价值观，但如果他一开始出生在中国，那么他就具备中国文化的特征，讲汉语。一个狼孩，因为出生在狼群中，所以他习得的文化就是狼文化。这些例子充分说明了文化的后天习得性。

习得文化的方式有很多种。可以通过谚语、典故、艺术、大众媒体等方式习得文化，也可以通过家庭教育和学校教育习得。

（二）文化具有传承性

文化的传承性是指文化是代代相传的。文化是前人生活经验和生产方式的总结，是一个民族思想结晶和社会活动经验的总结，对于后人来说是一笔宝贵的精神财富，具有重要的指导意义，这些宝贵的经验会由一代人传给下一代人，世世代代相传。文化主要通过一代又一代的口口相传或亲身实践来传承，也会通过书面语言或非语言符号进行传承，即使是抽象的文化思想，也能通过语言载体加以记录和传承。每个国家都有自己特定的文化一直传承到现在，如一些传统的节日庆祝方式。这些文化是上一代传下来的，而且还会继续传承下去。

（三）文化具有动态变化性

文化不是一成不变的。文化会随着经济的发展和社会的进步而改变。有一些传统落后的文化，会被先进的文化取代；一些落后的生产生活方式，也会被新的方式代替。一方面，文化由于受政治、经济等社会因素的影响，在不同时期会不断变化；另一方面，科技的进步和新发明的出现，也会带动文化的发展。如电视、电话和电脑的出现给人们的思维和行为方式带来了新的变化。

（四）文化具有民族性

文化是某个地方一群人集体的生活经验和生活方式的经验总结，而不是个人的行为习惯。文化根植于民族，并随着民族的发展而变化。文化是特定群体共同生活的产物。文化是以民族为中心的，不同的文化具有不同民族的特点。文化体现了一个民族共同的生活方式或者风俗习惯。民族是一个社会共同体，同一地区生活的人民具有一些共性，越古老的民族，其民族性就越强。

三、文化的分类

文化包罗万象，有着丰富的内涵和构成要素，因此对于文化的分类方法也有很多种。很多学者从不同的角度对文化进行了分类。综合起来，可以归纳为几下几种类型。

（一）高层文化、深层文化与大众文化

根据文化层次的高低，从人类学角度来分，可以把人类文化由高到低分为高层文化、深层文化和大众文化。

高层文化又称为"精英文化"，包括历史、文学、哲学、艺术等较为高雅的文化。

深层文化是指人们的思维方式、价值观、世界观等文化，能够对行为起指导和决定作用的隐性文化，深层文化是看不见的、不外现的文化，又称为"背景文化"。

大众文化是指普通大众在共同的生活环境下创造出来的相同的生活方式、风俗习惯等通俗文化。大众文化与人们的日常生活密切相关。

（二）物质文化、制度文化和精神文化

根据文化的不同表现形式，可以将文化分为物质文化、制度文化和精神文化。

物质文化是指人类在社会生产实践活动中创造出来的与文化有关的物质产品，物质文化是文化的基础部分。人类生存需要一定的物质作为基础。物质文化就是为了满足人类生存的基本需求而创造出来的，是为了人类更好地在现有的生活环境中生存下去。物质文化是通过显性的物品呈现的，包括建筑、服饰、饮食、交通工具等。

制度文化是指人类在生产和生活中制定的用来约束人们行为的规章制度和行为规范，是一个群体需要共同遵守的准则。人类需要用制度来调节内部关系和应对外面的客观世界。人类是高级动物，人类区别于动物的根本原因是人类不仅创造了物质财富，还创造了一个既服务自己又约束自己的社会环境。人类的任何活动，都需要建立一定的规章制度来作为评判的标准，以及用来约束和规范人们的行为。制度包含各种法律法规，制度文化是文化的结构部分。

精神文化是文化的核心部分。狭义的文化概念一般就是指精神文化。精神文化包括思维方式、思想观念、价值观、世界观、伦理道德、哲学、文学、艺术、习俗等多方面。人有大脑，会思考，有思想，这是人类与动物的另一个本质区别。精神文化就是人类所特有的与思想和意识有关的文化。精神文化是人类在认识世界和改造世界的过程中创立的一套思想理论和观念。

（三）主文化与亚文化

根据文化在社会中的支配地位可以将文化分为主文化和亚文化。

主文化是指在一个社会中占据支配地位和起主导作用的文化，也称为"主流文化"。主文化是被一个社会普遍接受的文化。主文化有三个特点：在权力支配关系中占主导地位；在文化整体中是主要元素；对某个时期产生主要影

响，其文化特征代表时代的主要趋势。如在中国的传统社会中，儒家文化就是那一时期占统治地位的主流文化，统治者依靠儒家文化的传播来统一民众的思想。在不同的历史时期，一个社会的主文化也会随着时代的变迁而有所不同。

亚文化是在社会中占附属地位的文化，是被一部分人接受的文化。亚文化在权力支配关系中处于从属地位，是与主文化共存的次要文化。

四、文化的功能

文化是人类为了满足自身需求所进行的一系列社会生产活动的物质财富和精神财富的总和，文化最根本的功能就是服务人类生产和生活的需要。

（一）生理需求功能

根据马斯洛的需求理论，生理需求是人类最基本的需求，人类所进行的一切生产生活活动，首先是为了满足自身的生理需求，因此文化首先是为了满足人类自身的生活需求而创造出来的。物质文化的出现主要是用来满足人类的生理需求的。为了满足这一需求，人类开始了生产劳动。人类所进行的一切生产劳动，如种植农作物，制作衣服，建造避风挡雨的房子等，都是为了其自身的生活需求。生产带来的是与之相关的各种文化，有饮食文化、服饰文化、建筑文化等。由此可见，文化最初最重要的功能之一，就是满足人类最基本的生理需求功能。

（二）心理需求功能

心理需求是比生理需求更高层次的需求。人类在物质需求方面得到满足之后，就开始追求精神层面的满足，为了得到心灵上的慰藉和精神上的归宿而创造出更高层次的精神文化。文化的出现就是为了满足人类的心理需求。人类在生产过程中遇到困难或者无助的时候，精神文化就能够给予他们精神上的寄托和信念，是支撑心灵的精神支柱。西方的一些宗教人士，在遇到困难或手足无措的时候，他们首先想到的是向神明祈祷，因为他们相信神会保佑他们，通过这种方式来消除心中的恐惧和不安，也会因此而增加战胜困难的信心。

（三）社会需求功能

就像人类的生理需求和心理需求一样，社会的发展也需要文化提供相应的帮助来满足其自身的发展需求。文化的社会需求功能对于维系整个社会的稳定，实现人与社会的和谐发展起着不可或缺的作用。

1. 整合功能 文化通过其整合功能维系着一个民族的团结与社会秩序的

稳定。文化通过整合，可以协调文化内部各个要素之间的关系，如风俗习惯、道德信仰、社会制度、社会生产等，使之形成一个和谐一致又联系紧密的整体。文化的整合功能还表现在可以统一规范一个国家或一个民族成员的观念、制度、意识和行为，使这个国家或民族的成员能够对自己的国家或民族有一种共同的归属感。通过文化对一个社会的不断整合，可以出现"整体大于各部分之和"的效果，各个地区、各个民族的文化也可以融会贯通，从而加强民族团结，促进整个社会的稳定与发展。

2. 导向功能 文化在社会中的导向功能可以体现在很多方面。如文化在家庭生活中的导向，可以使一个呱呱坠地的婴儿从懵懂无知到慢慢地开始在家长的教导下学习语言，从而完成在儿童时期的社会化，可以正常地参与社会生活。再如文化在科学研究领域也会发挥重要的导向作用。科学家们在已有的科研成果基础上，通过不断地实验和研究，创造出许多具有划时代意义的新发明，如电灯的发明、飞机的制造等。

3. 规范功能 文化出现的一个重要的作用，就是要形成各种各样的制度规范来约束人们的社会行为，维护社会的正常秩序，以确保社会正常有序运转和稳定发展。随着社会生产力的不断发展，人类文明在演变的过程中逐步出现了各种规章制度，如政治制度、伦理道德制度、教育制度、法律制度、婚姻制度等，这些制度的产生是用来协调不断细化的社会分工，以维护社会生产的有序进行。如果脱离了文化的规范功能，那么许多社会成员的越轨行为就不能得到及时控制，社会也将会陷入一种混乱无序的状态，从而使得这个社会不能继续存在和发展下去。所以说，文化的这一规范功能，既是文化的一项重要功能，又是维系社会存在和发展的一项最必需的功能。

第二节 语　言

一、语言的定义

语言的定义很多，目前语言学界还没有一个明确统一的定义，下面就一些具有代表性的和语言学界普遍认可的一些定义进行介绍。

美国语言学家萨丕尔（Sapir）从语言功能的角度对语言进行了界定，认为语言是人类所特有的、非本能地使用自发创造的符号进行思想沟通和情感表达的交际手段。这一定义强调了语言的本质就在于交际。

美国语言学家乔姆斯基（Chomsky）在《句法结构》一书中指出，语言是一组句子，每个句子的长度有限，并且由有限的成分构成。

瑞士语言学家索绪尔（Saussure）认为，语言是人们用来表达观念的，由语音、词汇、语法等要素构成。这一定义强调了语言的表达功能。

美国人类学家霍尔（Hall）认为，语言是一种互动的机制，是人们之间进行相互交流的方式。这一定义同样强调了语言的交际功能。

赵元任认为语言是人与人之间相互沟通信息、用发音器官发出来的系统的行为方式。

张世禄指出，语言是用声音的形式来表达思想的方式。语言有两方面的内容：思想和声音。其中思想是内容，声音是外形。人类之所以需要语言，是因为有了思想，需要用语言来表达出来。

虽然中外语言学家和学者们的定义各有不同，各有侧重点，但他们都强调了语言的几点共性。大多数语言学家认为语言是一种交际手段和工具，语言是人类所特有的，语言是一种符号系统。动物虽然也有各种各样的沟通交流方式，但还是无法和人类的语言相提并论，因此语言是人类所特有的。

二、语言的属性

（一）生理属性

语言的生理属性是语言的最基本的属性。人的大脑中有语言中枢，是处理语言的生理机制。这些机制是把人与动物区分开来的重要依据。儿童在早期对语言的学习能力很强，到了一定的年龄就会自然减慢，这些是由于语言生理机制的影响。

（二）心理属性

语言与思维的关系非常密切，语言是人类进行思维活动的重要工具。如果失去语言的存在，思维活动就无法正常进行；反过来，如果脱离思维的辅助，人类的语言活动也失去依靠，语言将会变得毫无逻辑性。因此，思维是语言存在的基础，如果思维出现问题，那么语言也将会受到严重的影响。

（三）社会属性

语言是人们用来交流的一种交际工具。人类信息的传递和情感的表达都需要靠语言这一工具来完成，因此交际是语言的最重要的功能。语言是每一个人所具有的共性，不论年龄、性别，是为全体社会成员服务的。语言是在社会当中产生的，同时又服务和运用于社会，而且会随着社会的变化发展而变化。同时语言也能够反映社会现象，通过对语言的研究，人们可以从中观察了解所处生活环境的社会现象。

（四）创造属性

语言可以用有限的符号，来产生无限的句子，从而具有无限变化的潜力。也就是说语言具有创造性。人们可以运用语言产生很多新的信息，例如，人们用一些词语来创造不同的意思。虽然动物也可以用语言进行交流和传递信息，但是它们的这些信息是不具备创造性的，而且交流的内容也非常有限，但人类的语言就具有创造性，可以通过一定的语用规则，用有限的符号生成无限的句子，表达多种意思。

（五）任意性

语言的任意性是指语言符号与所指代的物体之间的关系是任意的，即词素的音和义之间的组合是任意的，而不是有意设定的，这个特点在索绪尔时期，语言学家们就已经达成了共识。

三、语言的功能

语言是用于交流的工具，所以交流是语言的主要功能。然而语言的功能有很多，语言学者从心理学、社会功能学等不同的角度对语言的功能进行了研究。综合不同学者的研究，这里主要介绍以下几个方面的语言功能。

（一）信息功能

语言最基本的功能就是传递信息。作为信息的载体，语言能够以不同的形式，口头或者是文字的形式，将信息记录并传递。这些都是语言信息功能的具体体现。当人们想要表达思想、传递某种信息的时候，就会使用语言这一工具，以口头语言或者书面文字的形式将信息传递给对方。任何一种信息都可以通过语言的形式记载和记录下来，因此语言的信息功能是在交际过程当中最重要的功能之一。

（二）人际功能

人们通过语言来维持和改善人际关系，因此语言具有人际功能，这是语言的社会功能。从功能语法的角度来看，语言的人际功能主要是注重交际双方的相互关系，以及对方的态度。人们通过语言中表达的态度和称呼词的使用来建立和维持良好的人际关系。在不同的场合会选择不同的语言来维持关系。如正式场合会使用正式用语，非正式场合会使用非正式语言。

（三）情感功能

人们用语言来表达情感，这就是语言发挥的情感功能。语言的情感功能表现为两个方面：一是说话者通过语言来表达对对方的情感和评价，如赞美、责骂、批评等；二是说话者通过语言来表达自己的情感，如开心、生气、愤怒、激动等。情感功能是在日常生活中最有用的功能之一。语言可以调节交际双方尤其是听者的情绪，在情绪调控方面起着很大的作用，如当一个人悲伤的时候，我们可以用语言去安慰。语言的口头形式和书面形式都具有情感功能。如人们看到某段文字时会感动得潸然泪下，这就是书面语所具有的情感功能。

（四）标志功能

不同的区域有不同的语言，每个地区的语言都有其独特的文化特征，这种区别于其他民族和地区的语言特征就是该区域语言的标志，因此语言具有标志功能。不同的自然地理环境和社会环境，造成了各民族间的语言差异。不同的民族使用不同的语言，甚至同一民族的不同地区使用的语言也不同。语言成为一种标志，人们通过说话者的语言，就可以判断出这个人所处的民族或区域。

第三节 交 际

交际是日常生活中人们每时每刻都在进行的活动，交际无处不在。只要有人类的地方就会有交际活动。人与外界的交流离不开交际，交际是人们使用符号与语言的一种能力，是人们进行社会活动的基础。

一、交际的定义

交际指的是人们用来进行信息交流和相互沟通的形式。汉语中关于交际的论述自古有之。其中根据《辞源》记载："际，接也。交际，谓人以礼仪币帛相交接也。"在古代，交际就是指与他人之间的接触和往来。

《现代汉语词典》（第 7 版）将交际定义为"人与人之间往来接触；社交"。

交际在英语中相对应的表达为 communication，其词根为 common，"共同"的意思。对 communication 的翻译，国际政治界将其翻译为"交流"，通信界和交通界将其译为"通信""沟通"，而新闻界将其译为"传播"。

《朗文当代英语词典》将 communication 解释为 "Communication is the process by which people exchange information or express their thoughts and feelings"。交际是人们交流思想或者表达他们的想法和感受的过程。

关于交际的定义，目前还没有一个统一的说法，但都强调了交际是一种交流和沟通的过程。

二、交际的构成要素

从本质上来说，交际的过程就是信息交流传递的过程。这个过程是动态的，是由交际双方的传播要素和接收要素构成的完整的系统，具体包括以下几个方面的要素。

（一）传播要素

1. 信息源　信息源是指信息的发出者，是具有交际意向和交际需求的个人。交际意向是指与别人分享和交流自己想法的意愿。交际需求是指希望能够得到他人的认可、改变他人的态度或者行为。

2. 编码　编码是语言组合的过程。其是信息发出者依据一定的社会、文化和交往的规则，通过词法、句法等语言规则，对语码进行选择、组合和信息创造的过程。人们的内在思想不能够直接表达，需要借助一定的语言符号，因此编码是一个人的心理活动过程。在跨文化语言交际的过程中，传播者需要借助一定的语言符号，根据一定的社会文化准则来进行编码。

3. 信息　信息是编码的结果。信息所要表达的是说话者内心的想法和意愿。在面对面的交际场景中，信息包括了语码、非言语信息和交际环境信息。信息具有唯一性，每个人传达的信息都是不同的，即便是同样的信息，由于传递方式和其他因素的不同，最后接收到的信息也是不一样的。

4. 通道　通道是把信息发出者和信息接收者连接起来的一种物理手段或者信息传递的物质媒介。随着科技的发展，人们传递信息的渠道或媒介变得越来越多样化，如面对面交谈、电话沟通、短信和邮件往来等。从跨文化交际的角度来看，面对面进行交谈通过听觉和视觉途径传递信息，不仅是最常用、最主要的沟通方式，而且是人们进行交际和沟通的最直接、最有效的一种方式。

（二）接收要素

1. 接收者　接收者是指信息的接收方，是与信息的发出者相对应的。信息接收者对于信息的获得可能是有意识的，也可能是无意识或者是偶然接收到的。在接收者察觉到信息源之后，会作出相应的行为反应，从而建立与信息源的某种语言联系。接收者是通过直接的感官刺激，如听觉或视觉的刺激来接收信息的。从跨文化交际的角度来说，信息发出者和信息接收方属于交际双方，二者来自不同的文化背景，因此信息接收的途径就更为复杂。

2. 解码　解码是指信息接收者将所获得的外界信息转化为自己可以理解的意义的过程。解码是一种心理活动过程，通过对信息进行加工，包括对信息的理解和翻译，信息源行为和言语或非言语符号就有了交际意义。准确解码不仅要理解语言符号，还要理解语言背后的文化信息。在跨文化交际中，由于交际双方来自不同的文化背景，因此在解码的过程中需要进行文化过滤，即信息的接收者需要通过自身的文化代码系统来解释所接收到的信息。如果对对方的文化信息或文化背景不了解，就容易产生交际误解或冲突。因此解码的前提是对交际双方的文化背景充分了解。

3. 反馈　反馈是指信息接收者对所接收的信息所作出的反应。接收者可能对所接收到的信息采取视而不见的态度，也可能对所接收的信息立即作出回应而采取相应的行动。信息接收者作出反馈的行为可以通过多种方式来呈现，如对对方的陈述进行评价，对对方的疑问进行解答，或者是对对方提出的要求进行表态等。在跨文化交际的过程中，可以用信息接收者作出的回应是否符合信息发出者的预期来判断交际是否成功。如果信息接收者作出的回应是符合信息发出者的预期的，那么交际就是成功的，反之交际则是失败的。信息接收者的反馈与信息发出者的预期是否接近或者一致，是由双方对彼此的社会、文化、交往规则的了解程度和语用策略的合理运用能力决定的。

4. 语境　语境是指交际发生的场所或者客观环境。交际语境对交际的过程和效果都产生重要影响。人们可以通过交际语境更好地理解交际的内容和形式，从而更加有效地进行交际。如一旦人们充分了解交际语境，就可以从一定程度上对即将发生的交际进行准确预测。

三、交际的特点

交际是由很多要素构成的，因此是受诸多因素影响的复杂过程，通过对交际的进一步了解，可以帮助人们更加有效地进行交际。具体而言，交际包括以下几个方面的特点。

(一)交际的符号性

交际的符号性是交际的最基本的特征。符号是人们用来沟通交流和传递信息的重要媒介，而语言是人类在交际过程中使用的最基础的交际符号。交际的进行依靠的是符号，因此符号是人们所要传达的内容和思想的载体。交际符号既可以是语言的，也可以是非语言的。符号可以代表任何一个有意义的词语、物体、行为，可以在具体的物体和意义之间建立起某种关联，但是符号与它所代表的意义之间的关联没有必然性，具有任意性。每一种文化背景的人们都要使用符号进行交际，但不同的文化背景赋予符号不同的含义。因此文化的使用还具有主观性。制造符号是人类所特有的。动物的交际与人类不同在于它们不是依靠符号作为媒介的。了解交际的符号性特征能够更好地帮助人们理解和使用交际过程中的语言。

（二）交际的系统性

交际的过程不是孤立的，而是由很多因素形成的一个庞大的交际系统，因此具有系统性的特点。在这一系统中，每个因素都会对交际的效果和表达的意义产生重要影响。交际系统包括交际的场景、场所、场合、时间及参与交际的人数等。

交际的场景很大程度上决定了交际的原则、交际的行为和交际语言的选择。任何交际都是发生在一定的场景中。人们需要根据不同的场景来选择与之相应的服装、语言、行为和话题等因素。例如，男士在参加正式的会议时，即使天气很热，也会选择穿西装、打领带。因此，交际各因素的选择要与其交际的场景相符合，同时还要考虑到不同文化中的场景对交际要求的差异。

交际的场所是指交际发生的地点。人们的交际行为会根据不同的场所而呈现出不同的交际特点。在机场、饭店、教室等不同的场所，人们的行为表现是不一样的。

交际的场合也是影响交际行为的重要因素之一。不同的场合对交际行为的要求也不一样。每一种特定的交际场合都有其特定的交际规定，不同文化对同一场合的交际模式的规定也是不同的。如正式场合的会议，对时间的规定就非常严格，要求参会者准时到会，而非正式场合的聚会，则对时间的要求比较低，不一定要准时到达，也可以迟到几分钟。

交际的时间对交际行为也有一定的影响。任何交际都是在一定的时间区间发生的，因此对于时间的控制也有不同的行为表现。如正式演讲的持续时间就比跟个人谈话的时间长度更加精确一些，而且进行的时间长度也不同。

参与交际的人数也会影响交际的行为和效果，以及交际的感受。如对一个人讲话和对一群人讲话，说话者的行为和心理感受都是会有差异的。当同一个人对话的时候，会感觉比较放松，还会辅之以更多的眼神交流和情感沟通；而当交际的对象是一群人的时候，需要调整音量来考虑到所有人的存在，还有可能会产生紧张感。因此交际的人数是决定交际效果和交际感受的重要因素。

（三）交际的不可逆转性

交际的不可逆转性，是指面对面的交际信息一旦发出，就不可撤回，不可逆转，只能加以修改或补充说明。信息一旦被接收者接收，就被赋予了一定的交际意义。因此，在交际过程中交际者尤其要注意自己无意识的言语行为和非言语行为，最大可能地减少对跨文化交际的负面影响。

（四）交际的双向性

交际的双向性指的是交际双方是相互作用的关系。在交际过程中，交际双方的角色是不断转换的，既是信息的发出者，又是信息的接收者，交际的过程就是不断发出和接收信息的过程。交际的双向性体现了交际与单向传播之间的区别。如人们看电视和收听广播则是单向信息接收的方式，而不是双向的交际。

（五）交际的动态性

交际不是静止不变的，而是不断变化的过程。一方面由于交际的构成因素是不断调整与变化的，因此交际的行为方式和内容也会随着发生变化；另一方面，交际者发出的信息和交际行为很快就会被新的信息和行为取代，因此交际双方也在不断相互影响。

（六）交际的目的性

任何形式的交际都是带有一定的交际意图和目的的。人们在交往和生活中会有不同的交际意愿和需求，正是这种需求促使了交际行为的发生。交际的目的有很多，如为了维持良好的关系、为了信息的传达等。交际者会根据不同的交际目的来选择不同的语言表达形式，从而确保交际的顺利进行。交际目的和思维有密切的关系。交际目的是影响交际者的交际行为的主要驱动因素。

四、交际的本质属性

交际在英语里有两种表述形式：social intercourse 和 communication。前者强调的是交际的社会性，是人与人的社会交往；后者强调的是交际的交际性。交际与社会文化的共享是密切相关的。交际双方只有相互了解某种文化规范时，交际才能够顺利进行。在跨文化交际中，不同文化背景的人也必须遵循和理解对方的文化，才能确保交际的预期效果。交际的本质属性，可以表现为以下几个方面。

（一）有意识行为和无意识行为

交际的过程包括了人们的言语行为和非言语行为。其中有些行为是在有意识中习得的，如行走、手势、站姿等。还有一些行为是无意识发生的，如高兴的时候微笑、愤怒的时候皱眉、同意的时候点头等非言语行为。需要指出的是，这些无意识的行为动作，一旦发出，就会被信息接收者接收到，并且传递特定的含义，这也是交际的一种形式。研究表明，在人们熟悉的日常环境中，交际行为常常是无意识的，是自然流露的，但是在陌生的环境下，人们的交际行为有时候就是有意识的，是为了达到某种交际效果有意而为之的。交际行为的有意识和无意识与交际双方所处的文化背景有关。文化背景相似的交际往往是无意识的，文化背景不同的交际则常常是有意识的。这也说明在跨文化交际中不可避免会产生误解或冲突，因为跨文化交际中，处于不同文化背景的人的无意识行为，有可能与对方的文化是相悖的，交际一方的无意识行为，往往很容易被交际的另一方所感知和察觉到，而且会被赋予否定消极的意义，从而产生误解。

（二）编码过程和解码过程

交际是由交际双方共同完成的编码和解码的过程。信息的交流就是由编码和解码构成的心理活动。具体而言，编码是把说话者的思想、意识、情感等编成特殊的语码的过程，而解码是对外界所接收到的信息和语码符号进行解读或者赋予一定意义的过程。有效的沟通与交际双方的语码是否相近有关。只有当信息发出者和信息接收者的语码系统相似或者相同时，也就是说交际双方使用同一种语言说话，双方才可以进行顺利的交际。交际行为发生在社会之中，受文化和社会等诸多因素的影响和制约，主要包括三个层面：①文化背景，涉及价值观、文化取向、社会习俗、环境因素、心理因素等；②交际情景，包括交际双方的身份地位、角色关系、交际发生的场合和交谈的话题等；③代码系统，主要是指对所接收到的信息赋予意义的过程中的文化过滤机制。这些因素相互作用，共同影响着交际中对所传递信息的理解。由于众多因素的存在，编码者想要传递的信息和解码者理解的信息往往存在一定的偏差。在跨文化交际中，由于文化和社会因素的差异更大，因此这种偏差也更大。

（三）语法规则和语用规则

语法规则是指固定的词法、句法等语言层面的规则，语用规则是指具体的文化规范和语言运用的规则。在交际活动中交际双方都必须遵循一定的语法规则和语用规则。对于同一文化背景的人来说，他们的语法规则和语用规则是相同的，因此他们之间的交际是没有障碍的，但不同文化背景的人在使用规则上存在较大差异，所以容易产生交际障碍。人们只有掌握交际双方的文化规则，交际才能顺利进行。在实际的交际过程中，交际双方会对交际的结果进行预测。交际是在一定的文化和社会背景中进行的，且具有固定的语法规则和语用规则。人们的交际过程就是双方对交际效果的预测过程。这种预测的准确度取决于人们对文化和语用规则掌握的熟练程度和运用的灵活程度。对于交际的因素了解越多，预测的准确度也会越高，交际的效果也会越好。跨文化交际中的问题或障碍可能与交际渠道无关，与语码无关，也不是语言系统的差异造成的，很可能是文化、社会、心理或交际情景等因素造成的。要使得跨文化交际顺利开展，就必须了解特定文化的语法规则和语用规则。

第四节　交际与文化

交际与文化是相通的。文化的形成离不开交际，文化是在交际中得以产生、传承和发展的。符号学家把交际与文化的关系概括为"文化是冻结了的交际，而交际是流动着的文化"。这句话精辟地总结了文化与交际的密切联系。语言是人们用来交际的重要工具，因此很多人常常认为只要掌握了对方的语言，就能够成功地进行交际。事实上并非如此。文化对交际的影响也很大。文化在很多方面影响交际，主要表现在对交谈模式和交际风格等两方面的影响上。

一、文化对交谈模式的影响

文化在很大程度上对交谈模式产生影响。交谈是一种重要的常见的言语交际方式。人们的交谈模式会因文化的不同而呈现出差异。在跨文化交际中，一旦掌握了某种特定文化的交谈模式的特点，交际就会变得更加轻松愉悦。

（一）与陌生人交谈的模式

不同文化的人与陌生人说话有不同的习惯。例如，英国人一般情况下不和陌生人交谈。在公共场所或者等车的时候，他们一般不会通过与陌生人闲谈来打发时间。如果遇到陌生人迫不得已要问路的情况，英国人也只是简短地回答。而在其他一些文化中，人们是非常愿意与陌生人闲聊的，以此来表达友好和热情。当愿意与陌生人交谈的人遇到不愿意与陌生人交谈的人时，双方就会留下不好的印象。有跟陌生人交谈习惯的人会认为对方傲慢、冷漠、难以接近，而没有交谈习惯的人则会认为对方话多、缺乏信任感。

（二）话题的选择

不同文化背景的人在交谈时话题的选择方面也存在很大差异。中西方国家在日常交流中涉及的话题是不同的。中国人之间交谈时喜欢谈论家庭、工作收入情况、教育情况、婚姻状况等与个人信息有关的话题，而西方国家的人则喜欢谈论天气、爱好等。在西方文化里，询问一个人的收入、婚姻状况都是不合适的，是西方的禁忌。在跨文化交际中能够让交际双方愉悦，是因为话题的选择是符合双方交际习惯的。

（三）话轮转换

话轮转换指的是在说话过程中交际双方的角色不断转换的过程，即说话者变成受话者，受话者变成说话者。一段对话是由多个话轮构成的。话轮转换是会话管理研究的领域，其中最具影响力的研究者是 Harvey Sack、Emanuel Schego Iff 和 Gail Jefferson。他们通过对真实语料的分析，总结出了以下几点话轮转化的规则。①如果当前说话人选定了下一个说话人，那么被选的那个人就有权接着继续话题，而其他人则没有这个权利。②如果当前说话人没有选定下一位说话人，会话人可以进行自选，但并非必须自选。如果已自选，第一位自选人会继续这个话轮。③如果当前说话人没有选择下面两位说话人，会话的参与者也都没有自选，那么当前说话人可以继续说下去。

不同文化的人在交谈时话轮转换的方式和提示方式也不同。例如，在美国人的谈话中，话轮转换的方式就像打乒乓球一样在交际双方之间来回往复。谈话中人们常用眼神、手势、副语言等提示对方话轮转换。日本人的话轮转换方式像打保龄球，人们需要等待说话的时机，谈话中也常出现沉默和停顿。日本人一般不会轻易打断别人的对话，而是习惯保持沉默，自己思考。

二、文化对交际风格的影响

文化对交际的影响还体现在对不同交际风格的影响上。不同文化的人在交际风格上也是截然不同的。

（一）直接交际风格和间接交际风格

直接交际风格是指把意愿或者想法直接表达出来。在交际中利用语言符号直接表达信息。例如，美国人会经常使用一些非常清楚的词汇来表达自己的想法，"当然了""毫无疑问""没问题"，这样的语言符号就可以非常直接且毫不含糊地表达出说话者的意愿。直接交际风格强调语言的准确性。一般而言，西方国家如英国、美国、德国、加拿大等国家，通常采用直接交际风格。

间接交际风格指的是不直接表达自己的意图和想法，人们往往会隐藏自己的真实想法，通过间接的方式来表达。间接交际风格往往使用委婉含蓄、含糊不清的语言。在交际中，人们更多的是根据非言语信息来揣摩说话者的真实意图，依赖的不是语言符号本身，而是通过语境来判断。在间接交际风格的交际中，人们会尽量保全对方的面子，从而避免发生正面的冲突，以便维持和谐的社会关系。一般来说，亚洲国家如中国、日本、泰国、韩国等，倾向于采用间接交际风格。

（二）个人交际风格与语境交际风格

个人交际风格指在交际中强调的是交际者的个人身份。在这种交际风格的文化中常常使用第一人称，如英语中只有一个第二人称代词"you"，"你"和"你们"都是"you"，不管对方是什么身份，不管是陌生人、朋友还是总统，都可以使用"you"，而汉语中在称呼长辈或者职位高的人的时候，用的是尊称"您"。美国人在交流中比较随意，很少使用正式的称呼，常使用的词语是"you"和"I"。

语境交际风格指在交际中强调角色和地位。人们会根据社会语境来选择词汇，尤其是代词的选择和使用。如泰国人在选择代词的时候，要考虑对方的身份地位及与自己熟悉的程度等因素；日本的交际风格也是属于语境交际风格，日语的特点是有很多敬语，日本人在交谈的时候会根据双方的地位来选择恰当的敬语。

第二章

跨文化交际概论

随着全球化经济的日益发展，世界各国之间的联系和交流也越来越多，跨文化交际也日益增多。但由于各国之间的文化取向、价值观念等的不同，不同文化背景的人们在交际过程中存在交际障碍，会产生一些矛盾、误解甚至是冲突。因此，对跨文化交际的研究非常有必要。本章就从跨文化交际概述、跨文化交际学、跨文化交际的主要理论和跨文化交际的影响因素这四个方面来探讨跨文化交际的基本概念和理论。

第一节　跨文化交际概述

一、跨文化交际的定义

跨文化交际在英语中可以表述为 Intercultural Communication 或 Cross-cultural Communication，指的是一种人类的社会活动，也指一门研究跨文化交际活动的学科。跨文化交际的定义很多，以下是比较常用的跨文化交际的定义：

（1）跨文化交际是指人们在交际过程中由于文化观念和符号系统的很大不同而足以改变交际事件的交际（Samovar et al.，2010）。

（2）跨文化交际是一种交流性的和象征性的过程，包括来自不同文化背景的人之间的交流（Gudykunst et al.，2003）。

（3）跨文化交际指来自不同文化背景的人之间进行的交际（胡文仲，1999）。

（4）跨文化交际是来自不同文化背景的人之间符号性交流的过程，有效的跨文化交际的目标是通过交流在不同的个体之间进行信息共享（Ting-Toomey，1999）。

以上几个定义都强调了跨文化交际是来自不同文化背景的人之间的交际，

胡文仲的定义最简洁，Ting‐Toomey的定义最全面，这几个定义归纳了跨文化交际的几个重要特点：来自不同文化背景，是一种符号性交流，是一种双向互动，是为了信息共享。

跨文化交际中的不同文化背景，有四个层面的含义：一是指不同国家之间的交际，这是典型的跨文化交际，如中国人和美国人之间的交际，法国人和阿拉伯人之间的交往；二是不同种族之间的交际，如非洲裔美国人和亚裔美国人之间的交际，西班牙裔和欧洲裔美国人之间的交际；三是同一个国家不同民族之间的交际，不同少数民族在语言文化方面也存在巨大的差异，这些差异足以导致交际过程中的各种障碍和误解，因此也是跨文化交际，如中国的汉族和回族之间的交际，维吾尔族和藏族之间的交际；四是同一个国家不同地区之间的交际，如中国的北方人和南方人之间的交际就是跨文化交际。即使是同一个国家，不同地区的人们在语言、生活习惯、文化传统等方面也会存在很大的差异，如南方人和北方人在饮食方面就存在差异，在交际过程中也可能存在误解或障碍，因此，这样的交际也是跨文化交际。此外，不同性别之间的交际，也是跨文化交际，男性和女性在思维和沟通方面存在很大差异，在交往过程中会产生误解，也是跨文化交际学研究的范畴。

跨文化交际很容易狭义地被理解为不同国家之间的交际，需要指出的是，跨文化交际是一个广泛的概念，强调的是交际双方文化背景的不同，只要是交际双方存在比较大的文化差异，那么他们之间的交际，都可以看作跨文化交际。

二、跨文化交际的特点

（一）跨文化交际主要是指人与人之间面对面的交际

虽然跨文化交际包括了国家之间、组织之间和人与人之间的交流，但跨文化交际主要侧重于人与人之间的交流，而且是面对面的交流。贝内特（Bennett）（1998）就强调指出，跨文化交际是不同文化背景的人们之间面对面的交流。这种交流既包括了语言交流，又包括了非言语交流。这种交流是一种面对面的双向互动。

（二）跨文化交际包含了差异性

因为跨文化交际是不同文化背景之间的人进行的交际，不同文化就存在差异性，这种差异性表现在三个层面：个人的文化身份和社会角色的差异，如职业、性别、年龄、地域等方面的不同；个人在行为方式和生活习俗方面的差异，如面部表情、手势、衣着等方面的差异；个人在文化传统、信仰、态度、价值观等方面的差异。这些不同因素造成的差异，就会对跨文化交际的过程和效果产生影响。例如，当一名中国的中年女教师在对外汉语教学中跟一名英国的高中男生交谈的时候，就不仅涉及价值观方面的差异，还包括身份、职业、年龄、社会角色、性别等多方面的差异。

（三）跨文化交际容易引起误解和冲突

由于交际双方存在语言、思维方式、行为习惯、价值观等方面的差异，跨文化交际过程中往往容易产生误解和冲突。陈国明（2009）认为差异性是导致交际中产生冲突的主要原因。

（四）跨文化交际中的冲突大多属于"善意的冲突"

跨文化交际的本意是为了友好、顺畅地交际，带着良好的交往意愿，往往都没有恶意的动机，但是常常会因为自己的某一不经意的举动或者话语，让对方产生了不适、误解或者引起冲突，而这样的举动在说话者本国文化中是得体而礼貌的，在另一种文化中可能就被视为无礼的行为。Brislin（2000）把这种误解叫作"善意的冲突（well‐meaning clash）"。例如，一名泰国的员工在美国经理办公室因为工作失误而道歉时，始终面带微笑，这让美国的经理很生气，拒绝接受道歉，认为这名泰国员工并没有道歉的诚意。而在泰国文化里，保持微笑恰恰是为了表达对人的尊重、礼貌和诚意。跨文化交际中的大部分冲突和误解，都属于这种"善意的冲突"，都不是交际方有意要去伤害对方。

（五）跨文化交际会引起心理上的不适应

由于语言文化等方面的差异，在跨文化交际过程中，人们往往会产生紧张焦虑的心理，如果是在一个异国文化环境里，心理上和生理上都会产生明显的不适应，这也就是"文化冲击"。不同文化背景使得交际过程和结果都充满了不确定性和模糊性，正是这种不确定性和陌生感，容易使人产生紧张不适的心理。

（六）跨文化交际是一种挑战，也是一种收获

跨文化交际可能面临着失败、误解和冲突，对交际双方都是一种挑战，也是有难度的，需要克服语言、思维模式、价值观等多方面的差异，从而实现顺利的跨文化交际，这本身不是一件容易的事情。但同时跨文化交际可以开阔视野、丰富阅历，学会如何用更宽容的态度来看待异国文化，理解和欣赏不同国家和地区的文化差异，正确对待文化的多样性，也使人具备更强的适应能力和

交际能力。

第二节　跨文化交际学

跨文化交际学是一门研究跨文化交际的学科。这门学科是 20 世纪六七十年代在美国兴起的，虽然理论结构还不够完善，但越来越多地吸引各个学科领域的学者们的普遍关注，近年来跨文化交际学成为我国外语教学界研究的一个热门课题，跨文化交际学的兴起促使了人们从跨文化交际的角度对外语教学进行深入的思考。

一、跨文化交际学的产生

跨文化交际学兴起于美国。1959 年，美国人类学家爱德华·霍尔出版了《无声的语言》一书，标志着跨文化交际学的诞生。爱德华·霍尔侧重讲了非言语交际在跨文化交际中的作用。他对跨文化交际学的贡献主要体现在以下四个方面：

①从微观的角度研究跨文化交际，而不是单一的文化角度的研究；

②对非言语交际进行了界定和研究，强调了非言语交际在跨文化交际中的重要性；

③指出了非言语交际的无意识层面；

④提出了跨文化交际训练方法。

二、跨文化交际学的发展

（一）西方的跨文化交际研究

从 20 世纪 60 年代开始，跨文化交际学开始得到发展，这表现在跨文化交际课程的开设、跨文化交际著作的发表、跨文化交际专业协会的创立和跨文化交际专业期刊的创办。1966 年，美国匹兹堡大学最先开设了跨文化交际课程。在 20 世纪 70 年代，一批有影响力的专著也相继出版。1970 年国际传播协会成立了一个分支机构——跨文化交际学分会。1974 年，第一个跨文化交际专业协会"跨文化教育培训与研究协会（SIETAR）"成立。第一届跨文化交际学国际研讨会于 1972 年在日本举行。1974 年创办的 *International and Intercultural Communication Annals* 和 1977 年创办的 *International Journal of Intercultural Relations*，是这一时期最有影响力的两个学术期刊，推动了跨文化交际的学术研究。

（二）中国的跨文化交际研究

自中国加入 WTO 以来，中国与世界各国的经济联系日益密切，对具有跨文化交际能力的外语人才的需求也随之增加，中国外语教育界开始关注交际能力的培养，由 20 世纪 50 年代的重视语言知识过渡到语言知识和语言技能（交际技能）并重，注重语言综合运用能力的培养。

20 世纪 80 年代，跨文化交际学由外语教学界引入中国。许国璋 1980 年在《现代外语》发表的名为 *Culturally-loaded Words and English Language Teaching* 一文，标志着中国跨文化交际学的诞生。他在文中提出，一些词虽然表面上对等，但却有不同的文化内涵。此后，外语教学界开始更多地关注文化在语言中的作用，交际中的文化因素成了教学的重要内容之一。外语教材开始加入了"文化注解"和文化背景介绍。北京外国语大学、哈尔滨工业大学、福建师范大学等院校先后开设了跨文化交际课程。1995 年在哈尔滨工业大学召开了第一届跨文化交际研讨会，会上成立了中国跨文化交际学会。

中国的跨文化交际研究最初主要研究外语教学中的文化差异以及语言与文化的关系。中国的跨文化交际研究的早期研究学者主要是外语教师和对外汉语教师，他们根据西方的跨文化交际理论，结合自身出国访学或对外汉语教学经历，探讨了跨文化交际中的文化差异。从已发表的著作和论文来看，中国学者对跨文化交际的研究主要集中在以下几个方面：①语言与文化的关系；②非言语交际；③中西文化习俗比较；④中西管理模式比较；⑤国民性研究。中国跨文化交际研究领域比较有影响力的著作有关世杰的《跨文化交流学》（1995）、林大津的《跨文化交际研究：与英美人交往指南》（1996）、贾玉新的《跨文化交际学》（1997）、胡文仲的《跨文化交际学概论》（1999）。

中国的跨文化交际研究具有以下特点：对跨文化交际的研究起步比较晚，研究范围比较狭窄，研究的内容主要是外语教学和对外汉语教学领域，研究方法上大多数是探讨型的定性研究，基于大量数据分析的实证性研究较少。

三、跨文化交际学的研究内容

跨文化交际学的研究内容涉及交际的整个领域。从交际对象之间的关系来看，可以研究不同文化中家庭成员、师生、上下级、顾客与店主、熟人和朋友，以及陌生人之间的交际方式。从交际行为的类型来看，可将跨文化交际分为言语交际和非言语交际。从人际交往的语用规则来看，可以研究不同文化在称呼、问候、致谢道歉、称赞、请求告别等方面的差异。跨文化交际研究的核心问题可以用三个词来概括：What（是什么）、Why（为什么）及 How（怎么做）。What 是指具体存在哪些文化差异。Why 是指为什么会存在这些差异，或者是这些差异存在的深层次原因是什么。How 是指如何解决。面对这些差异，交际者该如何进行沟通，达到成功的跨文化交际。具体而言，跨文化交际学主要包括以下十个方面的内容。

（1）文化与交际。这是跨文化交际学中的基本概念。文化的定义和特征，是理解跨文化交际的重要理论基础。跨文化交际学侧重于研究文化的主观因素和文化与交际的关系。

（2）价值观与文化模式。这是跨文化交际研究的核心问题之一。价值观是影响跨文化交际的最重要的因素。重要的价值观和文化模式理论有 Kl2uckhohn 与 Strodtbeck 的价值取向理论、Hofstede 的文化尺度理论、Hall 的高低语境文化理论等。这些理论是用来分析和理解文化差异的重要理论。

（3）言语交际。这是跨文化交际研究的基本内容之一。言语交际主要是从语义、语用方面来研究跨文化交际中的文化差异。

（4）非言语交际。这也是跨文化交际研究的基本内容。非言语交际主要探讨了时间概念、空间距离、肢体语言、面部表情、眼神交流、副语言等方面的文化差异。

（5）文化身份。跨文化交际中文化身份的研究主要是指研究人的各种社会身份，包括不同的国家身份、种族身份、年龄身份、性别身份、地域身份等，以及研究这些社会身份在跨文化交际中的文化差异。文化身份的研究是跨文化交际研究的一个新的领域，其中文化身份协商理论是这一研究领域重要的理论。

（6）文化适应。文化适应是跨文化交际研究的重要内容之一。文化适应的研究内容主要包括"文化休克"现象的表现、不同阶段、应对与克服等，文化适应的过程和主要模式。文化适应是跨文化交际者适应异域文化必须了解的基本内容之一。

（7）跨文化交际的心理因素。跨文化交际中的心理因素包括刻板印象、个人偏见、种族中心主义等。该部分内容主要探讨了这些心理因素对跨文化交际形成的障碍，以及如何克服这些心理障碍，形成文化相对主义的态度和视角。

（8）不同领域的跨文化交际。该部分内容主要研究的是在商务、教育、医学等领域的跨文化交际，重点讨论跨文化交际中不同工作语境的文化差异。商务领域的跨文化交际主要研究商务礼仪、谈判方式、领导风格等方面的文化差异；教育领域主要研究师生关系、课堂行为、学习方式等方面的文化差异，教育领域的跨文化交际是以对外汉语教学为重点内容。

（9）跨文化交际能力。跨文化交际能力是跨文化交际研究的重要内容，主要探讨了跨文化交际意识的培养和跨文化交际能力的提高，提出了跨文化交际能力培养方面的策略。

（10）跨文化交际训练。这部分研究是跨文化交际中应用性很强的内容，主要研究的是跨文化交际的训练模式和训练方法。训练模式有两种：认知型训练模式和体验型训练模式。常用的训练方法有"关键事件法"（Critical Incident）、"文化敏感器"（Cultural Sensitizer）、案例分析等。

四、跨文化交际学的研究方法

跨文化交际学具有跨学科的性质，所以跨文化交际的研究也具有多样性。具有不同专业背景的研究者，从不同的角度对跨文化交际进行研究。具有人类学背景的研究者多采用人类学的研究方法，对社会群体进行观察和访谈，深入某种文化中去研究文化的特点和模式；具有心理学背景的研究者则多采用量化的方法，通过对大量的数据进行统计分析来找出具有普遍性的文化模型；语言学背景的研究者则采用话语分析的方法，分析语言中的文化内涵和语用规则；传播学背景的学者多采用实证主义的方法，构建跨文化交际的理论模式。西方的跨文化交际研究是以数据分析作为基础的实证研究为主，而国内的跨文化交际研究以定性分析为主。

五、跨文化交际学研究的意义

跨文化交际学作为一门新兴的研究人类群体大规模交往的科学，综合人类学、社会学、心理学及语言学等多个学科，对文化冲突的见解形成了自己的理论基础，阐明了跨文化交际的内涵，能够帮助突破本族文化的局限性，认识和了解异域文化，从而拓展自己的文化空间，将本族文化置于更广泛复杂的世界文化背景中去审视，因此跨文化交际学的研究具有重要的理论意义和实践意义。

（一）发现差异

由于文化具有多样性，不同国家和地区的文化存在巨大差异。即使是对同一种文化，不同文化背景的人也会赋予不同的含义。当来自不同文化背景的人进行交际时，如果不了解双方的文化差异，就会因为相互间的不了解而产生跨文化交际的障碍。因此，跨文化交际学的研究就是找出不同文化背景的人们之间存在的文化差异和文化特征，并且将这些差异总结归纳出来，这为跨文化交际的顺利进行和清除障碍奠定了基础。

（二）分析差异

分析差异就是在发现差异的基础之上，对文化差异进行对比和分析，找到造成文化差异的深层次原因。有一些文化差异是隐性文化，我们肉眼是看不到的，如宗教信仰、思维方式、价值观等方面的差异，而对于来自不同文化背景的人，会因为对这些深层文化结构不了解，交流和沟通变得非常困难，甚至是无法进行。即使跨文化交际研究列出了这些差异存在的客观事实，但当不同文化的人进行交际的时候，也会因为纷繁复杂的文化现象而感到难以应付。因此，跨文化交际不仅要帮助人们发现差异，认识这些差异，还要帮助人们分析差异产生的深层次原因，培养交际者对不同文化所持有的积极正确的态度，从而减少交际障碍。

（三）超越差异

发现差异和分析差异都是为了更好地进行跨文化交际，因此，跨文化交际研究的实践意义大于理论意义。跨文化交际研究通过不断发现和认识本族文化特征和异域文化特征，不仅能够帮助交际者更好地把握异域文化，还能加深对本族文化的理解。发现差异的目的并不是为了夸大差异或者强调差异，而是为了更好地跨越差异，实现成功的跨文化交际。跨文化交际研究的本质和根本目的，就是通过对文化差异的呈现和深度分析，来达到超越差异，克服差异障碍，从而达到顺利交际的目的。跨文化交际研究还包括培养跨文化交际者在交际中的认知、情感和行为等方面的适应能力，只有具备了这些方面的能力，交际者才能够在跨文化交际中根据实际情况调整和修改自己原有的行为方式，去不断地顺应不同文化之间的习惯和文化规约，从而灵活处理交际双方之间的文化差异。

第三节　跨文化交际的主要理论

关于跨文化交际的理论很多，其中最具有影响力的理论有文化适应理论、交际适应理论、焦虑与不确定性理论、面子协商理论、霍夫斯泰德文化维度理论等。这些理论从不同的角度描述和解释了不同文化背景的人们之间的跨文化交际活动。

一、文化适应理论

Schumann 认为文化适应是指人对一种新文化的适应过程，包括了学习者与目的语群体在交际过程中的社会因素和心理因素两个层面。他的文化适应模式从社会环境因素和学习者的心理因素两方面对第二语言习得的规律进行了探究。社会距离和心理距离是文化适应理论的两个基本的概念。前者是指学习者被目的语群体接纳并与之接触的程度。Schumann 认为学习者和目的语群体之间的社会距离是影响学习者第二语言习得的重要因素。心理距离是指学习者对目的语的总体心理感受，与学习者对学习任务的适应程度有关，是一种情感变量。

Schumann 的文化适应模式所研究的是在自然环境中的第二语言的习得，他认为心理因素的作用不如社会因素的作用明显，而在外语课堂教学过程中，学习者所处的语言学习环境并非是自然环境，因此学习者个人的心理因素与社会环境因素对学习者的语言学习都起到了重要的影响作用。

从社会因素角度来说，首先要为学习者提供真实的语言材料。这要求学习者学习的教材内容具有真实性，即与目的语群体的生活密切相关的真实的内容，如目的语群体的报刊、电视、书籍、影视节目等。在教学的过程中，教师应注重对目的语语言文化背景知识的介绍，将语言与文化结合起来，在真实的文化背景中感受和学习语言知识；要为学习者创造真实的语言环境，缩小社会距离，提高学习者的交际能力。教师引导和带领学生组织和参加各种目的语课外活动，如外语角、外语社团、各类外语竞赛等，让他们在实际应用中掌握语言知识和技能。从心理因素角度来说，学习者首先要明确和端正自身的外语学习动机。学习动机与学业成就之间存在一定的正相关，高动机者比低动机者倾向于有更好的成就作为。其次，学习者要以开放的态度接受语言输入，即提高自我渗透性。并且作为第二语言学习者，学生应提高自信，在学习和练习语言的过程中，克服害怕犯错的恐惧心理，敢于张口，不断进步。在这个过程中，教师也要积极做好引导和指导工作。

二、交际适应理论

交际适应理论（Communication Accommodation Theory）是由社会心理

学家贾尔斯（Giles）提出的，指的是在交际过程中人们常会为了适应对方而对自身的交际方式不断进行调整，选择适当的交际策略以便交际能够顺利进行。交际调试理论的核心是当交谈者在互动交际时，他们会对自身的说话方式和行为方式以及姿势进行调整，以适应他人。贾尔斯认为人们在交际过程中会尽量去适应他人。

交际调适理论针对人们日常生活中的、特定场合的交际现象进行了研究，如对大众交际媒介的交际适应研究，对正式场合面试的交际适应研究，对老龄群体的交际适应研究等。

交际适应理论指出，在互动过程中，说话者会采取言语趋同或言语趋异策略来调整说话的方式。采取这些策略带有不同的动机和目的，如想得到对方的赞同，想要保持积极的社会身份，想要维持和谐的交际关系，或者提高交际的有效性。交际适应理论随后引起了广泛关注。许多学者将交际适应理论视为一种语言和社会互动社会心理学理论以及最有影响力的交际行为理论之一。在互动过程时，交际者会使用不同的交际策略。如通过趋同来调整其交际行为以便适应对方，通过不同的有声和无声语言趋异的方式，在同一个有声和无声表征或者重点人群间和群组间进行区分。

（一）趋同策略

趋同策略是指交际的一方通过转变其言语方式来达到与对方一致的交际策略。交际的一方因为得到对方赞赏或好感，而调节自己的言语行为，使其与对方的行为接近或相似，以此缩小彼此间的距离。Giles 指出，言语趋同是交际适应理论的核心。研究表明，因社会认同，交际双方相互适应，并由此促成了有效的交流。趋同反映了交际者的社会认同和成熟的智力能力。交际者的趋同心理主要是基于自己对对方的知觉。吸引力是交际双方采取趋同策略的主要影响因素。吸引力（或称相似性、感召力、信任力）也会激发趋同。交际双方的相似度和共同点越多，被对方吸引的可能性就越大。Turner 和 West 指出，当交际者相互吸引时，他们通常在对话中表现出趋同。正如相似性吸引理论所强调，当交际者拥有相同的信念、个性、行为时，他们更趋向于相互吸引。因此，为了获得相互吸引，当交际者转变其言语或者无声行为时，这会使其获得欣慰的赞许。当交际者积极感知趋同时，这可能会提升听话者和说话者之间的对话效果和吸引力。因此，趋同反映了交际者从其对话者中获得了社会认同的需求。除了吸引力外，其他因素也影响认同需求度，同时提升了趋同的水平，其中包括了未来互动的可能性、接受者的社会地位和对社会认同需求的交际变化性。趋同的特征在于：它能反映交际者的词汇、口音、语速、语法和音色等，可以适应对方的手势、言行举止、着装和发型等，更重要的是它以吸引力、感召力、信任度、赞许和动机为依据。趋同所反映的动机在于其能提升交流的有效性，使得交际者更加自信且更愿意作出回应，保持积极的自我认同和获得他人认同。

（二）趋异策略

趋异策略是指为了区分他人与自己的不同，说话者会有意强调与交际对方的差异的策略。交际的一方为表示与对方的不同，而故意强化他们在语言和非语言上的差异，以此来拉大与对方的距离。交际者相互趋异，主要是强调人际的差异或者厌恶，同时也强调其自我价值认同，展示其与交谈对象的差异。在互动过程中，交际者通常以其原有的或常用的方式来进行交谈。研究表明，该种策略被视为趋同对等。在大多数情况下，趋异反映了一种以积极的行为方式来强调群组差异的渴望，并且趋异通常发生在当交际者把互动视为一个群组间的交际而不是个人间的交际时。因此，趋异可以是一种对于不同群组成员保持自身文化认同的方式，是一种当交际者被视为不受欢迎的群组中的一员而对比自我印象的方式，也是一种反映权利或者地位差异的方式。趋异所反映的动机是说话者渴望保持其社会地位和言语特色。

三、焦虑与不确定性理论

Gudykunst 在 1988 年从社会心理学的角度提出了焦虑与不确定性理论（Anxiety/Uncertainty Management Theory），在跨文化交际学研究领域也常常被简称为 AUM 理论。即当与陌生人交际时，交际双方彼此都会产生一定的不确定性和焦虑感，尤其是当文化差异比较大时。如果能有效处理好彼此间的焦虑，减少相互的不确定因素，那么才有可能进行顺畅的跨文化交际。这一理论的提出是结合了 Berger 的减少不确定理论和 Stephan 对焦虑感的研究，在此基础上发展而来的。不确定性是指交际者在交际中由于差异的存在而无法预测对方的态度、感情、信仰、价值观、行为等。焦虑是指交际者在交际过程中会产生一些心理或者情感方面的不适，如感觉不自在、紧张、担忧或预知某事要发生。不确定性与焦虑之间是有关联的，相互影响。不确定性会导致焦虑，而焦虑又创造了减少不确定性和加强留意的内驱力，双方处于一种互动的正相关关系。在任何人际交往中都存在某种程度的不确定性，因而也具有不同程度的焦虑感。适度的不确定性对跨文化交际具有积极影响，可以增强交际的动机，促使交际者进行正确预测和解释对方的态度和言行；而适度的焦虑可以转换为一种有用的、具有高度适应力的社会反应，使自己免于个人情感及个人规则的冲击。与此同时，Gudykunst 还提出了不确定性和焦虑的最大限度和最小限度。有效交际要求交际者的焦虑和不确定应介于最大限度和最小限度之间。当焦虑和不确定性高于最大限度或者低于最小限度时，均无法进行有效交际。Gudykunst（2005）认为，"当不确定性高于最大限度时，我们没有信心预测或解释对方的行为；低于最小限度时，由于过于自信，会误解对方的意思。当焦虑感高于最大限度时，我们会感到不适应，不愿意与对方交流；当低于最小限度时，就没有激情和动力交往"。

四、面子协商理论

美国心理学家汀·图梅（Ting - Toomey）在 1998 年提出了面子协商理论（Face Negotiation Theory）。面子协商理论认为，在一切沟通交流的场合，所有文化背景下的人都会试图维持和协商面子。文化准则与价值观影响各文化的成员如何处理面子问题及如何对待冲突。起初，这一理论着眼于冲突，后来拓展为集文化层面与个人层面的特性为一体的理论，用来解释面子问题、冲突风格以及面子行为等。Ting - Toomey 认为冲突是面子协商过程，是冲突中的个人的特定身份或面子受到威胁与质疑。面子协商理论主要关注不同文化因素对于面子的作用影响，探讨预测不同文化背景下人们如何完成与面子有关的工作，在 Ting - Toomey 看来，面子是指一个人在特定关系网络情境中所宣称的一种积极性社会自我形象，其与尊敬、荣誉、地位、声誉、忠诚、信任与义务等诸多价值紧密相关，同样也希望得到他人的认同，不过，面子极具脆弱性，在任何情况下都极易受到损害，因而面子协商也就在所难免，丢失面子和挽救面子就自然成了面子协商理论的关注点。当交流者的自我身份认同受到质疑时，面子观念就特别容易出现问题。面子协商理论的特别之处在于，将文化这一宏观层面与个体这一微观层面结合起来，把原本高高在上的文化维度降到个人层面上，打破了以往社会心理学与社会文化两种相互隔离的传统思维，体现出文化认知的阐释理路，证明了两种传统存在着相互融合的可能性。她认为，面子是一个关于在公众中建立自我形象的隐喻，是"个体期望他人予以其自我社会价值认同的一种需求感"。她结合 Edward Hall 的高低语境文化理论，提出了东西方文化交流中的积极面子与消极面子的观点。根据这一观点，低语境文化（如西方文化）追求的是消极面子，高语境文化（如东方文化）追求的是积极面子。

五、霍夫斯泰德文化维度理论

从文化人类学的角度，荷兰心理学家霍夫斯泰德（Hofstede）提出了文化价值观对比的五个维度：个人主义与集体主义、权力距离、不确定性规避、男性化与女性化、长期导向与短期导向。价值观是文化的核心。Hofstede 认为人们的行为表现与价值观有着密切的关系。要理解不同文化群体行为上的差异，就必须认识他们在价值观上的文化差异。文化价值观可以解释为什么不同文化群体存在行为上的差异，是文化差异的深层次原因。研究和了解不同的文化价值观，就能够更好地理解文化差异。

（一）个人主义与集体主义（Individualism & Collectivism）

个人主义文化强调自由、自我表达、个人权利和责任以及个人隐私。个人主义注重个人目标的实现，强调个性自由及个人的成就和个人能力的体现。个人主义以独立和"我"意识为目标。个人主义社会是一种相对松散的社会组织结构，社会中的每个人重视自身的价值与需要，依靠个人的努力来为自己谋取利益。个人主义者可能属于许多群体，但成员之间关系松散。美国、澳大利亚、英国等西方国家崇尚个人主义，通常强调人本主义，将自己的利益置于集体利益之上，注重自我意识和情感的表达，相比之下他们较中国文化更以自由意志和自我决定为特征，更多追求自我。

集体主义文化强调和谐、团结一致、互利共赢、传统和维护面子。在集体主义社会中，个人容易被集体利益所驱使，注重群体和谐和"我们"意识。集体主义更注重集体目标。集体主义社会是一种结合紧密的社会组织，其中的人往往以"在群体之内"和"在群体之外"来区分，他们期望得到"群体之内"的人员的照顾，但同时也以对该群体保持绝对的忠诚作为回报。中国文化强调集体利益高于个人目标，提倡共同的集体目标而淡化个人目标。中国社会注重人与人之间良好的人际关系，排斥突出或怪异的个性和行为，因为它可能会破坏集体内部和谐统一的关系。在中国，个体利益往往服从群体利益，人际关系有圈内圈外之分。人们依赖自己的团体并对这个团体忠诚，努力营造和谐的氛围，强调团体的目标、观点和需要，强调由团体定义的社会规范和义务，强调与团体内成员的合作和共享信念。

个人主义和集体主义两种不同的价值观，在很大程度上影响着人们的思维方式和生活方式，从而也能够解释为什么不同文化的人会存在诸多文化差异，是造成文化差异的深层次原因。不同国家的人在很多方面的文化差异，都是受个人主义和集体主义的影响。例如，中国是集体主义文化的国家，强调集体的力量，因此中国谚语里有很多句子体现了集体力量大，如"众人拾柴火焰高""三个臭皮匠，顶个诸葛亮"等，而西方谚语中则更加强调个人的作用，如"God helps those who help themselves（自助者天助）""All men are created equal（人生来平等）"。中西方的日常生活方式的差异，也是个人主义和集体主义两种文化模式的体现。例如，中国人喜欢一起吃饭，在一个碗里夹菜，一起吃火锅，而西方人采用的是分餐制。在节日方面，中国的很多传统节日的庆祝方式，强调的都是家庭团聚，如春节家人一起吃年夜饭、中秋节家人一起赏月等，而西方的很多节日是纪念某个人，如美国的马丁·路德·金日、哥伦布日、总统日等，充分说明了美国强调的是个人的成就。在商务沟通中，以中国、日本等东方国家为代表的集体主义社会，人们主要以稳定和随机应变、圆滑、低调、含蓄、矜持的处事方式为主，在面对沟通障碍时会选择寻求一个顾全集体的解决方式。在工作环境中，个人主义文化强调个人的权利和成就，大多数员工都以自我为中心。集体主义文化注重和谐相处的工作氛围，强调员工的归属感，凸显集体对企业利益以及荣誉的重要性，个人是集体不可分割的一部分。这些都是受个人主义或者集体主义价值观的影响的外在表现。学生只有充分理解了个人主义文化和集体主义文化的特点与区别，才能够更好地理解和分析中西方的文化差异。

（二）权力距离（Power Distance）

权力距离是指在一个国家中，地位低的人对于权力分配不平等的状况的接受程度。权力距离包括高权力距离和低权力距离。高权力距离指的是对权利分配不平等的现象的接受程度高，低权力距离指的是对权力分配不平等的现象的接受程度低。权力距离指数是用来测量一个社会或国家、人与人之间的平等程度的指数。由权力和财富造成的社会等级的不同，在高权力距离的社会得到了高度的认可。权力距离大的文化成员把权力看作社会基本因素，强调强制力和指示性权力。在该种文化影响下的社会，由于要遵守等级制度从而导致由下而上的交流被严格限制。换言之，此种社会崇尚社会地位、权力和中央集权。而低权力距离社会则完全相反。"人人平等"是低权力距离社会的显著标志。其强调的不再是社会等级，而是社会地位与机会的平等。此外，责任和权力分散也是低权力距离的特征。

在权力距离大的国家中，组织具有强大的集中权力，个人通常被诸如姓氏、教育程度、年龄、职业或组织地位等因素的社会等级所标识。权力距离小的国家通过许多法律、法规最小化人与人之间的权力差异，人们普遍认为地位没有高低之分。中国文化属于权力距离比较大的文化，而美国文化属于权力距离比较小的文化。中国人有权威意识，对等级比较敏感；而美国人强调以法律解决生活中各类问题，强调受教育、找工作等机会均等。权力距离大的文化中，人们接受等级制度，而不寻求正义；在权力距离小的文化中，人们谋求权利的平等。权力距离大的社会中，企业组织结构犹如金字塔般鲜明，自上而下的管理方式导致基层员工对上级权力的服从，以马来西亚、菲律宾、中国、印度尼西亚、墨西哥为权力距离大的代表国家，企业中的职位等级十分重要，甚至严格的等级观念能从工作延伸到日常生活。美国、北欧国家的一些公司，企业内部的等级观念较为淡化，个人能力比职位等级更为看重。

（三）不确定性规避（Uncertainty Avoidance）

不确定性规避指的是人们对不可预测或者不确定性因素的回避程度。不确定性规避程度高的文化习惯用明确的社会规范来指导人们的行为，以避免不确定性因素的发生。高不确定性规避文化的社会特点是表现出相对较高的焦虑感，为了减少这种不确定性和不可预测性带来的焦虑感，会设立规章制度来约束人们的行为。中国、马来西亚、日本、希腊都是不确定性规避程度高的国家。这几个国家都有根深蒂固的风俗习惯和社会规约，用以约束人们的社会生活的各个方面。中国的高不确定性规避表现为信赖专家权威，尽可能地避免分歧和不确定性，躲避风险和不确定性因素的需求更为强烈，通过制定尽可能完善的社会规范来掌控不确定因素的发生。中国人善于规避风险、强调共识、抵制变化、看重稳定、坚持传统。

不确定性规避程度低是指社会成员对未来的不可预测不存在太多的焦虑感，不会采取回避的措施，敢于冒险，不喜欢规则和教条。不确定性规避程度低的文化中没有明确和严格的社会规范和行为准则，比较容易接受生活中出现的不确定性因素，能够容忍不寻常的事，强调个人创造性，做事灵活、随意，不习惯太多的条条框框。新加坡、瑞典、美国、英国等国家属于不确定性规避程度低的国家。这些国家的人们的日常生活不会存在大量的正式条文和规范守则，人们不太在意别人的目光和言论，能够直率地表达观点。虽然这些国家的人们讲究高效率的沟通，但是过于直白的表达有可能会忽视他人的感受。他们乐于接受不同声音，听取不同的意见，喜欢冒险和接受新奇、陌生的事物，对于紧张和焦虑的感受较弱，更能适应变化的环境。

（四）男性化与女性化（Masculinity & Femininity）

霍夫斯泰德根据社会性别角色差异，将不同国家的文化分为男性化社会文化与女性化社会文化两种。一个社会的男性化/女性化倾向一般可以从对性别角色定位的传统和保守程度、获取财富的推崇程度、对人际关系和家庭生活的重视程度等方面考虑。在男性化社会文化中，男性起着主导作用，重视对事业的追求和成功；女性化文化珍视人际关系，关心他人，关注生活质量以及看重家庭生活与工作之间更好的平衡。在这个文化维度上，按照霍夫斯泰德的研究，中国文化和英美文化都具有一定的男性化倾向。我们追求事业成功、强调物质主义，主张通过自身努力奋斗取得事业成功，甚至可以因为事业而忽略家庭和个人生活质量。男性价值观标志着个人财富、追求、事业和信心这些因素占主要地位。在日本、澳大利亚、墨西哥、阿根廷为代表的男性文化社会中，企业最主要的工作通常是男性主导来完成，女性则作为辅助角色进行协助工作，可以将男性文化社会总结为"活着是为了工作"。与之相反，在女性文化社会中，人们推崇和谐友好的合作关系，专注于打造舒适优美的工作生活环境。如瑞典、挪威等北欧国家的一些企业，强调员工生活质量、员工关系、薪酬福利等，他们认为工作是为了活着。

（五）长期导向与短期导向

长期导向与短期导向指的是一个民族对长远利益和近期利益的价值观，社会的决策是着眼于长远目标还是近期目标。长期导向受传统的影响较大，恪守传统，强调节俭和坚忍不拔，注重长远目标的实现。短期导向强调的是个人的守常，尊重传统，着重眼前的利益，注重负担社会的责任。长期取向的社会和国家较为传统，老人、前辈在社会中的地位很高，注重承诺。在长期取向影响下的人们认为他们所尊崇的优秀传统会为其发展带来便利。其核心价值是勤俭节约、利益长远化等。长期取向指数高的国家恪守传统，对未来的社会变化感到怀疑。社会成员必须遵守社会秩序。这样的社会文化决定了其构建过程的漫长性，对外来者而言，想要适应这样的文化并不容易，同样需要长时间的融入学习。短期取向的社会和国家受到传统和承诺的束缚较小，并不强调长期观念。其核心价值是对短期成效的期望较高。长期取向指数低的国家强调个人的创造力，强调个体的发展。

长期导向意味着培养面向未来，特别是有毅力和重节俭的人。短期导向的文化注重个人利益，维护个人面子，以消费为中心。中国、日本、新加坡、韩国属于长期导向文化的国家，这些国家都有一个共同点：以动态的观点去观察事物，注重对未来的考虑。中国文化注重做长远打算，不急于求成，注重长期稳定发展，工作努力，大量储蓄，提倡节俭，重视子女教育，照顾老人。同样，日本人追求长远效益，在投资时目光长远，认为每年的利润不重要，他们看重的是逐年进步以达到一个长期的目标。短期导向文化与长期导向文化正好相反，短期导向文化的社会成员通常关注短期利益，对未来不做过多的计划和考虑。美国文化属于短期导向文化。美国人更加重视个人利益，重视中短期发展计划，重视孩子个性化发展。在短期取向的文化里，人们关注社会责任的履行，认为应该关注当下。美国各公司更关注季度和年度的利润成果，美国的管理者会给员工设定明确的短期绩效目标，并进行季度或者年度的绩效评估，关注短期效益。美国的历史比较短暂，因此美国人崇尚在变化中不断发展进步，总是不断地探索，注重创新，并且乐观地把未来看作过去的发展。

霍夫斯泰德的文化维度理论为人们分析和解释跨文化交际背景下的文化差异性提供了有力的理论基础和支撑，为我们衡量对比一个或者多个国家或地区的文化提供了一个全新的视野。霍夫斯泰德有关价值观的这五个维度被广泛运用于跨文化交际的研究和分析中，也是跨文化交际教学的重要内容之一。它不仅解释了文化价值体系对现代管理的影响，而且为跨文化交际的研究提供了参考价值和分析框架。

第四节　跨文化交际的影响因素

影响跨文化交际的因素有很多，其中社会身份、心理因素是主要的因素，很大程度上决定了跨文化交际能否成功。

一、社会身份

（一）文化身份

一个人的身份可以从不同的角度来判断和界定。不同的社会文化身份影响着交际的过程，社会文化身份包括文化身份、民族身份、性别身份、年龄身份、社会阶层身份、角色身份以及宗教身份等，因此社会文化身份存在多元性和多样性，社会文化身份主要受特定文化的影响。文化身份，是指某一特定的群体和民族的文化身份，并不完全由那个民族身份所决定，也不等同于民族身份。文化身份比民族身份更宽泛，文化身份通常是指在某一特定的文化所特有的同时，也具备某一民族与生俱来的一系列文化特征。文化身份对跨文化交际的影响表现在两个层面，即对该文化认同的强度和文化身份的内容。不同的人对文化的认同强度是不同的，有的人强烈地认同本族文化，有的人则不认同文化身份的内容。价值观与文化身份的内容也有密切的关联，例如，强烈认同美国文化的文化身份就具有个体主义的价值观，在跨文化交际中，我们在考虑文化身份的内容时，也不能忽略了文化身份的强度，否则交际中的个体所体现出的文化身份，很可能与所应具有的文化身份是不一致的。

（二）民族身份

民族性格的特征是以价值观为基础的。不同的价值观塑造了不同的民族性格特点，也塑造了不同的民族身份。民族身份是了解一个民族的文化与行为方式的重要依据，同价值观一起构成了底层文化结构，对交际行为起着支配的作用。在跨文化交际中交际双方都会根据其文化、社会心理或生理特点把对方归为某个民族，贴上民族的标签。民族身份本身就携带着大量的信息，因此要进行有效的跨文化交际，就必须了解他们的身份。有效的交际需要交际双方支持并维护对方的自我观念，包括他们的民族身份。

（三）年龄身份

年龄身份也是影响跨文化交际的一个重要因素。不同年龄的人由于思想观念和生活方式的不同，存在较大的差异，也有各自不同的交际风格。即使是在同一种文化中，年龄差距大的人在交际交流过程中，也会存在不同程度的问题。随着世界人口的老龄化，跨代交往已经成为跨群体交往的一种不可避免的现象，因此年龄身份就成为跨文化交际中必须关注的一个方面。中国文化和西方文化对于老人的看法和态度是不一样的。例如，中国有尊老爱幼的传统，老年人在中国是受尊重的，中国的老年人地位较高，年轻人需要尊重老人。而美国人却认为年龄并不是地位的标志，年轻人觉得他们才是社会的主体，而老年人会退出社会的主流，因此是平等对待的。年龄身份方面的文化差异是产生跨文化障碍的因素之一。

（四）社会阶层身份

社会阶层身份是指一个人在其所处的社会环境中的等级。社会学家把人分为不同的社会阶层，即上层、中上层、中层、中下层和下层，更加简单的分类是上、中、下层。社会阶层的划分标准是根据收入、职业教育、信念态度、经济状况等因素。人们可以通过家乡、房子、院子、房子里的装饰服饰和所开的车等来判断对方的社会阶层身份。一个人的社会阶层身份的高低会影响我们的交际，因为可以从对方的说话方式、发音的方式和对于一些词语的使用看出一个人所处的阶层。

（五）角色身份

一个人在不同的时间不同的场合有不同的身份。角色身份是多重的，会随着外界环境的变化而变化，也会随着交际对象的改变而改变。在同一种文化里存在着不同的角色期望，而不同文化中，对角色的期望也存在差异。例如，美国老师在课堂上是比较随意的，无论是教师的穿着打扮，还是他们讲课时的姿势，学生对教师都没有过高的要求和期望。因此教师可以随意坐在课桌上甚至讲台上讲课。美国教师对于学生的期望也与中国不同，他们允许学生向他们发出挑战。因此，在跨文化交际中必须考虑到交际者的角色身份以及在目的语国家的文化环境中的角色期望，这样才能够避免产生误解和矛盾。

（六）性别身份

男性和女性由于在交际规则、交际风格、交际策略、心理定势和价值观等方面的差异，他们的交际也存在着很大的差异。女性交际一般是以建立和谐的关系为目的，因此会支持对方愿意合作，注重情感交流，而男性交际的特点主要是为了达到某种目的，所以交际是实现目的的一种手段。例如，在交际中女性在开始讲话时，常常先重述别人的内容，以表示对别人讲话的尊重，然后再发表个人的意见，而男性在发言时常常直接陈述自己的观点，不是别人的话。总之，在交际的过程当中，会因为性别身份和交际规则的思维方式的不同，容易形成异性之间的交际障碍。因此，要了解两性之间在交际方面存在的差异，尊重各自的交际风格，以便达到有效的交际。

二、心理因素

心理因素会对跨文化交际产生很大的影响。在跨文化交际过程中，人们往往会由于文化定势和民族中心主义等原因，在一开始就会对对方产生一些不好的心理暗示。文化定势和民族中心主义是造成跨文化交际障碍的两大重要心理因素，这两大因素对跨文化交际的成功与否起到关键性作用，有可能会导致跨文化交际的失败。

（一）文化定势

文化定势，又称为"刻板印象"，最早是由美国社会学家 Walter Lipp-mann 提出的。他指出，由于人们所处的自然环境和社会环境的复杂性，人们无法亲自去逐一了解世界上不同地域的人，因此将具有相同特征的人群塑造成一定的形象。由此可见，文化定势是人们在跨文化交际中对某一群体共同的文化特征的总结与概括。文化定势是指一个群体对另一群体成员的过于简单化、一般化的看法、认知或态度。文化定势忽略了同一群体内文化个体之间的差异和特殊性。文化定势最初被认为是一种错误的消极的概念，后来人们更多地将其看作一种中性概念，因为文化定势是一种普遍的、不可避免的人类认知方式。文化定势分为"自定型"和"他定型"两种。前者是某群体关于自己的定势，后者则是关于群体的定势。在大多数情况下，文化定势一般指的是他定型。跨文化交际中的个人往往是依据对某群体已有的固定看法和情感去交往的。

文化定势对跨文化交际产生的影响主要表现在以下几方面：首先，文化定势会阻碍跨文化交际的发生。如果对某个文化群体有强烈的消极文化定势，就会产生不愿意与之交流的排斥心理。其次，文化定势会影响跨文化交际的效果。文化定势是建立在文化个人对一定事物认知和理解的基础上的，能够影响交际中个体的心理和行为，跨文化交际中的个人往往会以文化定势去对待交际中遇到的每一个个体，夸大目的语文化的群体共性，而忽略个体特征。文化定势的个体看见的是某个文化群体的共同特点，例如，会认为中国人都一律内向、保守、不善言谈，所有的英国男人都具有绅士风度，所有的德国人都非常严谨，所有法国人都很浪漫等。因此，在跨文化交际中，如果我们对某一社会群体持有文化定势或成见去进行交际，将会严重影响到交际质量。此外，文化定势会构成歧视行为。如果定势和偏见达到非常强烈的程度，在跨文化交际中就会出现歧视的言语和行为，严重的甚至会导致对抗和冲突。

虽然文化定势具有一定的社会普遍性而不可避免，但是我们应该正确认识文化定势，并克服文化定势。我们需要对文化定势有一种正确的认识和公正的态度。文化定势的存在是合理的，文化定势也不一定就是错误的认识，它应该是一个中性词而不是贬义词。有一些文化定势是真实的，还有一些是不真实的或者片面化的，但不管怎样，文化定势都具有社会普遍性。在承认文化定势存在的基础上，我们应大胆而谨慎地建立定势，进而向定势挑战。跨文化交际中文化定势的存在本身并不一定是坏事，但要避免对文化定势的片面使用。

（二）民族中心主义

民族中心主义是一种认为本族文化优越于其他文化的信条，是以本民族的文化准则为标准来评价其他民族的习惯性的思维观念，是文化观念上的自我中心主义。民族中心主义的主要特征是将本族文化与其他文化群体区分开来，对本族文化偏袒而对群外文化持有偏见和歧视。民族中心主义可以看作跨文化交际中的"傲慢与偏见"。民族中心主义在所有文化中都存在，对文化群体和跨文化交际产生巨大的影响。很多人倾向于把自己的文化价值观当作跨文化交际的标准，认为自己的行为方式才是正确的，而认为他族文化的群体文化是错误的，因此极端的民族中心主义会导致跨文化交际的误解和冲突，甚至是引发战争。

民族中心主义对于每个文化群体都存在，是不可避免的，但我们应该有意识地尽最大努力去控制和克服民族中心主义这个交际屏障，用客观辩证的眼光正确对待本族文化和异文化，求同存异，尊重异国文化，从而在跨文化交际中达到顺利交际的效果。首先，要提高自身的文化移情能力。移情指的是能够设身处地站在对方的角度去思考和看待问题，从而产生情感上的共鸣。文化移情就是能够真实地感受、理解并尊重异国文化，在跨文化交际过程中能够摆脱本族文化的束缚进行有效沟通。我们应该正确看待文化差异，重新审视和定位自己对待不同文化的态度，在跨文化交际中既要尊重本族文化，又要尊重他族文化，努力克服民族中心主义的心理障碍和束缚。其次，我们应该以发展的眼光来看待现有的文化，应该意识到每一种文化都会随着社会历史的变迁而发生变化，不同文化之间会相互交融渗透，而不能用一成不变的固有的看法和态度去看待变化中的文化。

世界各民族文化的多样性和复杂性决定了跨文化交际中必然存在文化定势和民族中心主义。跨文化交际能力是一种复杂的综合的能力，我们只有不断增加自己的跨文化知识，充分学习不同国家和民族的文化习俗，了解和尊重对待事物的不同看法和处理方式，才能进行顺利的跨文化交际。文化定势和民族中心主义都是不可避免的，短期内也不可能完全清除这些障碍，但是我们应该尽量将这些障碍在跨文化交际中产生的负面影响降到最低。

第三章

跨文化交际中的语言交际

第一节 语言与文化

关于语言与文化的关系问题，一直是学术界讨论的重点问题，针对这一问题的观点也很多，其中最具有代表性的是萨丕尔·沃尔夫假说。沃尔夫认为语言结构是文化结构的本源和决定因素；而马克思主义的观点则与沃尔夫的观点正好相反，他认为文化结构是语言的决定因素；格里姆肖在《社会语言学》中提出语言结构和社会文化结构是互相制约互相限制的；乔姆斯基认为语言结构和社会文化结构都是受第三种因素诸如人的本质、人脑结构、人类思维特征等因素决定的；实证主义则认为语言结构和社会文化结构之间只有"伙伴关系"、相关关系，而无因果关系。此外尚有语言是文化的载体说，语言与文化的基本特征一致说，语言是文化传播的工具说等。这些观点都从某个侧面反映了语言与文化之间的复杂关系。

语言是一种特殊的文化，它具有很强的文化属性、文化价值和文化功能。语言的文化属性表现为，语言是文化的产物，它的生成和发展与文化有着密不可分的关系。语言的文化价值主要体现在反映文化、传播文化、制约文化等方面，其中在反映文化方面，如英汉语言在结构、表义等诸方面的差异就是例证；在传播文化方面，语言一方面是民族文化的载体，如我们可以从英汉大量的习语中发现这两个民族独特的文化渊源、价值观念等，另一方面，语言的使用，是以民族文化为背景的，语言交际中所体现出的这种文化背景是达成有效交际的必要前提。语言还具备特有的认知功能和诉说、建构等实践功能。语言是民族文化的模式和构成民族文化的符号系统，一个民族的语言体现着一个民族的文化，语言的差异反映着文化差异。要透彻地了解语言的文化功能和文化对语言的影响，就必须深刻揭示语言与文化的关系。语言的交际，也是文化的交际，跨文化交际实际上就是要把一种文化中编码的信息在另一种文化中解码，因为"任何一种语言的背后都有着潜在的受民族文化制约的附加意义，也就是超语言信息"。关于语言与文化的关系，可以从以下几个方面来概括和理解。

一、语言是一种社会文化现象

对于语言的本质问题，研究学者们分别从社会语言学、历史语言学和文化语言学等不同的视角给出了不同的理解。普通语言学把语言看成是由词汇和语法构成的系统。这是对语言的本质所下的最基本的定义。人们对语言本质的认识也有一个漫长而复杂的过程。在人类的早期的泛神论阶段，由于人们对神灵的崇拜，语言也被人们视为一种神灵，被赋予了神奇色彩。语言虽然存在于人们的社会生活中，对生活起着重要的影响，但它却是看不见摸不着的，因此就自然而然地被视为一种神了。如信奉印度婆罗门教的人就把语言当作一个伟大的神灵加以崇拜。

19世纪科学语言学产生之后，语言被赋予不同的定义和解释。历史语言学家把语言看作一种机械现象或自然界的有机体，结构主义语言学认为语言是一种符号体系，乔姆斯基则把语言当作人脑的先天机制。这些看法分别从不同的角度来理解语言的本质和功能，但都没有看到语言与社会、文化之间的关系。

近代语言学开始重视语言与社会和文化的联系。如历史语言学的奠基人之一格里姆认为，语言就是历史，语言本身包含着社会内容。新法兰西学派的代表人物之一梅耶说得更加明确："语言毫无疑问是社会现象。"19世纪末20世纪初，鲍阿斯和萨丕尔又强调了语言与社会、历史、文化的联系，并且把语言学视为一门社会科学。

到20世纪中叶，斯大林提出语言是一种社会现象，而且是一种特殊的社会现象，因为语言既不属于经济基础，也不属于上层建筑，而是所有社会成员的交际工具。斯大林虽然论证了语言与社会之间的相互依存关系，但他只突出了语言作为交际工具的一面，却忽视了语言作为文化现象的特点。从严格的意义上说，语言的本质属性与人的本性是密不可分的。人与动物的根本区别在于人有社会性，而动物没有。人的社会性又集中表现在语言和文化两个方面，因而语言和文化是人类社会活动的特有产物。换言之，人只有在创造语言和文化的社会活动中才能成为真正意义上的人。在一定意义上说，人之有语言和人之有文化，是从不同的角度对人之本性的揭示。社会性把人、语言、文化这三者统一了起来。

二、语言与文化之间的一致性与非对应性

语言与文化的一致性指的是语言的发展与使用该语言的国家或民族的文化

发展水平是保持一致的。语言的丰富程度和准确程度与其所属的文化水平发展是相对应的。文化发展水平高的国家或民族，其语言的丰富程度也高。任何一种语言都不是一成不变的，而是在不断发展的。语言水平的发展是受文化发展水平影响的。语言之间的许多不同之处正反映了文化之间的差异；同样的，语言中的许多相同或相似之处，也体现了不同文化之间的共性。比如颜色，它在任何地方的表现形式都是一样的，从物质属性来说都属于一种连续性的光谱。但是各种类型的语言对颜色的表达却有很大差异：有研究表明，语言中表示颜色的基本词的多少，与它所代表的文化的发达程度基本吻合。在欧美国家的语言中，表示颜色的基本词比较丰富，如英语和法语中各有 11 个，而这些国家的科学技术也相对发达；在缅甸语中有 7 个颜色基本词，在印度阿萨姆邦的加罗语和菲律宾境内的哈奴奴语中，各有 4 个颜色基本词，而使用这些语言的社会，其发展水平都属于中等偏下；在某些非常偏僻的地区，语言中的颜色词很少，如新几内亚岛上的丹尼语和贾勒语，都只有两个表示颜色的基本词，而使用这些语言的社会在科技方面就比较落后。这些现象并非巧合，而是有着一定的必然性。因为一个社会的科技越发达，它对各种事物的分类要求也越高。反映在语言上，自然是词汇的丰富和准确。

值得注意的是，特定的语言并非总是和特定的文化相对应，而是呈现出种种复杂的情况。使用同样语言的国家和民族并非意味着他们具有同样的文化。很多国家和民族讲同一种语言，但他们的文化各异。如同样是使用英语或西班牙语的国家，英国和西班牙比较发达，而它们原先的某些殖民地国家则相对落后得多。世界上有许多说英语的民族，却由于地理隔离而形成了不同的文化圈。例如，尽管英美两国都有着盎格鲁撒克逊这一共同的文化历史背景，但地理隔离却使两国文化产生了明显的差异。在同一种类型的文化之中，也常常包含着两种以上的不同语言。如拉丁文化，就既包含着西班牙语文化，又包含着法语文化、意大利语文化、葡萄牙语文化等。我们常说的西方文化，更是包含了基督教文化、日耳曼文化、希腊文化和罗马文化这四大文化类型，而它所包含的语言种类就更多了。

三、语言是文化的凝聚体

不同的语言学流派往往有不同的语言观。传统语言学把语言看作人们交流思想的工具；转换生成语言学把语言看成人类的天赋机制；结构主义语言学或把语言看成由刺激和反应构成的人类行为模式，或把语言看成由能指和所指构成的符号结合而成的形式体系等。一般来说，这些语言观对于建立各自学派的语言学理论是比较合适的，因为它们都从不同的角度揭示了语言某一方面的本质。不过，它们都没有触及语言的文化属性，更没有揭示语言与文化的关系。而后者，在跨文化交际和对外汉语教学领域却是十分重要的一个问题。从语言与文化的特殊关系来看，可以把语言看作文化的凝聚体。语言是文化的凝聚体，主要可以从以下两个方面来理解：

首先，语言具有原文化的性质。语言是一种文化现象，语言本身就是语言符号与文化内容的有机整体。这就是说，语言不仅仅是意义的代码，而且也是文化的代码。鉴于语言包含了所有文化积累的信息，这就使语言成为文化总体中最基本、最核心的部分，所以说语言具有原文化的性质。

其次，在语言系统中凝聚着几乎所有的文化成果，保存着几乎全部文化的信息，这就使我们有可能通过语言了解、分析、认识各种文化现象，包括已经消失了的文化现象。由于语言有一个系统的结构，所以就使人们在不自觉的状态下通过语言对自然界和人类社会的万事万物作出了分类和解释，从而使一切文化信息从混沌变为有序。当然，语言对事物的分类和解释未必是准确的、科学的，因为它往往早于人们对事物有意识的分类和解释。但是，语言毕竟客观地反映了人类历史上不同时期的认识水平和每个民族特殊的认识方式。因此，我们说，语言不仅是一种文化现象，而且是历史文化的活化石，是一种特殊的、综合性的文化凝聚体。

四、语言对文化的影响

语言与文化之间是相互影响的。语言在文化的建构、文化的传承以及不同文化间的交流等方面起着重要的作用。

语言在文化的建构中起着非常重要的作用。文化是人类思想的集体智慧的结晶，人类在实践过程中所进行的一系列思维活动的物质外壳。作为思维成果的思想，自然也必须依附于语言这个物质外壳加以固定。只有如此，思想才具有可以感知的物质形式，并用来进行传播和交流。文化就是这种用来共享的集体的思想。人们之间的思想交流主要依靠语言，虽然传播交流思想的媒介还可以是其他形式，如手势、符号、图画、音乐、舞蹈等，但这些媒介都有很大的局限性，就交际的广度与深度而言，都不能与语言相提并论。美国著名的文化人类学家怀特认为音节清晰的语言是最重要的一种符号表达方式。没有音节清晰的语言，我们就不会有人类的社会组织。没有语言，我们就不会有政治、经济、宗教和军事的组织，也没有礼仪和道德规范，没有法律，没有科学、神学和文学等，这充分说明了语言在文化建构中的功能和作用是无法替代的。

语言是文化传承的主要媒介。语言承载着文化，是文化的凝聚体。人类建构起来的文化系统大都蕴藏在语言之中。人类社会的文化传统和风俗习惯、生活方式等，都是通过语言代代相传的。后一辈人在学习前一辈人的语言的同时，也就习得了前人的文化。换言之，后人通过学习前人的语言，也就同时学会了前人的文化。人类在不断认识客观世界的实践过程中，其思维方式也不可避免地要受到语言的制约。人们接受的不仅是前人的语言，还会用前人的思维方式来认识和看待世界另一方面，不同的语言凝聚着不同的文化信息，在运用不同的语言进行思维时，必然会受到不同语言及其蕴含的思维方式的制约，因此可以说，语言不仅在文化传承中发挥着独特的作用，而且影响着人类认识世界、发展文化的全过程。正如美国语言学家沃尔夫所说：人们都是按自己本族语各自所规定的框架去理解大自然的，其中最主要是依靠大脑中的语言系统去认识客观世界的。因此，语言对文化的传承作用不仅表现在传承文化传统，还包括思维方式和思想观念等。

语言在文化交流中也起着重要的作用和影响。文化需要在交流碰撞和相互影响下才能得到提升和发展。封闭状态的文化只能加速它自身的衰败乃至消亡。人类早期某些社会群体的文化曾是独立传承的，对外封闭的，但最为常见的还是不同文化在相互交流中的发展。在交通、科技等飞速发展的当今世界，"地球村""全球化"加剧和推动世界不同文化之间的交流。不同文化之间的接触与交流，是需要依靠语言为主要的传播媒介和交流工具的。德国语言学家洪堡特认为人只有跳出自己的语言圈，与不同文化圈子的人充分接触，跨进另一种语言圈子，才有可能从原来的语言圈子走出来。由于语言是文化的凝聚体，只有掌握了他人的语言，才可能真正了解他人的文化，因此，不同文化之间的交流，只有通过语言的先导才能实现。

综上所述，由于语言是人类思维的物质外壳和最重要的交际媒介，而且凝聚着整个文化系统，因此，它在文化的建构、传承和发展上，在文化的传播与交流上，都是不可或缺的必要条件，也是有决定意义的重要因素。

五、文化对语言的影响

语言和文化是相互影响的。语言承载着文化，文化对语言、语音、词汇、语用和语言交流等各方面的影响也是显而易见的。不同地区的文化使得不同地区的语言也各具特色。

文化对语言的影响的表现之一就是生存环境对语言的影响，具体而言是生存环境对人们所使用的词汇产生着重要影响。生存环境是人类文化环境的一个重要方面，而语言中的词汇与人们的生存环境有很大的联系。某种生存环境中经常出现的事物会在语言中有多个词汇来表达，而在另外的语言中只用一个词来表达。例如，在因纽特人的生活环境中，雪是无处不在的，因此因纽特人创造了描绘"雪"的各种类型的大量词汇。骆驼是阿拉伯人生活中的常见动物，是重要的交通工具和运输工具，因此在阿拉伯语中与"骆驼"有关的词汇就有400多个，而在汉语中，形容骆驼的词汇只有一个。

文化对语言的影响的第二个表现是社会关系对语言的影响。社会关系对语言有非常直接的影响。人是社会关系的总和，社会关系在整个文化系统中占有重要地位，语言能够反映某个社会群体之间的社会关系，而社会关系也会影响该语言的使用。在中国，人们之间强调一种宗法血缘关系，人们对各种亲属关系的划分非常细致且复杂，因此汉语中亲属之间的称呼非常复杂，汉语称谓词也十分丰富。在中西方跨文化交际中，称谓的文化差异往往会让交际的双方都难以理解。英语中的一个称谓，在汉语中可以对应很多的称呼，如 uncle 一词，可以同时表示汉语的"伯伯、叔叔、姑父、舅父、姨父"等许多不同身份和亲属关系。而汉语中的不同亲属关系有不同的词来表示，如"哥哥、姐姐、弟弟、妹妹"，"姨妈、舅妈、姑妈"，这些称谓不仅表明了这些人的辈分，而且也表明了他们是父系亲属还是母系亲属，这些词在英语中也很难找到一个确切的词与之相对应。这就说明社会关系能对语言产生很大的影响。

文化对语言的影响的第三个表现是不同文化对词语的内涵意义的影响。有一些词在另外一种语言中能够完全找到相对应的词，如英语 table 就是对应汉语中的"桌子"，英语中的 car 就是汉语中的"汽车"。但是，有时意义相对应的词在不同语言中的意义并不完全相同。以"知识分子"一词为例，在中国，它通常是指接受过高等教育的人；在许多偏远地区，甚至中学生也被称为"知识分子"。但在欧美发达国家，"知识分子"只是指少数有高级学术地位的人，如大学教授，而不包括普通的大学生。再如"干部"一词，在汉语文化里，干部涵盖的范围很广，既包括政府官员，企事业单位的领导，又包括国家机关和各级学校中的正式员工，代表着一种除工人、农民之外的特殊身份。但在英语中，"干部"一词的范围要小得多，仅仅指极少数的重要官员。这种情况是由于受不同文化影响的结果。

另外，不同文化之间的交流，也会对语言产生明显的影响。在中外文化交流史上，西方的文化和外来词也逐渐传入中国，使得汉语中也出现了很多的外来词。佛教文化传入中国也使得汉语中有很多佛教用语。同样，随着中国的一些影视节目在国外的播映以及中餐馆遍布世界各地，一些具有代表性的汉语词，如"功夫""太挤""豆腐""饺子"等，也已被越来越多的外国人所接受。

总之，语言与文化在发展过程中是始终相互作用、相互影响的。语言在文化的建构、传承以及不同文化间的交流等方面发挥了重要的作用，文化环境、社会关系以及不同文化间的交流也会对语言产生很大的影响。

第二节 语义与文化

语言是文化的载体。语义与文化的关系十分密切。在跨文化语言交际中，语义对语言和言语意义的改变，主要有如下几种表现形式。

一、词汇与文化

（一）文化词汇的语义差异

语义文化的差异在词汇层次上的表现最为突出，涉及的范围也最为广泛。词汇分为一般词汇和文化词汇。一般词汇几乎不包括文化内涵意义，如"桌子""天空""洗衣机""图书馆"等。文化词汇则包含了某种特定的文化，是民族文化在语言词汇中直接或间接的反映。文化词汇是指特定文化中具有文化内涵意义的词汇。文化词汇有两个主要特点：一是文化词汇承载着某个国家或民族特定的文化，具有深层次的文化内涵意义；二是有些文化词汇是文化的直接反映，如"龙""凤"等，有的是间接反映，如汉语中的红、黄、黑等颜色词和松、竹、梅的象征意义，有的和历史文化有着渊源关系，如来自历史典籍的词语。在跨文化交际中最容易引起误解的就是文化词汇。

在英汉两种语言里，英汉词汇并不是一一对应的关系，即并非每一个词都可以在另外一种语言中找到相对应的词，这就是词汇空缺现象。产生词汇空缺现象的主要原因有风俗习惯的不同、生活环境和生活经验的不同、对客观世界的认识不同、宗教信仰的不同等。根据词汇空缺的程度，又可以分为两种：全空缺词汇和半空缺词汇。

全空缺词汇是指一些词汇属于汉语文化或者英语文化中特有的词汇，在另外的语言中找不到相对应的词。如汉语里的"中庸""四书五经""风水""阴阳""大跃进""八卦"等，这是中国特有的词汇，在英语中找不到相对应的词；而英语中的"Catch-22"第22条军规在汉语中是没有的。

半空缺词汇指的是一些词汇在英汉语言里指示意义相同，但内涵意义不同。例如，颜色词"绿色"（green），在汉语和英语里，指代的都是同一种颜色——绿色，但是这个词的内涵意义不同，在英语里 green 还有嫉妒的意思。"I can see the green in her eyes"，这句话就不能理解为"我能看到她眼睛放绿光"，这句话里面的 green 是嫉妒的意思，正确的理解为"我能看到她嫉妒的眼神"。英语中的 hippie（嬉皮士），这一词是美国社会特有的产物，汉语把 hippie 译成"嬉皮士"可能会造成误解，因为那批青年并不都是嬉皮笑脸的人，其中也有不少人对待社会问题很严肃，对社会怀有某种不满的情绪。他们大部分人的特点是留长发，穿奇装异服，行为颓废，甚至染上吸毒恶习等。如果不了解西方文化，就不能够确切地了解这个词到底是指什么样的人。

（二）隐喻中的语义差异

认知语言学告诉我们，隐喻不仅是修辞手段，而且也是认知现象，是一种思维方式。莱考夫（Lakoff）和约翰逊（Johnson）在他们合著的《我们赖以生存的隐喻》一书中确立了隐喻在认知活动中的地位。广义上的隐喻包括拟人、换喻、提喻、寓言和象征。狭义上的隐喻就是把两种不同事物之间的共同特征进行隐性比较。从结构上分析，隐喻由"喻体"和"本体"构成。"喻体"是比喻的对象，"本体"是被比喻的对象。如"life is a stage"，理解这一隐喻的基础是"人生"（本体）与"舞台"（喻体）之间存在的共同特征，这种人们共同接受的特征只有通过喻体的语义联想才能得到。因此，可以说隐喻所蕴含的语义信息其实就是一种文化，因为它体现了该语言民族所共有的认知方式和思维方式。然而，不同的民族对同一事物的认知和思维不尽相同，在隐喻的表现形式上也相差很大。如下面的对话：

W：She said she might become a famous movie star.

M：Yes, and pigs might fly.

在日常生活中，中国人在描述别人不可能做到的事情时常说"除非太阳从西边出来"，而英美人却说"除非猪能够飞上天（pigs might fly）"。因此，根据这一隐喻所蕴含的语义文化差异，上述对话可以译为：

女：她说她会成为电影明星。

男：是吗，除非太阳从西边出来。

再如 "There're more fish in the sea and you'll find your perfect match"，这句话是对失恋中的人的安慰，汉语用得最多的安慰语是"天涯何处无芳草"。在汉文化中，女人常被比作芳草，而英美人则把女人比作海里的鱼。虽然这种隐喻所蕴含的语义信息不同，但在表达形式上却有异曲同工之妙。因此，此句话可译为"天涯何处无芳草，你会找到理想的伴侣的"。

（三）习语的语义差异

习语在英汉语言中使用广泛，对习语理解的正确与否，直接影响到跨文化交际的效果。因此，有必要对英汉习语的语义从跨文化交际的角度来进行深入解读。

英汉两种语言都包含丰富的习语，每种习语都隐含着深层的民族文化内涵。语言是文化的代码，而习语作为语言中的重要组成部分，是人类在社会生产和生活中的经验总结，因此习语是语言代码中最有效的代码，其中蕴含的文化内容具有历史的深度和现实的广度。语义是语言交际的内容，语义要受特定文化的影响和制约。习语的语义丰富，有的语义鲜明，有的意在言外。英汉习语的语义有相同之处，但差异更多。习语与一个民族的文化息息相关，习语中的比喻更是富有强烈的民族色彩。英汉习语常常有不同的比喻。如汉语的"落汤鸡""噤若寒蝉""破釜沉舟"与相应的英语习语 "a drowned rat" "as mute as a fish" "burn one's bridge behind one" 中的喻义相同，但比喻不同；汉语习语 "跑龙套""青梅竹马""图穷匕见""卷土重来""宁为玉碎，不为瓦全""放下屠刀，立地成佛""秀才不出门，便知天下事" 和英语习语 "go Dutch（打平伙，AA 制）""take French leave（不辞而别）""apple of one's eye（掌上明珠）"，都充分体现了各自的民族文化特色。

习语是文化的产物，其来源非常广泛。有的源于该语言民族的生活习惯和地理环境，有的则来源于该民族的文学艺术、宗教信仰、体育娱乐、神话寓言等。习语所蕴含的语义成分非常丰富，除概念意义和内涵意义以外，文化语义特征也非常突出。如 Simon Legree 在美国作家斯托夫人的小说《汤姆叔叔的小屋》中是一个凶狠的种植园主，于是他的名字后来成为贪婪与残暴的代名词。例如，"Everybody tried to avoid the foreman. He acted like a Simon Legree（大家都尽量避开工头，他的举动像个残暴的奴隶主）"。再如，拳击运动在西方非常流行，因此在许多英语习语中都留下了烙印。根据比赛规定，拳击手要带上特制的手套和头套以保护自己。如果脱掉手套（take off the gloves）击打对方，就意味着"毫不留情"。因此，take off the gloves 这条习语就比喻

"（对某人）不客气，或（在争辩中）言辞激烈"，如"Her father has threat-ened to take off the gloves if I ever attempt to meet her again（她父亲威胁说，如果我再出去见她，就对我不客气了）"。以上这些英语习语的语义都是无法从字面意思去翻译和理解的。习语语义的理解障碍，成为跨文化语言交流的主要障碍之一，因此，我们应透过现象看本质，也就是透过语言的表层结构探明语言的深层结构以获得"言外之意"，这样才能真正透彻地理解习语的语义，而不会被形式限制，因形害义，将习语理解或翻译得"貌合神离"。

在教学实践中，教师应让学生掌握英语词汇背后的语义文化内涵，掌握词汇的使用场合、对象、语域语体和感情色彩等知识。只有提升学生的文化意识，才能提高他们的跨文化交际能力。

二、颜色词、动物词、数字词

（一）颜色词的文化内涵

1. 黄色的文化内涵　从视觉传达的角度看，黄色属于暖色，它象征着秋天的收获和阳光的照耀，通常是充满希望和令人感觉愉悦的色彩。对于中华民族而言，黄色一直都是"尊贵之色"，具有一定的民族代表性，它不仅是汉民族的"图腾色"，更有着超乎色彩意义的文化内涵和文化表达，象征着皇权的神圣、皇族的尊严、皇家的至高、皇土的广袤，也象征着汉民族的飞黄腾达和心向往之。理学家朱熹在《诗集传》中曾说过"黄，中央土之正色"，这也正好印证了"五行"论中社稷坛中央为黄的文化形式。纵观中国古代历史，汉民族对黄色的推崇和喜爱，可以追溯到上古时代的轩辕氏，传说中轩辕氏"有土德之瑞"，而"土"为黄色，因此轩辕氏也号称"黄帝"，这正是"炎黄子孙"的历史起源。传说黄帝喜爱黄色，经常"服黄衣、戴黄冕"，久而久之，黄色逐渐成为"帝王之色""尊荣之色"。从颜色地域学的角度看，黄色对中华民族具有重要的文化意义。不论是黄河、黄土地、黄皮肤等都是深入东方文化骨髓里的颜色区域标记。尤其是黄河，它不仅是中华民族的母亲河，也是中华民族共同的文化认同和文化记忆，是我们繁衍生息的地方，是中国历史上始终与民族紧密相依的一条黄颜色河流。

现代中国的文化内涵中，对黄色除了传统意义上的文化解读外，还赋予了新的内容和新的内涵。一个比较典型的特征是"黄色"出现了贬义色彩的转变，有了很多贬义的表达。一些文化学者认为，黄色的贬义表达是"外来"的，而非本土化的。但不可否认的是，在当下中国的文化、社会领域对黄色的贬义表达也是比较盛行的，且通俗性、日常化、平实化的影响力越来越大，正在悄悄改变和刷新我们对黄色的认知。从现有的部分文化表达形式来看，黄色暗含了一定的反动、色情和淫秽的色彩，伴随着"扫黄"这个词被官方的认可，由"黄"组词的负面词组越来越多，例如，黄窝、黄片、黄货等逐渐走进大众的视野，产生了负面的影响和文化打击。与此同时，社会不同阶层也用"黄"字表达事情没成功、没有希望，如"黄了"等都是口语中比较常见的表现。这是现代中国文化体系中赋予黄色的新内容，虽然有些词汇具有"片面性""短期性"和"口语化"，但不可否认的是其之存在和发展，且逐渐成为使用频次较高的语言表达形式。

黄色在英语中有不同的文化内涵。黄色在西方文化中多有贬义色彩和消极意义。美国常常使用黄色的纸张印刷出版一些低级趣味的书刊，因此 yellow press 指的是品味低俗、低级趣味的出版物。yellow journalism 在美国英语中则指以低级趣味的文字或耸人听闻的报道吸引读者的出版新闻媒体。yellow 一词除了基本含义以外，还有胆怯的、卑鄙的意思。yellow belly 指的是"胆小鬼，懦夫"。一个人要是"黄"了，必定是丧失了勇气（A person who is yellow has no courage）。黄色还常常用以提示、警告。Yellow alert 指空袭预备警告。足球比赛中，yellow card 指"（表示警告的）黄牌"。在过去，轮船远航，如有乘客患了黄热病（yellow fever），就要升起一种黄色的信号旗（yellow jack）。

2. 红色的文化内涵　红色是视觉冲击力很强的一种色彩，它不仅是光的三原色之一，也是心理四色之一。无论是从红色的物理学性质还是心理学性质来看，红色都是独一无二的色调，也是极其重要的代表色。在中国，红色是一种无可代替的重要色彩，有着举足轻重的文化、美学、建筑、色彩构造等方面的意义和象征。中国人热爱红色、喜欢红色、青睐红色、崇尚红色，对红色的尊崇和使用是世界上其他国家或民族无法企及的，也是中华民族的一种文化信念和文化选择，世代承袭，不断发展。中国人认为，红色可以像太阳和火种一般，给我们带来希望和力量、光明与温暖、奋进和好运。所以，自古以来，我们就用红色代表或象征喜庆、欢乐、祥和、热烈、吉祥等含义，并由此延伸了红色的象征意义：高贵、好运、成功、顺利等。在中国古代，很多庙宇、宫殿或王公贵族的庭院都使用红色作为基准色或主要颜色，古代官吏、官邸、服饰多以大红为主，即"朱门""朱衣"；在汉族的传统文化中，"五行"中的火所对应的颜色就是红色，八卦中的离卦也象征红色；在戏曲脸谱中，红色也被广泛地运用和象征，大多表达一种勇敢、忠义的内涵，如比较典型和常见的三国中的重要人物关羽，一般都是红色脸谱被大众熟识。在汉民族的语言表达中，通常把女子着盛装的形象称为"红妆"，也常常会以"红妆"来指代女子或美女，通常把女子非常美丽的容貌称为"红颜"，"红颜自古多薄命""一朝春尽红颜老""红颜骑竹我无缘"等都是家喻户晓的著名诗句。在日常生活中，"红"字的运用随处可见，例如：把结婚这类的喜事称为"红事"，新娘子要盖"红盖头"，本命年的人要穿"红裤"，春节要贴红色的春联，过年要给"红包"，工程奠基或重要庆典活动要铺红地毯、盖红绸缎等。由此可见，红色已经走进中国人的心里和生活，既随处可见，又使用规范。

随着时代的发展和变迁，中国人赋予红色或"红"字许多新的内容和内涵，但总的方向都是积极和阳光的，充满正能量的。例如，在日常的经济和生活用语中，陆续出现了"红利""分红""开门红""红包""满堂红"等新词，并以这些新词替代想表达的烦琐的意义和意思，逐渐延伸为顺利、好运、好事、喜庆、充分肯定、受到欢迎等含义。而且还使用诸如此类的词语，来形容趋势和动态，在文化艺术领域比较常见，如"大红人""大红大紫""红极一时""走红"等。在诸多延伸用法中，最值得一提和关注的是把红色和中国革命、建设和改革联系起来，把红色定义为革命的颜色，把红色作为新中国的底色，把红色作为中国共产党领导中国人民不懈奋斗、创造奇迹的重要"代表色"，并由此诞生发展了很多红色词汇，如红旗、红星、红军、红土地、红色政权、红色文化、红色精神、红色经典、红色记忆、红色旅游、红色故事、红色基因、红色教育、红色根脉、红色根据地、红色娘子军等。这些红色的词组不仅鲜活展现了中国人的革命精神和革命意志，也反映了一个时代的语言创新和语义创新。

在英语中，红色不包含汉语文化中的那些文化内涵。红色在西方文化里主要代表血腥、暴力。Red battle 指的是血战；red revenge 指血腥复仇；英语中的 red 还可以表示"亏损、赤字"，如 go into red（发生亏损或者出现赤字），a red month（出现赤字的月份）。

3. 绿色的文化内涵　绿色是自然界中最常见的一种颜色，在官学频谱中是居于黄、青两者之间的图案，从视觉传达的角度看，绿色就是春天的嫩草和绿叶的颜色。从心理学的角度看，绿色既不是冷色，更不是暖色，而是介于两者之间的一种柔和颜色，可以使人赏心悦目、倍感清新。在日常生活中，绿色往往和自然、生命、春天等充满希望的词汇联系在一起，它象征着森林、草地、沼泽、湖泊、农田、庄稼等，更延伸为充满希望、充满活力、充满生机以及和平、友好、幸运、安全等相关的词汇。在汉语词汇中，从来不乏对绿色的喜爱和褒扬，例如：郁郁葱葱、青山绿水、苍翠欲滴、青枝绿叶、花红柳绿、苍松翠柏、绿草如茵、千山一碧、绿树成荫等都是对美好事物的形容和赞美。"春风又绿江南岸""万条垂下绿丝绦""绿树阴浓夏日长"等都是千古名句，广为传颂。在当代中国，绿色最主要的还是象征着低碳、环保、安全，如火车是绿色的车厢，中国邮政也是深绿色的标识，交通信号灯也是"绿色通行"。现在很多地区和企业，也把新能源汽车称为"绿色汽车"，把骑单车出行或乘坐公交出行，称为"绿色出行"。在生活俗语表达中，也经常会使用"开绿灯"等词汇，形容给予放行或降低相关限制性标准和条件，也有"一路绿灯"来形容办事比较顺利，没有遇到困难和麻烦。新冠肺炎疫情发生以后，"绿码"开始非常频繁地走进我们的生活，无论出入公众场所、办理相关业务，都要向对方提供自己的"绿码"，也就是说健康码或健康宝为"绿码"即说明个人行程比较安全，没有到过中高风险地区。所以，"绿码通行"又成为疫情防控常态化背景下的一种管控手段和一种文化现象，这也从某个角度说明了中国人对绿色的青睐和喜爱。尤其是国家研究出台《绿色食品标志管理办法》，实行农副产品的绿色认证、绿色通道、绿色贸易、绿色物流、绿色营销。近年来，随着习近平生态文明思想的不断深入，"绿色发展"这一词汇开始高频次走进我们的生活，它是一种以效率、和谐、持续为目标的经济增长和社会发展方式，成为"五大发展理念"之一。同时，"绿色经济"成为大家比较关注的新动向，它是以效率、和谐、持续为发展目标，以生态农业、循环工业和持续服务产业为基本内容的经济结构、增长方式和社会形态。随之而来的，"绿色崛起""绿色赋能""绿色生活""绿色惠民""绿色生产""绿色交通"等都渐渐走进我们的生活和工作，融入经济社会的方方面面。从整体上看，绿色作为中国人比较喜欢或接受度比较高的一个颜色词汇，还是充满正能量的词汇，代表着珍惜环境、亲近自然、尊重自然、人与自然和谐相处，也代表着区域和国家的希望和潜力。

当然，在中国古代，绿色也有代表地位卑微、不光彩等含义，虽然使用得不是很广泛，却一定程度存在。例如，收录在《白氏长庆集》中的白居易名篇《琵琶行》就有"凄凄不似向前声，满座重闻皆掩泣。座中泣下谁最多？江州司马青衫湿"，说明彼时的白居易身着"青衫"，地位低下，品级不高，其内心深处的情感活动通过"青衫"来表达，也说明古代官服颜色的辨识度非常高。

在民间俗语中，还有"戴绿帽子"一说，其实唐代官员是把"戴绿头巾"作为一种私刑，用以惩戒犯错的官吏，明朝以后官方规定伶人要戴绿头巾、穿绿衣，直至后来延伸转指配偶有不忠淫行者，称为"戴绿帽"。在戏曲脸谱中，绿色表示为凶残、暴躁、野蛮等象征意义，如阴曹地府的青面鬼，《响马传》中的程咬金等。

绿色（green）在英语文化中与汉语文化的不同主要体现在以下两点：green 常常表示"嫉妒、眼红"的意思，如"green with envy""green‑eyed monster"都是"十分嫉妒"的意思。此外，green 还常用来表示"新手、缺乏经验的"，如"green hand"，就是"新手"的意思。绿色在英汉两种语言中也具有相同含义。例如，在美国，很多外国人梦想有朝一日得到 green card（绿卡），指允许外国人进入美国工作的绿色许可证，表示安全通行之义，这和中国的绿码意义相同。Green lung 的字面意思是"绿肺"，实则指城市中的公园或绿化地带，因其中植物产生氧气而故名。需要指出的是，在中国文化中，人们忌讳戴绿帽子，而西方人却不明白这一点，西方有一个纪念爱尔兰血统的节日叫作"绿帽子节"，所有的人都戴着绿帽子以游行的方式来庆祝该节日。

4. 黑色的文化内涵　黑色是最深的色调，是与白色相对而言的一种颜色，其视觉范围内没有可见光。从宇宙观的视角看，黑色才是宇宙的真实状态和本来面目。在中国人看来，对黑有多个维度的认识和象征。第一，是对环境的视觉而言的，黑表示看不见、摸不着，表达了对未知世界的一种恐怖，对周围的一切都充满了不确定性和好奇心，具有探索未知的意寓。在中国古代，玄色、玄青、乌色、乌黑、漆黑、墨色、墨灰等都可以指黑色，如周兴嗣所作《千字文》第一句"天地玄黄，宇宙洪荒"中的"玄"就是指黑色。又如，我们把"伸手不见五指"的周遭环境统一表述为"乌漆墨黑""黑漆漆""很黑""黑压压""黑灯瞎火""漆黑"等。第二，象征着神秘、深沉、肃穆、邪恶、恐怖、死亡等寓意。例如，把非正义欺凌组织称为"黑社会""黑帮"，其中带头组织者为"黑老大"，这些都是代表凶恶、残暴的意思。所以，才有了全国公安机关和政法队伍开展的"扫黑除恶"专项行动，打击社会上日益猖獗的"黑恶势力"，给老百姓提供更具安全感的生活和发展空间。人们还习惯将"三无"车辆称为"黑车"，将来路不明的货物称为"黑货"，将没有落实户口或一时较难落实户口的人员称为"黑户"，将银行失信人员或信誉不佳人员称为"金融黑户"，将劣质棉花称为"黑心棉"，将对人使坏称为"下黑手"，将蓄意破坏电脑程序或电脑网络安全的人称为"黑客"等。在交通信号表示时，如遇越野车比赛选手亮出"黑旗",则说明该车出现了故障或车子被陷入了,示意为无法继续进行比赛。同时,黑色也有示意"不光彩"的文化表达。在我国古代,会在犯人的脸上或额头上刺字,然后用黑墨涂色的做法,这样犯人就永远有抹不掉的耻辱,带着一生的"黑色伤害""黑色侮辱"。现代人俗语中也常表述的"给某人脸上抹黑"等可能就来源于古人对犯人的刑罚。第三,象征着正义、铁面、刚毅、尊贵等寓意。例如,戏曲文化中喜欢将颜色定格人物性格,隋末唐初名将尉迟敬德、北宋名臣包拯、三国时期的蜀汉名将张飞、中国古典小说《水浒传》中的重要人物李逵等在一些戏曲舞台形象中常见黑色脸谱,足以说明了黑色已经符号化为一种人物性格的象征。

随着时代的发展进步,我们对"黑"和"黑色"的理解、认识和运用越来越广泛,既有传统文化的影响,又有科技进步发展的作用。也出现了多重象征和寓意视角,例如,形容一个选手或竞争者,在比赛或评选活动中脱颖而出、后来居上,则称为"黑马"。人们还经常用"一匹黑马"来形容比赛中突然发力、取得佳绩的佼佼者,也延伸形容为潜在的可能被重用者。又如,将天体物理学概念中"光线不能逃逸出来的星体"称为"黑洞",将人类现有知识无法理解的内容称为"黑科技"。在新时代中国,"黑科技研发""黑科技产品""黑科技软件""黑科技竞赛""黑科技挑战"等词汇频频被使用,进一步证明了我国科学技术的蓬勃发展,也说明"黑科技"在悄悄改变我们对未知世界的认识。尤其是第十七届"挑战杯"全国大学生课外学术科技作品竞赛"黑科技"专项比赛的成功举办,为我们认识"黑科技",了解"黑科技",走进"黑科技",都提供了很好的视角和平台。

黑色在英语中被认为是悲哀的颜色,是西方文化中的基本禁忌色。黑色在英语文化中有以下几种象征意义:①黑色象征死亡、灾难和凶兆。Black words 意为不吉利的话。英美人在葬礼上也穿黑色服装。②黑色象征罪恶、邪恶、犯罪等。如 black man 指的是恶魔。③黑色象征不光彩、非法的。A black mark 指的是污点,black money 指通过非法或者违法手段获取的钱财,black market 指黑市,black list 指黑名单,black deeds 意为恶劣的行径。④黑色还表示沮丧、愤怒的情绪,black dog 指沮丧的情绪,a black day 指的是倒霉的一天。这一点与汉语中是相同的,汉语中也有"黑色心情""黑色七月"等用来表达不好的、悲哀或者不幸的事情。⑤ 黑色在西方文化中还常表示"庄重、威严、正式"。在西方正式庄重的场合,人们都喜欢穿黑色衣服以显示尊贵和肃穆。

5. 白色的文化内涵　　白色是一种"中立色"，它无色相、透明度高，包含了光谱中所有颜色光的颜色，也常称为"无色"和"霜雪一般的颜色"。在中国人看来，白色首先象征着纯洁、高雅、高洁、光明等含义。例如，成语中有"洁白无瑕""白璧无瑕""洁白如玉""清白无辜""青红皂白""白头偕老""白手起家"等，来形容没有任何污点或努力美好的状态。诗句中，也喜欢用白字，如"白头搔更短，浑欲不胜簪""白发今如此，人生能几时""白衣携壶觞，果来遗老叟""白骨成丘山，苍生竟何罪"等都是人们较为熟识的。同时，由于白色的色调比较柔和，不容易对外界产生太多的刺激，也不容易给病人带去情绪上的影响，所以医院的医护人员的服装比较普遍的选择是白色，也就是白颜色的工作服。遇到紧急特殊情况，需要医护人员挺身而出、逆行而上的时候，各种媒体中就经常可见"白衣天使""白衣执甲""白衣出征""最美白衣天使""最美白大褂"等词汇，来表达对一线医护工作人员的崇高敬意和深深感佩。其次，白色也代表低下、悲痛、凶丧、失败、愚蠢、艰险的意思。例如，唐代文学家刘禹锡的名篇《陋室铭》中写道"谈笑有鸿儒，往来无白丁"，这里的"白丁"就是指"知识浅薄的人"，因此也把缺乏锻炼、阅历不深的文人称作"白面书生"。又如，《汉书·王莽传上》中写道"开门延士，下及白屋"，经学家颜师古《汉书注》中就"白屋"解释道："白屋，谓庶人以白茅覆屋者也。"在戏剧脸谱中，白色脸谱的代表人物是三国中的"奸雄"曹操、明代"六大奸臣之首"严嵩、秦朝奸臣赵高等，和尚和太监在戏剧中人物形象一般也比较常见白色脸谱。在中国，如有亲人去世，则要在家里设置白色灵堂、打白纸幡、撒白色纸钱，家中晚辈要穿白衣、戴白帽，谓之"孝服"，并把整个去世哀悼活动和出殡称为"白事"。白色有时也指投降的含义，如双方交战，一方主动承认失败，即可通过"举白旗"的方式示意对方。人们还习惯把愚蠢之人称为"白痴"，将事情徒劳无功称为"白费劲""白费功夫""白费时间""白忙活"，将不讲义气、忘恩负义之人称为"白眼狼"，有时还将一个人要扮演不友好的角色称为"唱白脸"等。当然，在中国藏区，对白色的理解和认识又有所不同，藏族同胞一般更青睐白色、推崇白色，在藏区随处可见白色的经幡、白色的哈达、白色的佛塔、白色的寺院和白色的民居，甚至藏传佛教中还有"白教"一说，可见白色对藏族同胞的不同寻常的特殊意义和喜好。在中国，白色之于政治是有特殊的内涵与意义，有着反对革命、镇压人民、思想落后等方面的理解和认识。例如，第二次国内革命战争时期，我们把国民党统治区域统称为"白区"，以示与中国共产党领导的欣欣向荣的"苏区"相区别。

在"白区"就有了"白色政权""白色统治""白专道路"等，也代表着反动、落后等意思。尤其是国民党当局实行的"白色恐怖"，残酷镇压和迫害了大批革命青年和共产党人，是国民党反动、腐败统治的罪证之一。鲁迅先生在《且介亭杂文·关于新文字》中说道："然而他们却深知道新文字对于劳苦大众有利，所以在弥漫着白色恐怖的地方，这新文字是一定要受摧残的。"随着经济社会的发展，尤其是制造业的快速发展，"白色污染"等词汇开始走进我们的生活，一般是指难降解、难处理的塑料垃圾产生的严重环境污染问题。

在英语中，白色 white 被视为高雅纯洁的颜色，象征着纯洁、纯真等含义，是西方文化中的崇尚色。白色在西方文化中主要有以下几种象征意义。①白色象征着纯洁、贞洁。A white soul 指的是纯洁的心灵。西方的新娘在婚礼上要穿白色的婚纱礼服，代表爱情的纯洁和对婚姻的贞洁。White - handed 指一尘不染的、纯洁的。②白色象征着正直、善良、诚实的品质。A white lie 指善意的谎言，white man 意为高尚正直、有修养的人，white spirit 意为正直的精神。③白色象征着吉祥、幸运。A white day 指的是吉日，a white winter 指大雪纷飞的冬日，white moments of life 指的是人生得意之时。④ 象征着公开的、正式的、合法的。White market 意为合法市场，a white sheet 指的是公开认错，white paper 指政府的白皮书。⑤ 象征着反动。例如，white party 指的是反动党派，white area 指的是反动地区。此外，white 还与许多词连用表示不同的隐喻含义。例如，white elephant 指的是贵而没有用的物品，white feather 指的是胆小的人，white night 意为失眠的夜晚，white room 指无菌室，white war 指经济战、不流血的战争，white sale 意为大减价，white smith 指银匠。

6. 蓝色的文化内涵 蓝色代表天空和大海的颜色，虽然属于冷色调，但却一直有开阔、和谐、自由、温柔和晴朗的象征意义。在中国，人们对蓝色的寓意相对会比较少，而单纯地将其作为一种对环境和色彩的认知比较普遍。例如，"蓝莹莹""蓝天白云""湛蓝""碧蓝""天蓝色"等都是形容晴空万里或碧海无边的颜色形容词，诗句"柔蓝一水萦花草""春来江水绿如蓝""含烟带月碧于蓝""晴空碧胜蓝"等也都表达了相同的内涵和逸致。但是，蓝色在中国传统文化中，也有"下等、卑微、平民"等含义，如"蓝缕"就是"破衣裳""破旧衣服"的意思，《左传·宣公十二年》中的"筚路蓝缕，以启山林"，《红楼梦》中的"这人生得这样雄壮，却又这样蓝缕，想他定是我家主人常说的什么贾雨村了"和刘克庄的《贺新郎·放逐身蓝缕》中"放逐身蓝缕。被门前、群鸥戏狎，见推盟主"等，都表达了此类意思和内涵。当然，中国也是个多民族的和谐国家，各民族对蓝色的喜好、运用也略有不同或各有其道。例如，满族比较喜爱蓝色，也经常使用蓝色，但明确蓝色是相对等级比较低的，也有次要、低等级的含义。清朝时期的"八旗"中有"正蓝旗、镶蓝旗"等，属于"下五旗"；由大臣集体商议、代替皇帝批阅奏章的，则称为"蓝批"，在特定时期使用。与此同时，清代还有"蓝顶""蓝衣""蓝翎"等，都是等级森严的皇家礼仪，"蓝翎"一般都赐予六品以下官员，或在皇宫和王府当差的侍卫官员享戴。现主要居于浙江、福建一带的中国少数民族——畲族就对蓝色充满好感，这点主要体现在他们的民族服装上，以"青、蓝服饰为主"，而且古代"青"与"蓝"属于同类色，故有"青出于蓝而胜于蓝"的说法。在施联朱的《畲族风俗志》和沈作乾的《括苍畲民调查记》等均有详细记录，"妇女服饰式样多，多穿自织蓝色麻布""男子布衣短，色尚蓝，质极粗厚""富者着秀履，蓝布袜"。蓝色对畲族来说，不仅体现他们的爱美之心，更重要的是畲民赋予蓝色"勤劳、诚实"等特殊含义。

随着我国社会主义市场经济的繁荣和发展，蓝色也被广泛地运用到经济社会的各个领域和方面，象征希望、发展、潜力与和谐。例如，我们习惯把美好的计划和项目规划称为"蓝图"，在《习近平谈治国理政》中就有"发扬钉钉子的精神，一张好的蓝图一干到底"的重要论述，新时代"美好的蓝图终能实现""一张蓝图绘到底"等在媒体上出现的频次很高，逐渐被大众熟识；我们经常把可以借鉴、学习、启发的案例、教材、文本等称为"蓝本"，把具有权威性、公认度、政府性的公开发行的工具书或形势发展介绍类书籍称为"蓝皮书"。同时，我们还把具有一定技术水平、技术能力、技术等级的工人，称为"蓝领"，把没有恶性竞争、充满利润和诱惑的新兴市场称为"蓝海"，常用"一片蓝海"形容充满机遇、充满希望、充满挑战。

蓝色在英语里却有截然不同的丰富的文化内涵意义。首先，蓝色在英语里代表了一种忧郁、忧伤的情绪。A blue mood 指的是忧伤或不好的心情。A blue day 很容易按照汉语的字面意思理解为天气晴朗的一天，因为汉语里蓝色的天空就是指天气很好的蓝天，而在英语里恰好相反，指的是心情不好的一天。如果不了解这一点，在跨文化交际中就很容易引起误解。其次，蓝色在西方文化里还可以指贵族血统，He is a real blue blood 意为"他是真正的贵族血统"。此外，blue 在英语里还有"污秽、下流"的含义，如 a blue joke 意为"开下流的玩笑"，blue movie 意为"黄色电影"。

（二）动物词的文化内涵

英汉词汇语义之间的差异在很多方面都有体现。其中动物词汇是英汉词汇中比较特殊的词汇，动物词汇除了词汇本身的字面指示意义之外，还被赋予了特殊的文化内涵和感情色彩。由于英汉两种语言是在不同的文化环境中产生和发展的，因此动物词汇也具有不同的文化附加意义。在中西文化中，许多动物被人们赋予各自不同的神性，被视为图腾，受到人们的崇拜。这些动物形象积淀着特定的民族心理，负载着人们的独特感情，形成了具有民族特色的动物文化。它本身也构成了语言文化中一道独特的风景线。动物词语的语用方式表现为：人们通过某些动物的外貌特征、生理习性和生活方式把人类某些特定的品质与其相联系，引起形象生动的感情联想；这些被拟人化的品质又受到不同民族的思维方式、社会背景、传统文化和风俗习惯的制约，又使人们产生了不同的心理反应。因此，透过动物词语的内涵意义，才能挖掘其代表的文化现象，了解民族文化的异同，解决跨文化领域中出现的语用障碍。

字面上完全对等的动物词语，却包含不同的文化内涵，引起不同形象的联想，产生不同的语用心理。如中国文化中的龙与西方文化中的 dragon，这两个动物词汇从字面上来看是对等的，龙可以翻译成 dragon，但是它们所蕴含的文化内涵和在各自民族文化中的外在形象、产生的心理情感，都具有明显的差异。在中国文化里，龙是汉族最具代表性的传统文化之一，被视为一种神圣威严的动物，常常作为皇帝、皇权和权力的象征，因此有"龙椅""龙袍"等说法。作为文化象征，它代表着帝王；它象征着强大、向上，因此中国人把自己看成是龙的传人。后来人们常用"龙"来比喻有出息的人、杰出的人、出类拔萃的人，因此会用"望子成龙"期盼后代有所作为。也会用"龙腾虎跃、龙凤吉祥"来形容生活的幸福兴旺。然而在西方文化里，龙却是凶猛的怪物。在西方神话中，dragon 被认为是魔鬼撒旦的象征。在大多数与 dragon 斗争的传说中，最终以打败消灭 dragon 为最好的结局，再加上基督教的影响，人们经常将龙与邪恶画上等号。dragon 还经常用来表示悍妇、母夜叉。由此，我们可以看出英语中 dragon 意味着魔鬼、邪恶、凶残。这与汉语里的龙的文化内涵有着截然不同的含义。

动物词"狗"在英汉语言中的文化内涵差异也很大。由于审美价值取向和社会心理的差异，英汉民族对狗的看法有着不同的心理倾向。汉语中"狗"带有贬义色彩，因此常出现在贬义词语中，如"狗仗人势、狗急跳墙、狐朋狗友、狗眼看人低、狗腿子、狗胆包天、偷鸡摸狗"等。这些成语、习语证明了狗在汉民族眼中卑贱、肮脏、龌龊的形象。然而在西方，狗被视为人类最忠实的朋友。西方人处处体现了对狗的喜爱，常将狗视为忠诚的象征。因此，在英语中有这样的说法，"man's best friend is the dog"（狗是人之良友），"love me，love my dog"（爱屋及乌），甚至用狗来比喻某类人物，如"top dog"（重要的人），"lucky dog"（幸运儿）。因此不同于汉语文化，在英语中"狗"常常具有褒义或中性的文化内涵。

（三）数字词的文化内涵

数字词的主要功能是指示数字的作用，但由于受思维方式、传统观念、历史文化和风俗习惯的影响，数字在不同的文化中具有不同的文化象征意义。英汉民族在数字的偏好和禁忌上也呈现出巨大的差异，中西文化对吉利数字和不吉利数字的看法是不同的。这些差异是两个民族在漫长的历史发展进程中形成的，具有鲜明的民族性。

1. 中西文化中的吉利数字　英汉民族由于受到传统文化和思维观念的影响，他们对数字的偏好显示出巨大的差异，因此对于确定吉利数字的标准是不一样的。在中国文化里，数字8是中国人最喜欢的数字，因为8和汉语里的"发"字是谐音的，8就代表了财富和好运。在日常生活中，中国人对数字8的偏爱和喜欢是随处可见的。人们的手机号码、车牌号码等喜欢选择带8的，甚至还不惜花钱买一个带数字8多的号码。2008年北京奥运会开幕式的时间也选择在2008年8月8日晚8时。此外，店面开张或者婚嫁喜事，都会特意挑选带8的好日子。在中国文化中，数字9是一个吉祥的数字，因为9与汉字"久"是谐音的，代表的是天长地久的意思，因此有人送玫瑰会是99朵或999朵。数字"九"的象征意义在中国古老的建筑中也得以体现。北京城有九个门，故宫有九丈九足高。紫禁城有九千九百九十九间房屋等。可见中国人对于数字"九"的偏好。在西方文化里，人们最喜爱的数字是7，被视为幸运吉利的数字。英语中有lucky seven的说法。数字"七"在西方文化中的象征意义与基督教的信仰有关。圣经《旧约》里面讲到上帝在六天之内创造了万物和人类，在第七天休息，因此"七"就代表圆满。西方文化里面常用"七"来对一些人文景观和事物进行命名，如"七宗罪""七大奇迹"，西方人也喜欢挑选带7的日子作为婚礼的日子。2012年伦敦奥运会开幕式选的时间是7月27日。

2. 中西文化中的不吉利数字　由于历史文化传统的影响，数字也被人类赋予了特殊的文化内涵。中西文化中出现了一些人们不喜欢的数字，在西方文化中"十三"被视为最不吉利的数字，因此英美国家的楼层和住房号码，还有运动员的编号，都避免使用数字十三。在英国，他们的楼层没有第十三楼，而是用 12A 来代替或者直接跳过这个数字。数字十三不被西方人喜欢是源自基督教。传说耶稣有十二个门徒，其中有一个叫犹大的门徒出卖了他。最后的晚餐一共有十三个人参加，因此西方的基督教徒很忌讳十三。然而"十三"对于中国人来说是极其普通的数字，清末小说家文康在《儿女英雄传》中就塑造了侠女"十三妹"英雄形象，明代北京的皇陵就有十三座，甚至连北京百年名药铺——同仁堂也称"十三太保"。可见英汉民族对数字禁忌的差异。

日本人最忌讳的数字是"4"和"9"，这是因为在日语中，"4"的读音与"死"谐音，"9"的读音与"苦"是相同的，日本人忌讳"死"和"苦"这样不吉利的字眼和发音，因此在数字的使用方面也尽量避免带有"4"和"9"的数字。

通过以上英汉数字词语在民族偏好和禁忌方面的对比，我们更加深刻地领悟到不同语言文化的鲜明的民族特征，了解到不同的文化之间所呈现的文化差异在数字词语方面的具体表现。这些语言现象虽不是语法范畴，但是它有时也会改变词语的褒贬含义，显示强烈的时代特色和文化色彩。在今后的外语教学中，只有从文化差异角度去研究文化的内涵，才能有效地把握语言与文化之间的联系。

三、禁忌与委婉语

（一）禁忌语和委婉语的概念

禁忌语指的是不符合社会习俗的禁止使用或者应该加以避免的一些词语或者表达方式，英语里叫作 taboo。美国语言学家 Victoria Frankin 认为禁忌语是指那些禁止使用或者至少在文雅社会不应使用的词语。禁忌语的产生和形成与社会习俗、文化传统、宗教礼仪、伦理道德、个人修养等诸多因素有关。由于文化传统、宗教信仰和生活习惯的不同，有些词语和表达方式人们在使用时会尽量避免。

委婉语在英语里称为 euphemism。在现实的交际中，有些事物或者行为，不适合直接表达出来，但是在社会交往和交际中，有时又不得不提及这些忌讳，就需要换一个令人愉悦的表达方式来代替，这些有礼貌的或不刺耳的词语或者表达方式就是委婉语。委婉语是用来掩盖那些刺耳的、不礼貌的词语和表达方式的。例如在法庭上，法官判决犯人时会直截了当地说 I hereby sentence you to five years in prison，而罪犯本人及亲朋好友出于爱面子的心理则不会说得如此明了，他们可能只会说某人被 sent to the big house 或 sent up the river。"服刑"在英语里说成 live at the government's expense。又如，有学生撒谎成性，老师如直言该生爱撒谎，则不利于与家长沟通，因此就会用一些模糊词语，婉转地称该生 have difficulty distinguishing between imaginary and factual information。禁忌是人类社会普遍存在的文化现象。人们常常在谈到生老病死和个人隐私的时候有所避讳，从而使用委婉语来代替。了解不同文化的禁忌语和委婉语，不仅可以更加进一步了解不同文化的价值取向，还可以避免跨文化交际中由于禁忌语的使用不当而导致的误解。

（二）使用委婉语的情况

中西方文化里都存在许多使用委婉语的情况。下面就委婉语常见的使用情况概括如下：

1. 用委婉语来表达与"死"有关的词　在日常生活中，人们通常都会尽量避免直接提到"死"字，而用其他的一些词来代替。中英文中都有关于"死"字的代替语。例如，在英语中有：go，depart，depart from the world forever，decease，pass away，be with God，go to heaven 等。还有一些非正式场合用的替代语，如 kick the bucket，be done for 等。在汉语中也有很多替代性的词语：去世、逝世、故去、病故、寿终、亡故、牺牲、作古、谢世、弃世、与世长辞、心脏停止跳动、去见马克思、辞世、长眠、天年已尽、上路了、驾崩、圆寂等。在非正式场合也用丧命、毙命、一命呜呼、呜呼哀哉等。

2. 用委婉语表达与排泄有关的词　人们要去洗手间解决排泄问题的时候，通常会避免直接表达，而是用一些词来代替。如 Daddy，I need to go pony（爸爸，我想上卫生间）；I've got to answer the call of nature（我要去解手）。

3. 在涉及与"性"有关的词时　中西方的人们都将其作为禁忌。例如，"性交"通常说成"make love"，在汉语里说成是"同房""夫妻生活"等。

4. 有关宗教信仰的禁忌语　英语中的各种宗教词语，如 God（上帝）、devil（魔鬼）、heaven（天堂）、hell（地狱）、Christ（基督）、Jesus（耶稣）、damn（该死）等只有在严肃的讲话中使用才合时宜。违犯这条规定的人将会受到人们的责备和回避。汉语中与宗教信仰相关的禁忌语也很多。中国人忌亵渎神灵，对自己信奉和崇拜的神仙不能在言行上有任何的怠慢和不敬。为了保佑一家老小生活平安，中国人特别信仰家庭保护神，如门神、财神、灶神、水井神、守墓神等。中国人过年时都要贴神像，进行祭拜。虽然神像都是买来的，但忌说"买"，而要说"请"，否则就是犯忌，视为亵渎神灵。

5. 诅咒和亵渎语 诅咒和亵渎语也是必然的禁忌语。英语中，此类词语多由四个英文字母组成，称为四字母词，如 shit（狗屎）、hell（混蛋）、damn（该死的）、fuck（他妈的）等。汉语中诅咒语和亵渎语也很多，如中国北方人一些骂人的话多有"蛋"字。骂不明事理的人为"混蛋"，骂不勤快的人为"懒蛋"，骂愚笨者为"笨蛋"，骂那些无事生非者为"捣蛋鬼"，骂品行极差的人为"王八蛋"等。

6. 年龄、相貌禁忌语 在美国文化里，人们忌讳别人说自己老，因此，美国人常用"golden age，senior citizen，the longer living"等委婉语来代替"老人"。年龄和婚姻是美国人谈话中的禁忌。在美国有这样一句话，那就是"如果一个人告诉了你他的年龄，他就会告诉你他的一切"。在谈到相貌时，也要注意用委婉语，如"丑的"不用 ugly，而用 plain looking，形容一个人"胖"要用 heavy，而不用 fat。残疾人用 handicapped 来代替 disabled 等。

因此，在交际中缺乏禁忌语和委婉语知识可能会导致交际出现误解和尴尬，从而导致交际失败。由此可见，中国的英语学习者必须注意英汉里相关的禁忌语和委婉语的不同用法。

（三）委婉语的主要作用

委婉语主要的作用是用来代替禁忌语。由于禁忌语涉及的范围较广，因此人们使用委婉语代替禁忌语时的目的是不一样的，具体来说主要有以下两种：

1. 避免伤害他人情感和自尊 这主要与疾病、死亡、年龄、体重等忌讳有关。上述例子中讲到的"胖"和"老"，都是西方人忌讳的词，人们常用委婉语来代替这类词，这是为了避免伤害到他人。如果在跨文化交际中不注意这些禁忌的词语和话题，就会无意间造成冒犯，或者让对方感到不舒服，甚至导致跨文化矛盾和冲突。

2. 回避使用粗俗、下流猥亵等不雅观的词语 排泄、性行为和性器官等都被视为交谈中的禁忌，人们一般不会直接表达，而是使用一些模糊和委婉语来代替。如大、小便不说 shit 和 piss，而含糊地说成 go to bathroom，do one's business，wash one's hands。"性交"不能用 intercourse，copulate 等，而应说 make love，go to bed with。这类委婉语的特点是绝对不能精确直接，越模糊越好，模糊到让人不得要领才是真正的委婉，这是委婉语的一个最主要的特点。但需要注意的是，模糊的表达既有其有利的一面，也有其不好的一面，应一分为二地来看待。一方面，它确实可以起到避免粗俗的交际效果。如课间休息时老师对学生说 "I'll give you five minutes to do your business"，这就比老师直接说 "I will give you five minutes to shit and piss" 要委婉得多。但有时过于委婉会让人不知所云而造成误解，直接表达却能够使讲话的意图更加明确，增强表达效果。例如，在 1940 年英国面临纳粹德国入侵的危险时，英国首相丘吉尔在一次演讲中直接对英国民众说 "I have nothing to offer but blood，toil，tears and sweat"，这激发了英国人们齐心协力、奋勇抗战的决心。如果他把英国的暂时失败称为 "strategic withdrawal（战略性撤退）"，就无法起到鼓舞民众的演讲效果。

综上所述，了解各国的禁忌语和委婉语对于跨文化交际具有十分重要的意义。如果使用了禁忌语就会对他人造成冒犯，给人留下不礼貌的印象，因此需要在合适的交际场合根据不同文化恰当使用委婉语，避免跨文化交际的失败。

第三节　语用与文化

语言与文化的密切关系不仅仅体现在语言承载着文化，而且体现在语言使用的规则也受到文化的影响。不同文化的语用规则是不同的。如果不了解这些语用规则，就会出现语用失误。只有了解不同文化的语用特点及规则才能有效避免跨文化交际中的语用失误。中西方在招呼语、称谓语、介绍语、寒暄语、称赞语、感谢语以及告别语等方面都有不同的语用意义和语用规则。下面主要探讨跨文化交际中的语用规则。

一、礼貌原则与策略

礼貌原则是影响语用规则的重要因素之一。讲究礼貌是各国文化中的普遍现象，礼貌在维护交际双方的均等地位和促进友好关系等方面起着重要的作用，人们在交际中需要遵循合作原则，有时为了维护礼貌原则，甚至可以牺牲合作原则。

Leech（1983）根据英美等西方国家人们的言语习惯，提出了指导交际成功的礼貌原则。作为一个重要的语用原则，礼貌原则包括六个准则：

得体准则（tact maxim）：减少言语表达中有损于他人的观点，做到尽量少让别人吃亏，尽量多让别人受益。

慷慨准则（generosity maxim）：减少言语表达中利己的观点，做到尽量少让自己受益，而是尽量多让自己吃亏。

赞誉准则（approbation maxism）：减少言语表达中对他人的贬损，做到尽量少贬低别人，而是尽量多赞誉别人。

谦虚准则（modesty maxim）：减少言语表达中对自己的表扬，做到尽量少赞誉自己，尽量多贬低自己。

一致准则（agreement maxim）：减少言语表达中自己与别人观点上的不同，做到尽量减少双方的分歧，尽量增加双方的一致。

同情准则（sympathy maxim）：减少言语表达中自己与别人在感情上的对立，做到尽量减少对对方的反感，尽量增加对对方的同情。

虽然人们都普遍遵循礼貌原则，但各文化中对具体准则的重视程度各不相同。如中国人就比西方国家更注重谦虚准则，而英语国家则更重视得体准则，地中海国家更重视慷慨准则。中国人对于别人的称赞，往往回答"哪里哪里"，而美国人则回答"谢谢"，这说明中国人采取的是谦虚准则，美国人采取的是一致准则。

二、问候语

问候是语言日常交际中最普遍的言语行为，问候语作为社交礼仪的重要组成部分，在各国文化中都具有建立和延续各种人际关系的作用。通过问候语的使用，交际双方的身份、地位、角色以及二者之间的亲疏关系被突出并加以确定。它们也是一种常规用语，构成了各民族文化的一部分。在同一语言内部，其成员对问候语的使用表现为一种无意识的社会习惯；然而，在跨文化交际中，由于各民族文化背景的差异，人们在使用问候语时经常会产生一些交际失误。

中英文招呼语的重要区别之一就是问候语内容的差异。从古至今，中国人不仅把食物作为人的第一需求，而且还将其作为聊天的中心，所以人们一见面通常使用"吃了吗"作为问候语。在英语国家，人们通常将谈论天气作为问候语，例如，"Lovely day, isn't it?（天气挺好，是吧?）""It's so cold today, isn't it?（今天真冷，对吧?）""It's extremely windy today, isn't it?（风真大，不是吗?）"这种语言现象主要归因于英国多变的天气。由于英语和汉语一些习惯性的问候语在内容方面存在差别，所以在使用时应考虑文化差异，以免产生不必要的尴尬。中国人见面后常用的问候语包括：

你吃了吗?

你要去哪里?

从语用的角度看，这类问候语的目的不是询问，而是表达说话人的关心。这些句子的功能就是问候，听话人不需要很严肃准确地回答，所以他们的回答也只是程序化的简单的回答，可以用一些模糊的字眼，如"瞎忙""出去""有事"，作为回答。而在英语文化中就会被作为一种对个人隐私的侵犯，会显得很不礼貌。曾经有一位外籍教师向学校领导抱怨经常会有人询问他要去哪里，要做什么，甚至陌生人也会这样发问。他认为他在中国没有人身自由。直到外事人员对他作出解释才罢休。由此会导致交际中的尴尬现象，对方可能不愿意直接告知要去的地方。西方人常用的问候打招呼的方式有：

Good morning. /Good afternoon.

How are you?

How are things with you?

在跨文化交流时应该选择符合对方文化准则的问候方式，避免因差异引起的文化误解。

三、称呼语

称呼语是语言中不可缺少的部分，对于日常交际有着重要影响；称呼语与民族文化有着密切联系，体现出不同民族文化的特色，遵循着不同的民族礼貌规范。它常是传递给对方的第一个信息。称呼语对人际关系有着敏锐的反应。它不仅有提醒对方开始交际的作用，更重要的是能摆正自己与交际对象的关系，便于展开交谈。如果不了解称呼语体系及其背后的民族文化，就会导致跨文化交际失误。外语教学中培养学生得体的称呼语使用能力，可以帮助他们减少语用失误。

西方人喜欢不带姓，直呼其名，而中国人只有称呼非常亲密的家人和朋友的时候才会只叫名，不带姓。中国的称呼可以体现各种错综复杂的亲戚关系，舅舅、姑妈、姨妈、爷爷、奶奶、外公、外婆等都有不同的称呼，而英语中的亲戚关系相对要简单很多，只有 uncle，aunt，grandpa，grandma。汉语中讲究辈分大小，称呼兄长不能直呼其名，要叫"哥哥、姐姐"，西方的家庭兄弟姐妹间不论大小，都是直呼其名。中国学生称呼老师为"老师"，西方学生用Ms.，Miss，Mr. 等词来称呼。中国人称呼领导或者有职务的人，常常会带职务头衔，如"张局长""李经理""王主任"等，而西方国家除了少数职务，大部分称呼都不带职务头衔，称呼其为"Mr.""Ms."。

称呼涉及礼貌也是汉语文化的特点。某一称呼方式在汉语文化中被认为是热情得体的，但在英语文化里却唐突无礼，反之亦然。由于东西方文化形态、心理因素的不同，人们的尊卑概念及对尊卑概念的表达方式也有很大差异。如对年长者的称呼，在中国"老"经常和经验、阅历丰富，足智多谋等联系起来，所以，称呼中年以上的人为"老"（如"老王""老张"等），是尊敬的表示，对方会感到高兴，"姜还是老的辣"。若要被人称为"小"（如"小王""小张"等），恐怕就有"嘴上无毛，办事不牢"之嫌了。所以，汉语中对老人的称呼多种多样，有体现尊敬的，如"姓＋老""姓＋（老）前辈""姓＋公""姓＋（老）先生"等，有体现真诚亲切的，如"老＋姓""老大爷""老人家""老爷爷""老奶奶""老伯"等。人们喜欢以老者自居，尊老是中国文化的传统。可是在英美等西方国家，社会竞争异常激烈，年轻人富有竞争力，而年纪大一些的人却常常遭嫌弃，不比年轻人受欢迎。因而英语文化中，"老"意味着不中用、来日不多，因此人们都忌讳"老"、怕"老"。所以，英语民族不分长幼、尊卑，直呼其名来表示亲切。再如汉语中对老师的称呼，在中国，老师不仅是一种职业，更是一种尊称。中国文化中有"一日为师，终身为父"之说，如称某人为"老师"，就表示称呼人对被称呼人的尊敬，体现一种礼貌关系，而英语中对教授也可直呼其名的。

四、称赞语

称赞在跨文化交际中也是一个很重要的言语行为。称赞的主要功能是建立一种良好的社会关系，包括表示感谢，表示道歉，引出话题，建立友谊，打招呼，表达友好等。在跨文化交际中，称赞语也是使用非常频繁的言语表达，但是中西方在称赞的句式、对象、内容、频率和回答方式上都有明显的差异，使用不当会造成尴尬或者误解。

英语中的称赞语从句式上来看主要有三种句式：

①NP＋is/look＋adj.

例：You look nice today!

②I＋like＋NP.

例：I like your hat.

③Pron. ＋is＋adj. ＋NP

例：This is an interesting book.

称赞语在语言形式上是高度格式化的，Manes 和 Wolfson（1981）调查发现，85％的英语称赞语都是以上三种方式。中国人的称赞句式大多采用第一种和第三种句式，而对于"I＋like＋NP"这种句式很少使用。中国人用"我喜欢……"很容易被误解为间接含蓄地索要某种东西，如说"我很喜欢你的这个青瓷茶杯工艺品"，对方就会觉得说话者可能是表达想要这个茶杯的意思。

在称赞的频率方面，美国人称赞别人的频率远远高于日本人。称赞的内容方面，日本人赞扬别人最多的是才能和表现，而美国人则主要存在外貌和个人品质，中国人不太称赞别人的外貌，这与中国人更加重视内在道德修养和崇尚含蓄有关，所以中国文化里面异性之间更是很少评价外貌。而美国人经常称赞别人的外貌。美国人称赞外貌大多是在衣着打扮方面的变化，而不是评价别人的长相。因为他们觉得衣着打扮是后天努力的结果，人的长相是天生的事，往往是不能改变的。

在称赞的回答方式上，Holmes（1995）把称赞语的回答方式分为三类：接受、拒绝和回避。英语国家的人一般采用的是对称赞倾向于接受，回答"thank you"。中国人则倾向于不接受，或者不正面接受。虽然从心理感受上来说，中国人同样爱听表扬的话，但在口头上尤其是在人多的时候或公共场合，多数人还是倾向于拒绝。中国人的这种反应模式受中国价值观念的影响较大，中国人一向视谦虚为美德。当一个中国人受到称赞时，他通常说"过奖，过奖""惭愧，惭愧""哪里，哪里"。英语国家的人们最常见的回答是"thank you"，用来表示接受赞美的内容。所以当中国人和西方人都分别以各自的方式回答对方的称赞时，就有可能出现一些交流的障碍或者误解。

五、道歉语

道歉是一个很复杂的言语现象，是跨文化交际中的重要内容。不同文化背景中的人对道歉有着不同的理解和不同的表达方式，如果对其处理不当，有时会产生误解，产生文化上的严重冲突。中西方道歉语的跨文化差异主要体现在道歉内容、道歉使用频率、道歉方式、道歉回应方式等方面。

（一）道歉内容的差异

在道歉内容上，根据 Holmes（1990）的总结，英语中的道歉内容大致分为以下六个方面：碰撞身体、打断对方谈话、社交失态、占用时间、损坏物品、带来不便。在公共场所碰到了别人的身体，英美人会说"sorry"，即使没有发生身体接触，只占用了别人的个人空间，也会说"excuse me"。而中国人，在碰撞身体和社交失态两个方面较少道歉。中国人在发生身体轻微碰撞的时候较少说"对不起"。根据胡文忠 1999 年的解释，因为中国人口众多，公共场所相对拥挤，在公共场所发生身体轻微碰撞的情况也比较常见，所以人们对拥挤的容忍度相对较高，因此很多中国人觉得没有道歉的必要。如果语言学习者不了解这一点，在跨文化交际中就很有可能造成对方的不适，引起双方误解或冲突。

（二）道歉使用频率的差异

在道歉语的使用中，英美人的使用频率大大超过了中国人。就英美人而言，道歉是日常交际中必需的一种行为。哪怕冒犯程度可以视而不见，英美人也要使用道歉语，不分时间，不分场合，不分对象。人与人之间界限分明，一言一行都害怕冒犯别人，总是警戒自身的"越界"举动。在西方文化里面，一些日常行为，如打嗝、放屁、打喷嚏等，也会被认为是冒犯别人的一种行为，是需要道歉的。西方国家追求的是平等的社会关系，不管是上级与下级的关系，还是父母与子女的关系，或是夫妻关系，只要一方做错了事情，冒犯了他人的利益，就需要给被冒犯者道歉，这就增大了道歉语的使用频率。因为英美人把很多事看作隐私，包括时间、空间等，所以其隐私经常被侵犯。如果侵犯隐私了，就需要立即道歉，由此，社会的道歉率比中国高得多。中国人使用道歉语的频率远远低于西方人的使用频率。中国古代等级制度明显，下级需要无条件服从上级，而上级不需要向下级道歉，因此就大大降低了使用道歉语的频率。在中国文化里面，人们觉得打嗝、打喷嚏等这一类行为是身体本能的一种反应，不需要道歉。在中国人看来，道歉是偏于郑重的行为，它必须与冒犯的程度相对等。所以，汉英道歉语的使用频率是有区别的。英美人常常借助道歉的方式来缓解分歧，所以道歉频率高于中国人。

（三）道歉方式的差异

在道歉方式上，中西方也存在差异。中国人会直接诚恳地道歉。中国文化传统中的价值观念中，重视集体的和谐，集体的利益至高无上，这也是集体主义的集中表现。然而，人际关系的紧张与对立是有违于这样的社会规范和语境文化的，有碍于双方的面子。而采用直接明确地道歉的策略则可以避免更为剧烈的紧张与对立，因此为了维护对方的脸面、消除过多的分歧、恢复和谐的关系，工作中大多数中国人会采用直接道歉的原则，表达自身歉意、承担责任、解释原因、改正承诺、提供补偿。

此外，中国人也经常采用间接委婉的道歉方式。中国人爱面子是人尽皆知的事实，两千年儒家思想的熏陶，教导人们要重视"礼义廉耻"。"礼义廉耻，国之四维，四维既张，国乃富强"。面子，是中国人考虑最多的一个话题。除非到了万不得已是不能道歉的，尤其是在亲人朋友之间，更是轻易说不出口的。采取迂回的办法，既能达到赔礼道歉的目的，又能保全个人面子，这是大多数中国人或者东方人所能接受的，这样就产生了间接致歉的形式，这也是中西致歉行为上最大的差异，并非英语国家不存在间接致歉的形式，只是中国人在这一点上做得尤为突出。

西方人则常采用直接致歉的方式。英美人喜欢直接，对于不喜欢的东西也会直接说"不"。东方人处于这样的境况下，会显得尴尬。英美人道歉也不像中国人那么含蓄，而是直接真诚，如：

I'm awfully sorry.（非常抱歉。）

I apologize.（我道歉。）

My apologies.（我道歉。）

Please forgive me.（请原谅。）

I hope you will excuse me.（希望你能原谅我。）

对于英国人或美国人来说，个人利益是高于一切的。以 Holmes 等为代表的"修复"派将道歉行为的主要功能归纳为：冒犯产生后，道歉可用于修复道歉者的形象，弥补冒犯的后果，恢复道歉者与被冒犯者之间的和谐。所以直接而真诚的道歉并不会让英美人觉得难堪。

（四）道歉回应方式的差异

在道歉的回应方式上，黄永红（2010）在其《跨文化交际学教程》一书中，对中国人和美国人采取的道歉回应策略进行了简单的比较和分类。他认为，中国人普遍采取两种道歉回应策略。一种是积极回应策略，即认为没有必要道歉，如"没什么""不要紧""没关系""别介意"等。另外一种是消极回应策略，即拒绝接受道歉，如采取不理睬对方道歉的方式，或者语言反击："对不起的事少干点儿""看着点儿道"等。相比之下，黄永红认为，讲英语的人对道歉的回应有四种策略，其中有两种与上述提到的中方的回应策略相同。如西方的积极回应策略包括"it doesn't matter""don't worry""never mind"等。西方的消极回应策略，如"you should watch where you are going"等。除此之外，英语中还有另外两种积极回应方式：接受道歉和表达对补偿行为的感谢。例如，"it's OK"等带有"OK"的回应属于对道歉采取接受策略，"thank you for your apology"是对道歉后的补偿行为表示感谢。

道歉语是礼貌语言的一部分，它属于一种补救性的交际行为，恰当地使用和理解道歉语是交际能力的一种体现，它是非本族语文化的学习者必须掌握并熟练运用的内容之一，在第二语言教学中应当受到足够的重视。

六、邀请语

邀请是言语交际中常见的言语行为，是人们分享友情，改善和理顺人际关系的重要手段。不同社会对邀请的言语行为设置的规范和期待各不相同。由于中西方文化的差异，中西方在发起、商定和对邀请作出回应的方式等方面都不尽相同。在中国人眼里，西方人似乎缺乏真诚和友好；而在西方人看来，中国人似乎太固执己见，太喜欢干涉他人。因此，当邀请发生在这两个具有不同文化背景的社会群体之间时，就有可能产生误解。

（一）发起邀请的不同

发起邀请一般采用两种交际策略：直接策略和间接策略。中国人在邀请的时候往往采用的是直接策略。直接策略通常使用祈使句、行为句或陈述句来实现，即说话人向听话人直接而明确地表达自己的邀请意图或说话人通过陈述自己的意图、愿望等，向听话人直接发出邀请。话语相对比较正式或慎重，有时，可以增加语气词"吧"或商议词语"不如/要不"等。例如："小园，听说新开了一家餐厅，环境不错，下课后我们一起吃吧！我请客。""下午我请你看电影《我和我的祖国》。""李老师，我们想邀请您参加我们明天晚上的毕业聚餐。"西方人一般采用间接策略。间接策略的典型特征是说话人通过向听话人征询采取行动的可能性或许可、表达自身的情感或意愿等来表达自己的邀请意图。此类邀请策略是建立在询问、商量等基础上，充分尊重了对方的面子，语气较为缓和。句式上常带有"行吗/可以吗/好吗""行不行/好不好""怎么样/如何"等询问性词语。例如：

"明天我们去森林郊游，你要不要一起去？"

"星期五是我的生日，我准备宿舍的人一起聚聚，到时你愿意来参加吗？"

常见的英语句式为"Would you like to…?""How about…?""Would it be convenient for you to…?"

（二）商定方式的不同

通过对语料的分析，研究者发现在会话结构方面，汉语中的邀请回应言语行为是一个高度结构化的互动过程，有一些对话需要经过邀请者好几次盛情邀请，被邀请者最终才接受邀请。一般而言，邀请者在发出邀请之前，会寒暄几句作为暖场或者探询邀请实现的可能性，研究者将其称为预邀请；随后，邀请者切入正题，正式表达他的邀请意愿，此时被邀请者可以选择直接接受或者拒绝，双方可能会就邀请的原因、时间、地点等信息进行协商问答，经过协商被邀请者作出决定并进行回复；如果被邀请者拒绝了邀请，那么邀请者要么接受拒绝，要么继续邀请，经过两轮或三轮跷跷板式的互动，邀请回应言语行为最终实现。下面是中国人邀请的一段对话。

A：感谢你们帮我们搬家啊！

B：客气了。

A：晚上请你们吃饭吧。

B：不用了，大家都是同事，帮个忙也是应该的。

A：你们这么累，随便吃个饭慰劳一下吧！

B：你也太客气了。

A：走吧，走吧，你们先洗一下手，咱们去吃饭。

B：好吧，真是盛情难却，那就谢谢了。

A：应该是我谢你们才对。

从这段对话中，我们可以看出，邀请者三次提出邀请后，被邀请者最后才答应。从邀请者角度出发，重复性的邀请能表达好客真诚与礼貌，符合礼貌原则的策略准则，即尽量使他人多受益，给对方面子，所以邀请者一再发出邀请。从被邀请者角度看，不断拒绝是有必要的。首先，不立即接受邀请是礼貌的体现，遵循了策略准则和慷慨准则；其次，拒绝邀请也是试探邀请者所发出邀请真实性的一种策略，因为并非所有的口头邀请都是真诚的，也有可能只是维护人际交往的一种言辞手段。

单轮结构是美国邀请言语行为的基本结构，我们认为美国人的邀请回应言语行为的主要结构注重个体主义，尊重个人的独立自由，从邀请者角度来说，由于邀请对方参加某个事件需要占用被邀请者时间，妨碍他的自由，因此一旦对方拒绝，邀请者便不愿继续邀请。

以下示例揭示了美国英语语境下邀请回应的单轮结构：

A：Hey，Jack，my friends and I are having a Halloween party on Wednesday. We were wondering if you would like to join us？（发出邀请。）

B：Um，yeah，sure. Wait，what time？（接受邀请。）

A：We'd eat dinner probably around 6 o'clock，then maybe watch a scary movie.

B：I'd love to but I have a class to teach at 7 o'clock. Maybe I can reschedule my class.

（三）回应方式的不同

在回应方式上，中国人是以谦虚为准则的，常常是不好意思欣然接受邀请，而是委婉地拒绝。因为邀请有可能会占用对方的时间，或是让对方破费，给对方造成麻烦，所以被邀请者一开始都是不接受邀请的，这也是客套的表现，在邀请方的一再邀请之下，最后才接受邀请，然后商定时间和地点。这在西方人看来，拒绝对方的盛情邀请，会让对方觉得不礼貌，或者不被尊重。西方国家的邀请，通常是正面接受，被邀请者还会同时表达期待和感谢。

七、告别语

告别语是交际过程结束时道别的礼貌用语，包括在途中或公共场合相遇时寒暄后的告别语、访问辞别语、交谈结束语和电话结束语。中西方在告别语方面的差异也是引起交际误解的一个重要方面，尤其是拜访后的告别语。由于文化的不同，汉英之间在告别语方面存在着明显的差异。具体表现在告别的话语内容和方式上。

（一）对当前接触的评价

西方人在离开告别前，往往会表达自己愉快的心情，注重对双方接触的评价。例如，"nice to see you again""thank you for a nice afternoon""it's nice to talk with you""I'm afraid I have to go now. Thank you for the dinner. It's so nice to stay with you tonight"等。中国人道别时一般没有如此复杂的对当前接触的评价语，注重的是相互表达关切之情。然而，因事求教于人或受到热情的招待之后，客人则会以感激的心情和卑己尊人的态度对当前的接触作出积极的评价。例如，"今天的交谈很有收获，谢谢你的帮助""您的指点很有启发，谢谢您的教诲""您如此热情地招待，真是过意不去"。

（二）告别语中两种道歉的不同涵义

汉英告别语中都有道歉的形式，但其方式和含义是各不相同的。由于两种文化的人心理上的差别，西方人在道别时常常为不得不告辞而表示歉意。即使临时离开一下，也要说一句"excuse me"（对不起）。汉语道别语种的道歉的含义则不同，表达的是为打扰了别人或占用了别人的时间而深表内疚。所以中国人常常说"对不起，打扰了"，"对不起，占用了您不少时间"。西方人对这些话往往会产生有趣的误会："我并未感到你打扰了我，也未表现出受到了干扰，为什么你要这么说呢？""我高高兴兴地帮助了你两个小时，你怎么说是毫无用处，只是在浪费时间呢？这不是故意侮辱人吗？"他们不明白，中国人是出于对对方的关切，意思是，如果不是因为自己去找他，他完全可以安安心心地干自己的事，所花费的时间完全可以用在自己的事情上。在这里，中国人的相互关切之情和英文化的个人自尊与自主不受干扰的心理直接发生了冲突。所以，西方人就难以理解应邀做客的中国人告别语种的道歉形式了。

（三）关切语祝愿的方式不同

在中国文化里，中国主人在客人离去时喜欢说"慢走""一路小心""您走好"等话，客人则不断对主人说"请留步""别送了"。最后主人会说"那我就不远送了"。西方人认为这些话不仅莫名其妙，还给人以父母般的命令人的感觉。他们不了解汉语这类送行语是视朋友如亲人的一种"叮咛"，表达的是关切之情。即使"一路顺风"也主要是关切，意思是希望路上别出事。他们也不理解中国主人把客人送出大门，甚至还会送一程又一程这种行为，认为此举毫无意义。英语注重的却是祝愿，强调的是对个人自主的尊重。所以，英语告别语种祝愿语居多。最常用的告别语"good - bye"的意思就是一种典型的祝愿语，即"愿上帝与你同在（God be with you）"。英语国家的主人也只是在住房门口向客人道别。

（四）表达再次相会的愿望形式也有差别

用表达再次相会的愿望的方式道别是许多国家的交际礼俗，中国人和英语国家的人也都有这一习俗。但是文化不同，貌合神离的文化差异也不罕见，因此在跨文化交际中文化冲突也时有发生。美国与西方有些国家的交往中有关的笑话就不少。有些美国学者就在他们的著作中提醒外国人不要对美国人所使用的这类道别语产生误会。他们说，美国人有的交谈结束语听起来像是邀请语，但并不都是要再次相会。例如，"我们什么时候再聚一聚""我们找个时间一起吃饭吧"等，并不是真正的邀请。许多人还指出鉴别真假邀请的方法：只有说明邀请的具体时间才算是真正的邀请。以表达再次相会的愿望的方式道别在汉语中也大量存在，如"有空常来啊""星期天没事就来我家吃饭""什么时候到我家吃饺子吧"等。这类话与上述英语道别语一样，由于没有明确约定时间，一般人都明白只是一种客套而已。然而，在中英交往中，中国人的某些告别语往往会被英语国家的人理解成真挚的邀请。例如，"到我家坐会儿吧""时间不早了，就在我家吃饭吧""到我家吃了饭再走""我家今天包饺子，就在这儿吃吧"等，中国人都知道这类话只是一种客气的告别话，一般不是真正的邀请，而英语国家的人却常常将这些告别语理解成真诚的邀请，因为在他们听来，邀请的时间是明确的，而且对于真诚的邀请，应以愉快的接受为礼貌，结果往往弄得主宾双方都很尴尬。

（五）结束交谈过程的差异

交谈的结束是一个缓慢而又复杂的过程，各种文化都不例外。在跨文化交际中，由于文化差异的干扰，结束交谈的过程就显得更为复杂了。在当中既有语言的障碍可能产生的误解，也有文化的差异所造成的冲突。从文化的角度看，误解往往发生在结束过程的形式区别上。以中英两国为例，两种文化交谈的结束过程可以分为三个阶段：寻找合适的终止谈话的机会、由客人提出需要告辞、客人最后离去。但是，三个阶段表现的形式有所不同。英文化的前两个阶段基本停留在语言上；中国人在第二阶段即体现在行动上，说出需要告辞时即起身，握手，向门口走去。英语国家的人见客人已起身握手，也就不挽留了。

通过汉英告别语的对比，我们需要注意两个问题。首先，需要清楚认识告别语存在语言和文化差异：汉语突出的是关切和敬重，英语强调的是欣赏和祝愿。在对比汉英见面语的过程中，我们会清楚地发现汉英见面语之间的差别是：中国人注重的是卑己尊人和相互关切，英文化的人强调的是独立自主和平等互尊。中国人在学习英语和与英语国家的人交际中必须十分注意两种文化礼貌的差异，采用对比分析的方法，清楚地认识和得体处理语言和文化差异。其次，用汉语交际时，必须遵循汉文化交际规则；用英语交际时，必须遵循英文化交际规则；在跨文化交际中，必须学会交际规则的得体转化。

第四节 语言交际风格与文化

语言交际风格是指交际中说话的特点。不同国家由于思维方式和生活习惯的差异，交往过程中也形成了不同的交际风格。特定文化的人使用和理解语言的方式也各不相同。Brislin（2000）认为交际风格的不同是造成跨文化交际障碍的重要因素之一。了解不同的交际风格，对于跨文化交际的顺利进行，避免跨文化误解和冲突有重要作用。中西方交际风格的特点主要可以从以下三个方面进行概括：直接与间接的交际风格，归纳与演绎的交际风格，谦虚与自信的交际风格。

一、直接与间接的交际风格

直接与间接的交际风格也是高语境文化和低语境文化的具体表现，是中西方文化在交际风格方面最显著的差别。低语境文化的人说话非常直截了当，不喜欢拐弯抹角，主要通过话语本身来解读对方的意图，对语境的依赖性小。而高语境文化的人说话往往不够直接，比较委婉，常常通过暗示来表达真实想法，需要听话者根据语境揣摩说话者的意图和言外之意，因此对语境的依赖程度高。从下面这段对话，就可以看出中国人和美国人之间交际风格的明显不同。

中国学生：我的电脑坏了。

美国学生：这是个不好的消息。

中国学生：可是今天我还有一篇课程论文需要用电脑写，明天就是截止日期了。（希望对方能够主动提出把电脑借给他。）

美国学生：哦，那你需要想想办法。（如果他要借我的电脑，他会主动提出来的。）

中国学生：我不知道该怎么办。（进一步期待对方提出来。）

美国学生：也许你可以去图书馆。（他是真的需要我的建议，而不是向我借电脑。）

这个交际案例中，在美国学生看来，如果对方真的是想借用他的电脑，对方会提出来的，既然没有提出来，那就是不想借的意思，而中国学生因为不好意思直接开口，所以先告知对方自己的困难，希望对方能够想到主动把电脑借给他，同时这也涉及面子问题，中国学生害怕提出借电脑的请求后遭到拒绝，这会让他很没有面子，因此采用了委婉的方式，但最终美国学生也没能明白这一点，正是由于中国人的间接交际风格与西方人的直接交际风格的差异，导致了这次交际的失败。

直接的交际风格和间接的交际风格的差异与价值观的影响有关。西方的个人主义更加注重自我和个体，所以喜欢采用直截了当的方式来表达个人看法。而东亚国家的集体主义注重人际关系的和谐，因此喜欢采用委婉间接的方式表达自己的意图。

直接的交际风格和间接的交际风格还跟面子观念有关。在中国文化里，面子很重要，直接提出要求而遭到拒绝，会让自己没面子，而对方拒绝自己也会感到不好意思，也会伤害了对方的面子，因此采用暗示、试探或模棱两可的间接策略，而不直接提出请求、拒绝、反对和批评，这是为了维护自己和对方的面子，维持和谐的人际关系。

这种交际风格的不同，常常让中西方在实际的跨文化交际过程中很不适应，造成误解。西方人认为中国人说话拐弯抹角，不够真诚，难以理解。而中国人又觉得西方人过于直接，不懂人情。

二、归纳与演绎的交际风格

中西方交际风格的另一个明显的差异就是在话题的引入方式上：中国人往往先作出解释说明，摆出事实和理由，然后再引入正题。西方人则开门见山，直接提出观点，然后再加以论证解释说明。这种差异不仅体现在口头对话交际和演讲中，在书面语如书信邮件和写作中也是一样。R. Scollon 把中国人的会话风格称为"归纳式"，把西方人的会话风格称为"演绎式"。

例如，有个学生想要向老师请假，中国学生会这样说："张老师好！由于我昨天打球的时候不小心脚扭伤了，今天早晨起来脚肿胀得厉害，无法正常去教室上课，可能还要去医院，所以今天的课想向您请假，请您批准。"

美国学生可能会这样表达："亲爱的张老师，我想向您请假。由于我昨天打球脚扭伤了，需要去医院，因此不能到校上课。"

中国学生是先解释说明不能来上课的原因是脚受伤了，然后再提出请假申请，采用的是归纳式会话风格。美国学生则是首先直截了当地说明联系的目的是请假，然后再详细解释请假的原因，采用的是演绎式会话风格。这两种会话风格的不同在跨文化交际中也会引起误解。西方人会更关注谈话或者书信的开头部分，希望一开始就能了解最重要的内容；而中国人则是把关注点放在谈话最后的结论部分。西方人的开门见山、直截了当会让中国人觉得很唐突，而中国人先讲一大堆细节再切入主题会让西方人不知所云，从而造成双方的误解。因此，了解不同的交际风格对于跨文化交际的顺利进行非常有必要。

三、谦虚与自信的交际风格

谦虚与自信的交际风格的差异和表现在中西方跨文化交际中非常明显，中国人在交际过程中往往很谦虚，而西方人在表达的时候总是自信满满，这两种不同的交际风格，就会引起内容表达上的偏差和不同理解，从而造成跨文化交际误解。例如，在日常交际中，美国人常常会对中国人所说的"水平不高，能力有限"的自谦说法感到不理解，他们甚至把这个说法看成是缺乏自信的表现，因此有不少留学生因为过于谦虚而丢掉了饭碗。

中国人受中国传统文化的影响，崇尚谦虚的美德，在语言表达上也尽量做到含蓄、谦虚、低调。例如，在送礼的时候，明明送的是比较贵重的礼品，送礼的人却说"一点小意思，不成敬意"；在请人到家里吃饭的时候，明明是丰盛的一大桌菜，主人却说"没什么菜，只是家常便饭，招待不周"，这都体现了中国人谦虚的说话风格。而西方人则强调自信，如在面试的时候，西方人会自信满满地说"我在这方面积累了大量的经验，我完全可以胜任这项工作"。平时的工作中，如果老板安排了一个从来没有做过的任务，美国人在接受任务的时候一般会说"sure, I can do it well"。而中国人在回答同样的问题的时候则要留有余地，担心一旦任务完成不好而有损信誉，因此一般会回答说"I am not sure, but I will try my best"。结果同样的一件事，中国人可能是提早完成，而美国人可能延期完成，但是在老板眼里，中国人会留下缺乏自信的印象，而美国人的自信则会给老板留下肯定的印象。在跨文化交际中，中国人的过度谦虚可能会被西方人理解为个人能力不足，西方人的自信十足也会被中国人看作自不量力或者不实事求是、吹牛的表现。因此，了解这两种不同风格的对话方式，有助于避免跨文化交际中的误解。中国人的谦虚和美国人的自信并非只是言语表达方面的差异，而是中国文化和美国文化的价值观的体现。

第四章

跨文化非言语交际

在跨文化交际中，人们不仅使用语言进行交际，还用非语言进行交际。非言语行为包括手势、姿势、面部表情、眼神交流等肢体语言，还包括对空间距离和时间观念的利用。由于跨文化交际中的大部分信息都是通过非言语交际行为传递的，也由于非言语交际具有模糊性和文化规约性，并会受到语境的影响，因此非言语交际行为是产生跨文化交际误解和冲突最多的领域之一，也是跨文化交际学研究的重要内容。了解特定文化中非言语行为的含义和运用规则，有助于增强跨文化的敏感性，提高跨文化交际的有效性和得体性。本章讨论的主要内容是：非言语交际的定义、特点和功能，时间观念与文化，空间距离与文化，体态语与文化，副语言与文化。

第一节 非言语交际概论

一、跨文化非言语交际的定义

非言语交际也叫作非言语沟通。非言语交际的定义有很多，非言语交际有广义与狭义的不同理解。广义的非言语交际包括除语言交际以外的所有交际行为。Samovar 认为："非言语交际指的是在一定交际环境中语言因素以外的、对输出者或接受者含有信息价值的那些因素。这些因素既可人为地生成，也可由环境造就。"关世杰从非言语交际的静态角度指出："非言语指的是在交流环境中除语言以外的一切由人类和环境所产生的刺激，这些刺激对于交流的双方具有潜在的信息价值。"狭义的非言语交际包括哪些内容，不同学者从不同的角度对其作出了不同的定义。如杨平从人身体的自然特征角度指出："非言语交际是指交际者运用身体的自然特征和本能向对方传递信息、表达特定语意的过程。"从上述对非言语交际所作出的定义可以看出：①非言语交际发生在交际过程之中，交际双方缺一不可。②非言语交际既可以是有意识的，也可以是无意识的。③不论是哪一类的非言语交际，都必须包括潜在的信息。④非言语交际作为除语言交际以外的一切由人为或环境所产生的刺激，是语言交际得以连续发生和正常进行的必要条件。

非言语交际包括手势、姿势、眼神交流、穿着打扮、面部表情、身体接触、讲话音量等。非言语交际往往是人们在交际过程中无意的一种行为，与言语行为共同产生交际意义。同一文化中的人们的非言语交际具有一定的共性，是一种约定俗成的行为方式，也是相对稳定的；然而同一种非言语行为在不同文化背景中具有不同的含义。因此在跨文化交际中，研究和了解非言语交际在不同文化中的差异是很有必要的。

非言语交际的种类很多，一般认为与跨文化交际密切相关的主要有以下四类：

①时间学（chronemics）：指的是不同文化里的人们的时间观念。其包括人们对待和使用非正式的时间的不同看法，如对准时、预约、计划性、最后期限等问题的不同处理方式。

②空间学（proxemics）：包括个人空间、交际距离、座位排列等方面。

③体态语（body language）：又被称为身体语言，包括外貌服饰、面部表情、眼神交流、手势、姿势、身体接触等。

④副语言（paralanguage）：指的是伴随语言发出的没有固定语义的声音，包括音高、音量、语速、话轮转换等。

二、跨文化非言语交际的功能

（一）传达真实的内在情感

非言语交际具有强大的情感表达作用。人们往往会通过非言语行为来表达自己内心的情感和态度，同时也会通过非言语行为来判断对方的真实意图或动机。Ting-Toomey（1999）指出，当言语交际和非言语交际同时进行的时候，言语行为表达的是内容，而非言语行为传达的是一种态度。非言语交际传递的信息反映的是更加真实的情感和态度，因此人们也觉得比言语信息更加可靠。例如，当一个人接受了一件她并不喜欢的礼物的时候，出于礼貌她会说"礼物很漂亮，我非常喜欢"，但实际上当她看到礼物的时候不经意地皱了一下眉，于是对方就通过这个面部表情判断出她并不喜欢这件礼物。

（二）创造良好的交际印象

非言语交际的另一大重要功能，就是在交际中创造良好的印象。例如，面试者通过大方得体的着装来给面试考官留下好的第一印象；演讲者在演讲的时候面带微笑以体现出自信的状态；美国历届总统候选人在电视辩论会的时候，用丰富的肢体语言来显示自己的魄力和影响力。在跨文化交际中，得体的外表和行为举止会给对方留下良好的交际印象，取得对方的信任，并使交际愉快地进行下去。

（三）进行会话管理

非言语交际还有一大功能就是进行会话管理。在交际过程中的眼神、面部表情、手势、沉默等非言语方面的一些细节，能够对话语起到指引、解释和强化的作用。在跨文化交际中，不同文化背景的人在使用非言语交际的这些行为进行会话管理时，就会产生一些误解，引起交际双方的不愉快。例如，当日本人使用沉默，而巴西人采用打断别人对话来进行会话管理的时候，这两种不同的非言语行为就会引起交际双方的不愉快。

（四）辅助语言交际

语言交际和非言语交际是跨文化交际中两种主要的交际方式。非言语交际既能独立地起到有效交际的作用，又能作为言语交际的辅助手段。人的高兴、悲伤、愤怒、兴奋等不同的情感可以通过非言语交际形象地表达出来，也可以通过补充言语交际完整地表现出来。萨姆瓦说过："大多数交际研究学者认为，正式的面对面的互相交际中，信息的社交内容只有 35％ 是用语言来传达的，其余的都是通过非言语行为来传达的。"虽然语言交际和非言语交际有各自不同的特点，但是它们也并不是彼此孤立的。非言语交际和语言交际是相辅相成的，非言语行为是伴随着言语交际发生的。陈国明（2009）认为非言语交际的主要功能之一是辅助语言交际，包括语言信息的重复、补充、替代和否定的作用。

重复（repeating）：非言语行为可以重复语言信息。如在问路的时候有人问"食堂在哪儿"，对方回答"就在右边的那幢楼"，在回答这个问题的同时，他的手也会指向右边那幢楼。这个手势动作就是在重复刚才所说的内容。人们经常在说话的时候，一边点头一边说"对的"，这也是非言语动作对语言信息的一种重复。

补充（complementing）：非言语行为对语言信息可以起到补充的作用。有时单凭语言行为无法完整表达所需传达的信息，需要通过非言语行为，如手势、身势等去阐明语言信息，起到补充作用。如向他人介绍某物的粗细时说：

"它有这么大。"同时用双手比作圆圈状。这样，语言信息与非言语信息相结合，信息内容得以完整传达。如一个学生上课迟到了，在他说对不起的同时，也流露出一种很不好意思的表情，这种歉意的表情是在补充说明他想要表达的道歉之意。

替代（substituting）：非言语行为可以替代语言的表达。当交际环境阻碍了语言交际功能的发挥时，只能采用非言语交际代替，以暗示所要表达的思想或感情，达到"此时无声胜有声"的效果。如甲在会场看见好友乙，甲向乙挥手，乙也向甲挥手。甲向乙指了指身旁的空位，乙点了点头。整个交际过程不便于用语言表达，但所传达的信息双方却不言自明。又如，交警在马路上进行指挥时，用一个手势就可以示意停车。

否定（contradicting）：非言语行为还可以否定言语信息。当听者同时接收到言语信息和副语言这两种信息的时候，如果副语言与言语正好意思相反，非言语行为往往可以把语言信息否定掉，非言语行为更能表示真实的信息。如一个女生嘴上说"没有生气"，可是她板着脸，皱着眉，也不怎么说话，还没有眼神交流，这些非言语的行为足以让对方判断出她就是生气了。再如，一个人在演讲的时候，说自己并不紧张，但是他脸色发白，手微微颤抖，那么这种非言语行为就否定了他所说的话。一位姑娘对一位小伙子说："I hate you！"而她说话时却双目含笑，语调温柔，小伙子听了并不会感到是一种威胁，反而感到更加亲近与幸福。妈妈在训斥或痛打犯错的孩子时会说："你干的好事！你真是个好孩子！"这种反意的效果有时胜过直陈的"你干了坏事！你真是个坏孩子！"我们从妈妈愤怒的面部表情、谴责的说话声调和惩罚性的打屁股动作中，就可以感受到她"恨铁不成钢"的心情。

三、非言语交际在外语教学中的重要性

虽然自然语言使得准确的认知交际成为可能，但是非言语特征传递了交际过程中的绝大部分信息。非言语交际是交际过程中一个不可或缺的部分。心理学家 Mehrabian 认为人们语言中所用的词只传递了 7% 的感情。非言语交际在人们的日常交际中起着巨大的作用，它的重要性还体现在它对言语交际所起的辅助作用：它可以强调、补充、替代、修正言语交际。当言语交际与非言语交际发生矛盾时，人们倾向于相信非言语表达，认为它更真实、更有力。例如，当某个心情紧张的人嘴里说"没事，我很好"时，旁人却从他紧握的双手和额上沁出的汗珠了解其真实的内心状态。正因为如此，Louise Damen 告诫说：

"人们习得非言语行为的时间早于言语模式。而比之言语模式，非言语对人的影响更为潜在而深刻。"在外语教学中贯彻交际性原则就要求运用"非言语交际"的原理，在教学过程中尽可能把所学语言用于真实的或最大限度地接近真实的交际目的。具体来讲，就是在教学内容的选择和安排上，在教学方法的使用和教学活动的组织上，把整个教学过程尽可能设计得接近真实的交际过程，使教学活动符合自然的交际活动。从不同的角度设置一些存在"信息"的情景，多为学生创造一些人为的外语交际的条件和语境，从而促使学生通过大量的交际学习，逐步获得交际能力。非言语交际在教学交际中起着巨大的作用，其重要性还体现在它对教学言语交际所起的辅助作用：它可以强调、补充、替代、修正教学言语交际。

第二节　时间观念与文化

一、单时制文化（Monochronic Time）与多时制文化（Polychronic Time）

霍尔（Hall）根据不同国家的人对时间观念的不同，把世界上的文化分为单时制文化和多时制文化。

单时制文化的主要特点是：时间观念强，守时；喜欢对时间进行分割，一段时间内只做一件事情；重视时间的安排与管理；注重任务的按时完成；遵守计划，喜欢提前预约。属于单时制文化的地区有北美、西欧、北欧等。例如，一位美国的校长在办公室跟一位老师谈话，这时候教务处长有急事找他，校长示意他在门口等着。他要先处理完跟这位老师的谈话后，才能再处理教务处长的事情。这个交际场景就体现了单时制文化一个时间段只做一件事情的特点，而且单时制文化模式在时间安排和事情处理上是严格按计划进行的。

多时制文化的特点是：时间观念相对不那么强；一段时间可以同时做好几件事情；不喜欢提前做计划；做事比较灵活，日程经常改变。属于多时制文化的国家和地区有拉丁美洲、非洲、亚洲、阿拉伯国家等。总的来说就是，单时制国家的人强调准时，而多时制的国家时间观念不强，不够准时。了解单时制和多时制文化，对于跨文化交际有着重要意义，可以有效避免因为迟到或早到而造成的文化误解。尤其是在出席正式的国际性会议的场合，或是商务会谈，准时就显得极其重要。与单时制文化的人交际时，要准时；而与多时制文化的人交际时，如果对方迟到了，也要学会包容对方，不要把对方的迟到看作不重视的表现。

单时制文化和多时制文化与价值观有一定的联系。单时制文化强调准时、预约，这是因为个人主义更强调个人的独立和自我目标的实现，因此北美、西欧、北欧等地区的文化属于单时制文化，其中美国是最典型的单时制文化的国家。多时制文化更具有灵活性，他们更看重人际关系的和谐，认为人际关系的和谐比遵守时间更重要，强调的是人情。这正是由于集体主义文化更强调人际关系的和谐，因此非洲、拉美等地区的国家具有明显的多时制文化的特征。

单时制文化和多时制文化与其社会经济的发展和工业化程度也有密切的联系。工业化程度高，经济发达的资本主义国家大多具有单时制文化的特点，因为工业化更强调准时和效率。而传统的农业化国家，大多具有多时制文化的特点，因为农业社会人们"日出而作、日落而息"，遵循的是自然的一种慢节奏，因此准时在日常生活中显得不那么重要。在同一种文化中，相对而言，生活在城市的人更加具有单时制文化的特点，而生活在农村的人更符合多时制文化的特点。

单时制文化和多时制文化的划分是一个相对的概念，并不是绝对的，只是某种文化更多地体现出单时制或多时制文化的特点。而个人的时间观念也是会根据场合和环境的改变而变化的。例如，一个人在工作场合中遵循的是单时制模式，但是在日常生活中就有可能会灵活一些，遵循多时制模式。因此判断一个国家或个人的时间观念，还需要充分考虑具体的语境和场合等因素。单时制和多时制是两种不同的时间处理模式，各具特点，并不能说哪一种时间模式就比另外一种时间模式要好。单时制文化和多时制文化各有其优势：单时制具有计划性，讲究效率；而多时制更具有灵活性，更加人性化。

二、中西方对准时的不同理解

准时是现代社会的一个十分重要的时间准则。不同文化的人对于准时的理解也是不同的。是否准时，是容易造成跨文化误解的一个重要因素。为了考察不同文化的人对准时的理解，研究学者曾针对不同国家的学生做了一个问卷调查。调查的问题是："如果你们的老师上课迟迟没有到教室，作为学生，你会等待多久才离开教室？"不同国家的学生的回答截然不同：美国学生的回答是15分钟，中国学生的回答是30分钟，哥伦比亚学生的回答是会一直等到下课为止。这就说明了不同国家的人，由于自身时间观念的不同，对迟到的包容和接受程度也是不同的。时间观念强的人对于他人迟到的容忍度是很低的，而自身时间观念不强的人对他人迟到的包容度却是很高的。对于多时制文化的人来说，迟到10～15分钟也会被认为是准时，而对于像美国这种典型单时制文化的国家的人来说，哪怕只是迟到一分钟，也会被认为是迟到了。因此，在美国迟到15分钟就需要非常认真诚恳地道歉，而在拉美国家迟到半小时甚至是一个小时也可以接受。

准时的概念需要考虑场合和语境因素。有不少人认为西方国家很准时，所以任何场合中都不可以迟到，甚至是提前半小时到，这是不符合西方国家的时间文化习惯的。例如，一位中国学者去英国访学，受邀去英国朋友家吃饭，他知道英国人比较准时，因此他决定提早到朋友家，结果比约定的时间提早了半小时到。在开门的时候，英国朋友一脸诧异的表情，显得并不是很欢迎他的样子。这让他感到尴尬和不解，心想明明是朋友邀请我来的，为什么我来了他们又不欢迎我呢。在这个案例中，中国学者的困惑和不解，以及英国主人的不悦和诧异，导致了跨文化交际出现误解，这是由于中国学者不了解西方人在不同场合对于准时的要求也是不同的。一般情况下，欧美国家在与工作有关的正式场合是必须准时的，迟到10分钟都会很尴尬，需要道歉。听音乐会或者看演出，如果迟到了，就只能等到中场休息的时候才能入场。但是在一些非正式的社交活动中，如朋友之间的聚会或者拜访，特别是去朋友家做客，提早到或准时到，都不是最合适的，最好是比预约的时间晚一点到，以迟到10～15分钟为宜，甚至是迟到半小时也会被认为是合乎礼仪的。而提早到反而给主人带来不便和尴尬。这是因为主人需要在朋友到来之前做准备工作，而不想让客人看到家里凌乱的样子，希望一切准备就绪之后朋友再过来。这与中国人的习惯恰好是相反的。在中国文化里，去朋友家做客，提早到是对朋友的尊重。如果是朋友间的聚会，迟到显得不重视或者不礼貌，尤其当对方是长辈或者身份地位高的人，就更加不能迟到，否则会给对方留下不尊重、不重视的傲慢印象。

中西方对准时概念的差异，还体现在是否严格遵守时间的安排上。西方国家的正式会议演讲者或发言者必须严格遵守会议的时间安排，讲话一般不超过规定的时间，很少有发言超时的情况。学校教师也必须按时下课，拖堂会引起学生的反感。但是在中国，开会发言超时是常见的现象。有时候中国人说"我只讲几句"，结果一讲就讲了半小时。这在注重准时的西方文化里会留下不好的印象，认为发言者不尊重别人的时间。

对准时这一概念的理解不同和是否做到准时，是容易造成跨文化交际误解的一个方面。中国老师常常抱怨来自非洲的留学生上课经常迟到，不遵守课堂纪律。而在中国留学的日本和韩国学生常常说他们无法理解中国人说的"等一会儿"和"马上就到"的含义，与中国朋友约会见面的时候，中国朋友说"马上就到"，结果却等了半小时中国朋友才到，因此他们也觉得中国人不守时，耽误了他们的时间。这些跨文化交际中出现的误解和负面印象，都是时间观念不同造成的。

三、中西方在时间文化上的差异

中西方在时间观念上的差异除了是否准时外，还表现在以下几个方面：是否提前做计划、是否预约、是否严格执行最后期限。跨文化交际中必须要了解这些文化差异，才能有效避免交际中不必要的误会和尴尬。

（一）计划性

单时制文化注重计划性，做事情往往提前计划和安排。如学校和公司的年度计划和安排会提早半年就做好，学校教师会在开学初就做好课程时间安排。单时制文化下的个人也喜欢提前安排好平时的日常工作和生活，所以西方人会制定每日计划、周计划、月计划、月度计划、年度计划等，而且每日计划会精确到具体的几点钟。而多时制文化的人一般不会考虑中长期计划，临时改变计划的情况也很多。中国具有多时制文化的特点，中国人常说"计划赶不上变化""车到山前必有路"，这也反映了中国人对于计划性的态度。在日常生活中，中国人也很少会制定每日计划，顶多只是把重要的事情计划一下。正因为单时制文化的人会提早做计划安排，所以在教学中就需要向学生强调在与西方人打交道的时候提早计划的重要性。

（二）预约

中西方在预约方面的差异主要体现在预约的要求上，单时制文化下的人对预约的要求更加严格。在中国，下属如果有事情要找领导汇报，可以直接走到领导办公室，说"我有点事情想向您汇报一下"，领导一般会停止正在进行的工作而与之交谈；学生在下课后想要向老师请教问题，也可以在课后直接问老师；去政府行政部门办事，一般也不需要预约，直接去相关的办证点就可以了。而在单时制的西方国家，预约就更加常见了，一些日常化的小事情都需要预约。西方国家需要预约的事情和场景包括：去各级行政部门办理手续或者咨询事情要预约，去医院看病要预约医生，打预防针要预约护士，家长想见班主任需要预约，大学生要与教授讨论问题需要预约，等等。总之，在西方，大大小小的事情都需要预约，预约的普遍性远远超过了中国。有个对外汉语教师刚去美国时，她想去当地教育局为孩子办理入学手续，也不懂预约的规则，就直接跑到教育局去了，结果吃了个闭门羹，白跑了一趟。尽管教育局的工作人员都在，但因为她没有预约，所以工作人员都在处理其他预约好的事情，她被告知回去在网上预约，下次再来办理。

（三）最后期限

最后期限在英语里是"deadline"，意为"如果超过规定的期限，你就死定了"。不同文化里执行最后期限的严格程度也是不同的。西方国家的时间观念很强也体现在对最后期限的重视上，执行非常到位。西方的教师给学生布置的作业，一般都要规定一个交作业的最后期限，学生一旦逾期未交，则面临的后果就是扣分甚至取消成绩，而且没有任何商量的余地，教师说到做到。所以美国的大学生非常重视最后期限的规定，有些学生甚至为了赶在最后期限之前提交作业而整夜不睡。在中国，教师也会规定一个最后期限，但是执行一般不会那么严格，并没有按照规定执行。学生的作业或者论文即使真的超过了最后期限，教师也很少会采取相应的惩罚。

第三节　空间距离与文化

空间距离是非言语交际的重要内容。在交际的时候，应该保持怎样一个交际距离才是最合适的，不同文化的人对这个问题的回答是不一样的，交际感受也不一样。了解不同国家交际距离的合适标准和接受范围，就可以避免跨文化交际中因为交际距离带来的不适感。

一、交际距离

在跨文化交际学中的交际距离，是指交际双方在面对面交际时保持的实际距离。交际距离的远近，是影响跨文化交际心理感受的重要因素。交际距离太远，会给人一种疏远感，而交际距离太近，又可能让交际的某一方感觉不舒服，那么究竟应该保持什么样的交际距离才是最合适的呢？这要取决于交际双方判断的标准是否一致。每种文化对交际距离的远近，都有一个比较统一的标准。

霍尔（Hall）研究了北美人的交际距离，并将其交际距离分为四种情况：亲密距离、私人距离、社交距离、公共距离。

①亲密距离：0～45 厘米，适合恋人、家庭成员、亲密朋友等具有亲密关系的人之间。在这种交际距离中，交际双方常伴有身体的接触。

②私人距离：45～80 厘米，适合普通朋友、亲戚之间的谈话。在这种距离中，交际双方很少有身体接触。

③社交距离：1.3～3 米，适合同事、商务会谈、大多数社交聚会场合。

④公共距离：2 米或 3 米以上，适合讲课、演说、表演等公共场所的交际活动。

文化价值观是影响交际距离的一个重要因素。一般来说，个人主义文化的国家，如北美国家、英国、德国、丹麦、澳大利亚等，人们的交际距离比较远，因为他们更加注重个人的隐私和独立性，所以需要更多的个人空间。集体主义文化的国家更强调的是人际关系的和谐，彼此依靠，所以集体成员是在一个比较近距离的范围内工作、生活、休息和娱乐。中国人的谈话距离就比英国人和美国人要近。阿拉伯国家和拉美国家交际距离也是比较近的。

地理环境因素是影响交际距离的另一个重要因素。在地广人稀的国家，人们的平均生活空间较大，因此交际距离也较远；而在人口众多，人口密度大的国家，如中国，人们对拥挤和身体接触的容忍度较高，因此交际距离也比较近。

交际距离远近的文化差异有时也会造成跨文化交际的误会和负面印象。许多在中国生活工作的西方人会对中国的排队现象很不习惯，比如在银行、商场、车站、机场等公共场所，中国人排队的时候为了防止插队现象，总喜欢与前面的人保持很近的距离，甚至有时还有身体接触。在西方人看来，他们就认为中国人不讲排队秩序，不尊重他人的隐私。还有在地铁上或者电梯里，西方人也尽量保持不和周围的人有身体碰撞。在走出电梯或者下地铁的时候，他们也会说一句"excuse me（对不起，请让一下）"，而在中国文化里，这种情况下中国人是直接用身体挤出来的，偶尔有身体碰撞或接触也并不会道歉。这就会给西方人留下不好的印象，认为中国人粗鲁、不懂礼貌。

由于这种差异，在跨文化商务沟通中，商务人士会因为来自他种文化的贸易伙伴对空间处理方式不同而认为他们鲁莽甚至侵犯了他人的领地。一个美国人到某阿拉伯国家谈生意。双方对商谈的进展都很满意。中间休息时，美国人与他的阿拉伯同行聊天。那位阿拉伯经理一边说一边向美国经理这边靠近，美国经理对此感到惊讶，只好稍稍后退以保持距离。阿拉伯经理同样也是一副惊讶的神情，又进一步地朝美国同行移动。美国经理有些不高兴，但又不愿意破坏这次谈话，只好一再后退，直到他的背碰到了墙。这里两位经理对出现的状况都非常沮丧，阿拉伯经理只是想表达自己的诚意，欲与对方建立更可靠的关系。美国经理因为不了解阿拉伯文化中的空间信息而造成双方沟通的障碍。

二、个人空间

个人空间是围绕在个人周围的一个无形的空间。每个人都需要个人空间，但是不同文化的人们对个人空间大小的需求也是不一样的。一般来说，别人的个人空间要受到邀请才可以进入，否则的话就会被认为是一种冒犯。影响个人空间的因素很多，有个人的心情、文化背景和所进行的活动等。

个人空间的大小与文化有密切关系。在西方文化里，人们非常重视个人空间，对个人空间非常敏感，对侵入个人空间的行为也反应非常强烈，所以西方人站在电梯里或者地铁上，一般都身体挺直，表情严肃，会本能地表现出对个人空间被占时的紧张和警觉。在西方如果突然闯入个人空间或者个人领地，有时还会引发冲突，所以在美国就曾经发生过一名留学生误闯入美国的住宅院子而遭到枪杀的事件，这就反映了美国人对个人空间和个人领域的高度重视。人们非常强调个人的隐私，所以在他们看来个人空间就是隐私的一部分。英语有句话是"A man's home is his castle（一个人的家就是他的城堡）"，这句话就反映了西方文化对个人领地极其重视。

而德国人和美国人处理个人空间的做法又有区别。德国人对个人隐私非常敏感，他把个人空间看作自我的一种延续，因此他们会利用一切方式来保护他们个人的空间，所以德国办公室的门是又厚又重，而且在工作的时候他们的门都是关闭的状态。开着门工作，会被德国人看成是轻率和不守规则的表现。与德国人恰好相反，美国人则是把门看作进入个人空间的一个标志。美国人工作的时候一般都是敞开着门的，这意味着在办公时间他的办公室就是公共空间，欢迎别人进入，但是如果办公室的门关着的话，那就表示现在是个人的空间，不希望受到别人打扰。

西方人注重个人空间还表现在其他方面，如西方的家长一般不随意闯入孩子的房间，也不随意翻阅孩子的日记和书信，否则就会引起孩子的反感，认为父母侵犯了他们的隐私。在法国使用别人家的卫生间会被认为是一件不礼貌的事情，因此在使用前客人应该要先询问："我可以使用吗?"

中国人对于个人空间的敏感性没有西方人那么强烈。由于受集体主义价值观的影响，还有中国人口众多造成了空间上拥挤等因素，中国人对个人空间就没有那么敏感。如在工作环境中，同事只要敲门或者不需要敲门就可以直接进入别人的办公室。在家庭里面，家庭成员之间的门也一般都是敞开的。由于个人空间的差异，在与西方人交往的时候，就有可能产生误解，如果不了解这种个人空间的概念的差异，就会导致中国人一不小心就触犯了西方人的个人隐私，会被西方人认为没有礼貌。因此，在跨文化交际教学中，一定要跟学生特别强调这一点，在与西方人交际的时候，要注意尊重对方的个人隐私，保持适当的空间距离，给予谈话者足够的个人空间。

三、座位的排列

座位的排列体现了人们对人际关系的理解，也影响着人与人的交际。不同文化中的人会根据对方的身份地位来安排座位。美国人会把地位高的人或重要的人安排在桌子的两端，而中国人会把地位高的人安排在桌子的中间位置。

（一）办公室桌椅的排列

价值取向会影响桌椅和座位的排列，如中国、日本、韩国等东亚国家的办公桌排列是聚合式的，而西方办公室桌椅的排列则是分散式的。在中国事业单位的办公室的桌子通常是两个或者三个相对摆放，同事之间会面对面而坐，普通的职员都坐在同一间大办公室的一张长方形桌子的两边，这样的桌椅安排便于员工之间的交流，强调的是合作与协调，是集体主义价值观的体现。而在西方办公室，每个员工的桌子往往是面对着墙或者是用隔板隔开的，这种排列方式强调的是独立性、隐私和效率，体现了个人主义的价值观。

（二）正式宴会座位的安排

每一种文化对于正式宴会座位的安排都有一定的规定。在亚洲文化里面，尊卑有序是排列的主要规则。最重要的客人或者最年长的人，往往是坐在面对着门且离门最远的地方，主人坐在他的旁边，离门最近的座位往往是安排给辈分或地位较低的人坐的。而在西方，餐桌常常是长方形的，男主人和女主人分别坐在桌子的两端，最尊贵的女客人坐在男主人旁边，而最尊贵的男客人坐在女主人的旁边，遵循的是男女分开坐的原则。

（三）非正式社交场合的座位安排

在非正式的社交场合，如朋友间的普通聚会，中西方在座位安排上也存在很大的差异。在英美国家，两个人交谈时所坐的位置能够体现两个人的亲疏关系：两人分别坐在桌子一角的两侧，表示关系友好；两人并排坐在桌子的同一边，表示关系亲密；两人面对着坐在桌子的两侧，则表示关系疏远。因此一般只有夫妻和情侣才并排而坐，陌生人一般会面对面而坐。但是在中国，一般的朋友或熟人往往也喜欢并排而坐，即使在比较正式的场合，第一次见面的人在主客房也会并排而坐，表示关系友好和亲近。这样的差异在跨文化交际中也可能会产生误会。

（四）教室座位的排列

中西方教室座位安排的差异也反映了中西方不同的教学理念和师生关系。在中国，许多教室的座位是呈一字形排列，即学生的座位都是面向教师，教师站在最前面的讲台上。这样的座位排列一方面突出了以教师为中心的讲课模式，也强化了师道尊严的师生关系。这样的课堂布局，虽然有利于教师讲授知识，但是却不利于师生之间的互动以及学生之间的交流。而在西方，大多数国家采用的是马蹄形的排列或者以小组为单位的圆圈形排列。马蹄形排列是学生围坐在马蹄形的桌子旁，老师站在前面或者中间，这样的课堂布局就有利于师生之间的交流和互动，也体现了师生之间的一种平等的关系。这个座位排列方式在西方的小班授课、语言训练课、研究生的研讨课上都比较常见。圆圈型的排列是学生分成若干个小组，然后分别围坐在不同的桌子旁，以小组为单位，每个小组围成一桌。这样的座位布局有利于学生之间开展合作学习，促进学生间的交流、讨论和互动，也体现了以学生为中心的教学理念。西方的中小学课堂常常采用这样的排列方式。

教室座位的排列方式会影响课堂上师生互动和教学的效果，因此语言教师可以根据不同的教学内容和课堂活动选择合适的座位排列方式。不定期更换座位排列方式，通过座位排列方式的多样化来提高学生的学习兴趣，最大限度地创造师生互动和学生间互动的有利条件。

第四节 体态语与文化

一、外貌服饰 （appearance）

人们可以通过外貌和穿着打扮来判断一个人的职业身份、社会地位、受教育程度等，所以在跨文化交际中也有"以貌取人"的倾向。干净整洁得体的外表和穿着能够给人留下美好的印象，从而使交际愉悦和顺畅地进行，而不得体的装扮则会给别人带来不好的负面印象，甚至是冒犯。

着装方式与文化有关，在一定程度上反映了所在文化的价值观和审美观。如伊斯兰国家的妇女，戴面纱穿长袍，避免在公共场合暴露自己的身体，这和伊斯兰国家的宗教观念有关系。而许多西方女性喜欢以性感为美，在海边常常穿得比较暴露，这反映了西方人开放和崇尚个性的价值观。

对于教师的穿着打扮，不同的文化也有不同的标准。衣着打扮关系到别人的印象和人际交往的质量，是跨文化交际中的重要因素。在很多亚洲国家，如日本、韩国、新加坡和泰国，要求教师穿正装，男教师大多穿西服，女教师穿比较正式的套装。而在美国，教师的着装就比较随意和多样化，取决于教师的个人爱好和风格，有的教师喜欢穿西装，有的教师穿休闲装，有的教师会穿牛仔裤上课。中国的教师在课堂上的着装也没有严格的规定，较为随意。

在是否佩戴首饰和化妆这方面，中西方也表现出了一定的文化差异。在大多数西方国家，已婚男女一般要戴结婚戒指，一方面可以表明自己的已婚身份和对婚姻的忠诚，另一方面可以避免在社交中的误会和尴尬。而在中国，大多数已婚人士不戴婚戒，男性戴婚戒的就更少了。中国人对戴婚戒的男性还有一种负面印象。如果是在国外，中国的已婚教师就有可能会因为不戴婚戒而引起别人的误会，因为有的外国人会以为是单身，因此中国教师要特别注意这方面的文化差异，以免引起误会。

在是否化妆方面，中国文化强调内在美和含蓄美，因此中国的女性经常化妆的比较少，要化妆也一般是淡妆。但是西方的女性喜欢化浓妆，她们认为这样可以展示自信，给别人留下美好的印象，同时，她们也把化妆看作对别人的重视和尊重。

二、面部表情（facial expressions）

面部表情能够折射出人的性格特征、情绪和心理态度。如：眉毛上扬，可以表示欣喜或惊讶；与人交谈时，眼神专注，眉毛紧缩，表明在集中注意力倾听或思考他人的谈话。

微笑在不同文化里有不同的含义，传递的信息也不同。一般情况下，微笑在交际中有以下功能：①微笑是一种打招呼的方式，人们遇见后可以不说话，微笑一下，这就是打招呼。②微笑是一种无声的回答，或者是为了掩饰尴尬，例如老师在课堂上提了一个问题，点到某个学生回答，这个学生无法回答，于是给老师一个微笑，这是为了掩饰尴尬，用微笑暗示老师这个问题他不会。③微笑可以用来表达友好和真诚。在跟人说话时，教师讲课时，公共演讲时，都强调要保持微笑，就是这个原因。④微笑是自信的表现。⑤微笑是放松的方式，可以缓解紧张的情绪。⑥微笑可以给人带来快乐。

上述微笑的功能，世界上的国家都是通用的，但是在不同文化里和特定的场合，微笑有着不同的含义。美国人把微笑看作快乐的标志或表达友好的肯定。在韩国，笑得太多会被认为是肤浅的人。泰国人很喜欢微笑，总是保持微笑，因此被称为"微笑的国度"。最难以理解的是日本人的笑。日本人有时候是"悲伤时也带笑"，这是由于日本人常用微笑来掩盖悲伤的情绪。这就是为什么日本人在葬礼上也是面带微笑的。他们不想把悲伤的情绪传递给别人。曾经有一位来自日本的女编辑，因为丈夫去世了，需要向中国的负责人请假，但是她请假的时候一直保持微笑，丈夫去世了她却笑得如此开心，这让中国负责人难以理解，甚至认为这位日本女编辑很冷血。这就是由于中国负责人不懂日本人微笑的含义引起的。

什么时候可以微笑，什么时候不该微笑，这是跨文化交际中容易引起误会的一个问题。例如，在道歉时应不应该微笑。Peter 是美国公司驻中国的总代理，他下面的部门经理陈军在工作上犯了很大的一个错误，因此去 Peter 办公室向他道歉。陈军从走进办公室的那一刻起，脸上就一直面带微笑。当陈军表达完歉意之后，Peter 一脸惊讶地看着他，很生气地说："你确定你是认真的吗？对不起，我不能接受你的道歉，因为你看起来一点歉意都没有！"陈军道歉的时候一直保持微笑是为了表示友好和真诚，而 Peter 却认为这样的场合还微笑恰恰是缺乏诚意的表现，因此就造成了此次跨文化交际的失败。

中西方在流露情感还是控制情感方面也是有差异的。在地中海国家如法国、意大利等国，男人会很夸张地表达自己的情感，男人在公共场合大哭也是很正常的一件事。而在中国，男人会控制自己的悲伤的情感，有句话是"男儿有泪不轻弹"，正说明了中国男人会控制内心的情感。男人在外人面前哭，会被认为是一件很没面子的事情。

三、眼神交流（eye contact）

眼神交流是跨文化非言语交际中的一个重要内容。眼神的交流会直接影响跨文化交际的效果，也是导致跨文化交际失败或者产生误会的一个重要原因。眼神的交流能够传达人们内心的一种情感，或者对对方的态度。不同的文化对眼神交流有不同的理解和要求。眼神的直接交流，在一种文化中被认为是礼貌的行为，而在另外一种文化中则有可能被认为是不敬和冒犯。一般说来，英语国家的人目光交流的时间长而且更频繁。他们认为缺乏眼神交流就是缺乏诚意，为人不诚实；而中国人常用"低眉顺眼"来表示恭敬、礼貌、羞怯和惭愧。"Never trust a person who can't look at you in the eyes"是美国人所遵循的生活准则之一。于是，在社交场合中，直接的目光交流和有力的握手在美国是一种见面的礼仪。因此，在介绍和对话中，交谈双方应保持经常性的目光交流。但在中国文化中，人们交际时不像美国人那样直视对方的眼睛以表示谦卑。中国人这种谦卑的目光行为对美国人来讲就可能意味着"我把你排除在外"，而美国人那种频繁的目光接触对中国人来讲则可能是不礼貌的，甚至是侵犯。

说话时是否直视对方，注视时间的长短，都是跨文化交际中必须了解的重要内容。中西方对此有不同的做法。在大多数西方人看来，直视对方的眼睛是尊重对方、对话题感兴趣、诚实和自信的表现，缺乏眼神交流被认为是不真诚的表现。美国学生在公共演讲技能训练的时候就特别强调与观众保持直接的眼神交流的重要性。阿拉伯人在讲话的时候也常常直视对方的眼睛，以示尊敬。但是在东亚和拉美国家，交谈中直视对方的眼睛，就会被认为是一种不敬，特别是下级对上级、晚辈对长辈说话的时候往往不敢直视对方的眼睛，把这视为恭敬的表现。在中国，一名小学生因为做错事去老师办公室接受批评的时候，往往都是低着头不敢看老师的，这是顺从的表现，表明学生接受批评的诚恳的态度。如果眼睛盯着老师看，则会被认为有"不服从"之意。但是同样的场景如果是在西方国家，学生会被要求必须看着老师，以此来表达接受批评、知错就改的诚意。

中西方在眼神注视时间长短这方面也是有差异的。日本人把长时间注视别人看作是一种无知和不尊重的行为。而在阿拉伯国家，男性之间可以保持长时间的注视，他们认为注视别人既可以表明自己对对方的谈话内容感兴趣，也可以更好地了解对方说话的真实意图。在西方文化里，德国人比美国人的注视时间要长。德国人在说话的时候喜欢长时间直视对方的眼睛，这让一些美国人隐约觉得不舒服。从德国人的角度来看，这是真诚和对谈话感兴趣的表现，但是在美国人看来这种目光注视太强烈，过于直接。

眼神交流的文化差异，很容易让一些东亚国家的人在与阿拉伯人交流的时候产生误会和不适。东亚国家的人眼睛直视的时间很短，异性之间就更加短，甚至是没有直接的眼神交流。当阿拉伯男性和东亚国家的女性进行交际的时候，阿拉伯男性长时间的直视，会让东亚国家的女性感到不舒服，甚至有可能误解对方的意图。

四、手势（gestures）

手势是人们在说话的时候伴随的一种无意识的动作，可以起到强调说话的内容的作用，或者用来直接代替话语。手势还可以是打招呼的一种方式。虽然每一种文化的人都会使用手势，但同一个手势在不同的文化里所要表达的意思也有很大差异。有一些手势在某种文化里是友好的，但在另一种文化里可能就变成了威胁、恶意等，甚至会因为一个不经意的手势而冒犯别人，招来杀身之祸。手势在跨文化交际中是交际双方最容易观察到的，也是最容易造成误解和冲突的。因此，了解手势在不同文化中的含义，是非常有必要的。下面就介绍几种常见的手势在不同国家的不同含义。

图一的 OK 手势在中国和美国都是"好，行，没问题"的意思；在日本和韩国，OK 手势则表示"钱"；在拉美国家和德国，是"下流"的意思；在阿拉伯国家，这个手势充满了严重的敌意；在突尼斯，这个手势是在向人宣战和恐吓，意思是："我要杀了你！"图二中的 V 形手势，在我国表示"胜利，成功"，我国过去表示"2"，欧洲一些国家也表示"2"。在英国、澳大利亚、新西兰，手心向内和手心向外分别具有截然不同的含义：手心向外的 V 形手势表示胜利，而手心向内的 V 形手势则被看成是一个下流的动作，是一个侮辱人的手势。图三竖起大拇指的手势，在中国是表扬某人，是"你真棒"的意思；在美国也有类似含义；但是在奥地利和西非就被视为一个很粗鲁的动作。

图一　　　　　　图二　　　　　　　图三

五、姿势（postures）

姿势包括站、蹲、跪、坐、蜷缩、两手叉腰等，姿势可以体现一个人的修养和气质，同时也可以传达某些信息，表达一种态度。中西方在跨文化交际中的姿势差异，会导致交际双方的误解或不悦。中西方在姿势方面的差异有很多，现举例说明。西方人没有蹲厕，而中国很多地方的厕所还是蹲厕，因此很多西方人来中国后就不知道如何使用。日本人和韩国人在就餐时喜欢盘膝而坐。美国人讲究的是舒适、放松的姿势。很多在中国的外教在上课的时候也是保持非常随意的姿势，甚至会坐到讲台上去。美国前总统奥巴马就常常把脚跷到椭圆办公桌上，哪怕在有其他高级官员在场汇报工作的情况下。这在中国人看来是无礼、不尊重人的表现，是粗鲁的行为。这样的坐姿会让中国人感觉被侮辱了。在很多国家，如中国、德国和瑞典，人们的生活方式更加正统，因此像美国人这样随意跷脚或者蜷缩懒散的姿势会被认为是粗鲁的不礼貌的行为。而在美国人看来，这样的坐姿并不会伤害到他人。德国人注重仪态的端庄，动作的高雅文明，孩子在很小的时候，父母就教育孩子要有得体的站姿和坐姿。中国人也常说"站要有站姿，坐要有坐姿"。

六、身体接触（body touch）

根据在交际中人们说话的时候是否有身体上的接触，把世界上的国家和地区的文化分为接触文化和非接触文化。接触文化的国家在谈话的时候，往往会不自觉地伴随有一些肢体方面的接触，如拍拍肩膀、摸摸头，或者肩靠肩等。阿拉伯人、南欧和西欧人、犹太人及拉丁语系的人属于接触文化的国家。非接触文化的国家在面对面交际的时候，一般保持较远的距离，身体间没有任何接触，甚至是打招呼的时候身体也没有任何接触。例如，阿拉伯国家就属于典型的接触文化的国家。阿拉伯人在跟人说话的时候，保持很近的距离，并且希望能够闻到对方的气味。法国人在打招呼的时候是亲吻脸颊，也是典型的接触文化的国家。美国人、北欧人及东方人属于非接触文化的国家。

在大多数国家，握手已成为一种常用的表示亲热和友好的礼节，一种最普遍且最简便的问候方式。除了握手，在西方国家，见面拥抱、久别重逢时拥抱接吻也都是非常自然的日常交际方式。又如长辈对晚辈、上司对下属轻拍肩膀和抚摸头部以表鼓励关心；足球运动员在进球后会相互热烈拥抱表示祝贺，而排球运动员会相互击掌表示赞扬或鼓励。但是不同的民族有不同的接触方式：印度人见面合掌，毛里求斯人见面时行碰鼻礼。然而佛教徒认为只有活佛才能摸头，因为只有活佛才能行摸顶礼，所以在东南亚的佛教国家，摸头是一种极大的冒犯。中国人不能容忍陌生人去触摸他或她的脸，这种行为不仅粗鲁，而且会被看成是一种挑逗。在美国，同性别之间的两个人一起搂搂抱抱或者手拉手，则有同性恋的嫌疑，但在中国、韩国和日本，经常能看到女生手拉手或挽着手一起逛街的场景。拉美国家的男子见面和妇女见面都会互相触摸拥吻。但需要注意的是，西方国家在亲密关系中的身体接触远远超过中国人。虽然美国也是非接触文化的国家，但是父母与子女之间、配偶之间和情侣之间，他们会经常拥抱亲吻，用这种方式来直接表达情感。而中国人在公开场合很少有亲吻、拥抱动作，最亲密的情感表达方式、最热烈冲动的问候只不过是拉拉手，臂挽臂，紧紧抱住肩头或将头靠在对方肩上。由此看来，在问候和告别时，中国人的身体接触远远不如英语国家的人明显，这一点正说明了中国人的感情丰富却含而不露。不同的文化不同的宗教决定了不同的接触方式，而这些看似简单的接触则在交际中传递着某种重要信息，对身体接触行为的正确了解直接决定了交际的成功。

第五节　副语言与文化

副语言是指在日常交际中说话的方式，包括说话的语速、音高、音量、重音、沉默等。而副语言可以被分成三类：声音特点（笑声、哭声、喊叫声、呻吟声、打嗝声和呵欠声等），音质（音量、音高、节奏、速度和语调等），声音片段（嗯、哦、呃、啊）。说话语速有快慢之分；音量的高低会影响信息传递的含义；重音表示强调，同一句话重音不同，表达的意思也不同。沉默是指在对话时不说话，用不回答的方式来回应对方，沉默在不同语境中也有不同的意思。副语言的上述因素，都会对话语所要表达的含义产生重要的影响。在不同的社会文化背景之下，副语言所传达的语义也是变化不定的。在跨文化交际中，必须了解副语言的不同特征，得体地运用副语言，才能避免语用失误，从而确保交际的顺利进行。

一、保持沉默

在中英交往中，英语国家的人感到很不习惯的是中国人经常采取的沉默态度，如报告人不回答听众的问题。而听报告人只是静静倾听，不爱提问。交谈中听话人不以明确的声音作出反应。在英语国家里，只要听清了问题就必须作答，即使文不对题，也比沉默不语强。虽然中国人认为沉默是金，但是如果在与英美人进行交际时，很容易造成交际失败，甚至引起更大的误会。

二、音量

不同的文化影响着我们对副语言的使用。例如，阿拉伯人说话大声，因为他们认为声音大是强壮有力与真诚的体现，泰国人则认为大声说话是不礼貌的。在日本，提高音量暗示着一个人缺乏自控，温柔的声音则显得有教养。在美国，大声说话意味着生气与沮丧。西方国家与中国对音量有不同看法。例如，西方人在进行公众演讲或参加庆典时候大声地笑，而在授课、聊天与接电话时，声音比中国人小。因此，西方人看到中国人大声聊天与打电话并不习惯。他们难以忍受在火车、飞机、船、餐厅甚至是私人房间里的电视或收音机的高音量，因为这样的环境不利于交流。

三、重音

重音要求把一个词或词组里的某个音节或语句里的某几个音节读得重些。在言语交际中，话语的意义随着重读部分的不同而有所侧重。发话人在特定的交际环境中，运用副语言的重读手段，传递不同的交际信息，做到有的放矢。例如：

①**Mike** bought a red car.

②Mike **bought** a red car.

③Mike bought a **red** car.

④Mike bought a red **car.**

上述四个句子分别针对 Mike bought a red car 这个句子的四个不同的地方给予了重读。①句重读 Mike，强调买车的人是 Mike，不是别人；②句中重读 bought，暗示车子是 Mike 买的，不是租的，也不是别人送的；③句对 red 重读，说明车的颜色是红的，而不是其他颜色；④句对 car 重读，强调买的物体是小汽车，不是自行车，也不是摩托车。这个例子说明重音对于所要传递和表达的交际信息起着重要的决定性作用。

四、语速

语速指发音的速度。有研究表明：在一分钟内，英国人比美国人要多讲 100 个音节。也就是说英国人语速比美国人快些。这个观点我们可以从收听 BBC 广播节目和美国之音节目的比较中得以验证。一个潜在的理由可能是英国人更倾向于压缩音节。还有一个有趣的现象是，从整体来看，中国的电视广播主持人比美国的同行语速慢些，但并不影响彼此信息量的传送。原因之一是汉语多音节词汇少于英语，也就是说汉语里每一个音节传递的信息可能大于英语。因而在同一时间内，播音员语速的不同不会很大程度对信息量的传播产生影响。在教学活动中，教师语速的快慢也会对教学进程、课堂气氛产生影响。教师语速的适度提高，可以带动课堂气氛，吸引学生注意力，提高课堂效率；而教师语速过于缓慢，可能造成课堂气氛死气沉沉，缺乏活力，甚至会使学生对所学知识感到乏味，进而挫伤学生学习积极性和参与性，造成课堂效率的下降。跨文化交际中也要使用合理的语速，注意跟说话者保持相对一致的语速，并根据对方的态度和反馈作出适当的调整。

综上所述，非言语交际手段和语言交际手段相结合，组成了完整的交际系统。非言语交际手段在交际中发挥了不可低估的作用。国外学者对非言语行为的研究相当重视，已经发展成为副语言学、身势学、近体学等新兴学科。国内也有不少学者对非言语交际手段的重要性有了重视。但是值得注意的一点是，非言语交际行为涉及文化、民族、宗教、民俗等领域，语义问题也复杂。我们在研究非言语交际手段时，千万不能忽视文化约束力对其影响以及文化和环境等差异所赋予非言语行为的不同含义。非言语交际是长期历史和文化积淀形成的某一种社会共同的习惯，又因为不同的文化传统表现出差异，对人与人的交际具有重大意义。我们首先要从思想上重视它的存在和作用，然后努力培养并提高跨文化非言语交际的能力，树立跨文化非言语交际的意识，面对不同文化，尊重差异，理解个性，正确运用非言语交际策略，真正发挥出非言语交际的作用。非言语行为的差异常会因为文化差异而变得十分微妙和难以辨认，这给跨文化交际带来困难，影响交际质量，有时甚至会造成一些不必要的误会和难堪。因此，在跨文化交际中，教师应让学生关注和了解非言语行为的差异，提高对非言语行为的文化差异的敏感性，以便提高跨文化交际的悟性和有效性，进一步提高跨文化非言语交际能力。

第五章

跨文化交际英语教学的理论建构

第一节 跨文化英语教学的理论基础

一、跨文化英语教学的理论背景

英语是一门极其复杂的应用型学科，英语教学不仅涉及心理学、社会学、语言学等多个学科，还涉及教师的教育理念、学生的认知心理、社会文化环境等诸多因素，因此英语教学理论需要借鉴不同学科的研究成果。此外，由于外语教学的根本宗旨就是为社会发展和个人发展提供服务，培养社会发展所需要的人才，所以外语教师的教学观念也应跟随时代发展的步伐，及时调整优化教学大纲的内容，改进教学方法，这正是第三次社会化过程的基本含义，也是英语教学为培养提高学习者的综合素质而发挥的重要作用。

跨文化教学不仅符合外语教学的需要，而且是符合社会发展的外部环境的。跨文化教学在这种背景下是非常必要的。一方面，文化作为外语教学的一部分内容，为语言的学习提供了真实又丰富的学习素材和语境，把语言学习和真实的人和事有效联系起来，能够提高学生学习的积极性，增加语言学习的兴趣，增强学生的英语学习动机，以及综合运用语言的能力，因此能够促进英语语言教学，提高教学的效果。另一方面，语言教学和文化教学的结合，是符合跨文化交际能力培养目标的需要的。只有学习目的语言，并且通过交际的实践获取跨文化交际的亲身体验，才能在情感和行为层面达到跨文化交际培养的需求。只是简单地通过媒体等渠道的输入是达不到跨文化交际能力培养要求的。英语教学中适当融入跨文化培训，既能够满足英语语言学习的需要，又可以促进跨文化交际能力的提高，从而最大限度地发挥英语教学的潜力。

二、跨文化英语教学的目标与内容

制定教学计划的第一步是要确定教学目标。跨文化教学近 20 年间在欧美国家发展较快，中国的跨文化英语教学就是在西方跨文化交际教学理论的基础上发展而来的，并进一步与中国外语教学相结合，形成了具有中国特色的跨文化英语教学理论和方法，其中最重要的两个环节为设定教学目标和界定教学内容。

（一）跨文化英语教学的目标

跨文化英语教学的总体目标是：提高学习者的英语交际能力（语言文学目标，初级目标），培养学习者的跨文化交际能力（社会人文目标，高级目标）。英语交际能力是以目的语语言和文化的学习为核心，侧重培养学生的语言交际能力、阅读能力、听说能力等基本的语言技能，是英语教学的语言文学目标，具有实用性。跨文化交际能力的培养是通过文化对比来增强学习者的跨文化意识，学习普遍的文化知识，培养多视角的、灵活立体的思维能力和与不同文化群体进行交际的技能，从而培养学习者的个人素质和综合能力，这是英语教学的社会人文目标，也是高级目标。英语交际能力的培养和跨文化交际能力的培养这两方面是相辅相成的，是同等重要的两个目标。跨文化英语教学是在交际法英语教学的基础上发展而来的，是交际法英语教学的延伸和拓展。交际法英语教学的最终目标是培养英语交际能力，因此英语交际能力的培养是跨文化英语教学的一部分，也是跨文化交际能力培养的一个很重要的途径，但英语交际能力不是跨文化交际能力的附属部分，而是在英语教学中必须两者兼顾，即两者具有同等重要的作用。英语交际能力是跨文化交际能力的基础和前提，而跨文化交际能力的培养也会促进英语交际能力的提高，两者相互渗透，共同发展。

英语交际能力的研究已经基本形成了一套相对成熟和稳定的理论体系，并在英语教学实践中得到了检验。跨文化交际能力的研究也成为跨文化交际研究的一个重要课题，受到研究者的广泛关注和重视。跨文化交际能力是连接英语教学和跨文化交际两个学科领域的桥梁，但跨文化英语教学并不是两个学科的简单相加。跨文化英语教学的本质特征是语言与文化的有机结合，因此其教学目标也应是建立一个语言教学与文化教学有机融合为一体的教学框架。教学目标确立必须将语言与文化有机结合，从教学目标开始，然后贯穿到英语教学的其他环节和整个过程中去。

英语中用来表达教学目标的词有三个，即 goals，aims，objectives，但这三个词所表达的教学目标的层次是不同的。Goals 是指总体的教学目标，是对教学目标的抽象的描述和总的概述，如前面所提到的跨文化英语教学的两大目标——英语交际能力和跨文化交际能力的培养，这就是 goals。Aims 是指细化了的教学目标。对总的教学目标进行具体分析和细化，为英语教学设计的依据和参考，对教学的具体实施进行指导。而 objectives 是指课堂教学目标，是针对每节课的教学内容设定的具体教学目标。因此每节课的课堂教学目标都是不同的。

跨文化英语教学目标的确定应该包括知识和能力两个层面，还必须结合中国的国情，具有中国特色，符合现有语境下的人才培养目标的需要。

1. 知识层面　知识层面包括语言意识、文化意识和具体的文化知识。语言意识是指了解语言的基本特点和功能，理解语言及语言使用与社会文化之间的关系；文化意识是指了解文化的基本概念和特点，理解文化与语言之间的关系；文化知识不仅包括目的文化知识，还包括母语文化知识。目的文化知识包括了解目的文化的交际风格、社会习俗、社会结构、价值观念、历史、地理、环境、文学和艺术等。母语文化知识包括了解中国传统文化和价值观念。

2. 能力层面　英语交际能力包括语言能力、非言语交际能力、社会文化能力、交际策略。跨文化交际能力指的是能够准确观察、对比和分析文化现象，能够将目的文化和其他文化与本族文化进行比较，能够反思并更好地理解自己的民族文化，能够接受文化差异，并将文化差异与不同的价值意义系统联系起来，能够根据交际的场合和交际对象调整自己的交际行为，能够以跨文化人的身份参与跨文化交际，能够客观看待不同地区的文化。以上跨文化英语教学的目标框架是以培养英语学习者的英语交际能力和跨文化交际能力的总目标为宗旨，从认知、行为、情感三个层面对教学目标进行描述，为教学内容的选择、教材的编写、教学方法的设计、教学测试和评估以及教师培训等提供了依据和参考，是比较完整、系统的教学目标理论框架。

（二）跨文化英语教学的内容

根据知识、能力、态度三个层面，跨文化英语教学的内容可分为四个模块：目的语言、目的文化、其他文化、跨文化交际能力。目的语言和目的文化两个模块的教学内容与现行的英语教学内容基本吻合。通过目的语言和目的文化的学习，学习者能够掌握目的语言和文化，并能够使用该语言与目的文化群体进行有效交际，这就是英语交际能力的培养目标。要指出的是，这两个模块的教学内容中加入了语言意识和文化意识两项内容。目的是让学习者通过对目的语语言和文化的学习，更好地了解语言的普遍规律，了解文化的特点和作用等文化相关知识，了解语言、文化与交际的关系，从而更好地运用语言进行交际。其中文化意识是跨文化意识和跨文化交际能力培养的基础。文化交流是目的文化教学内容的一部分，指的是本族文化和目的文化之间的交流。学习者在学习目的文化的同时，要能够反思本族文化，与本族文化进行对比，从而提高对文化差异的敏感性和对目的文化的移情态度。

其他文化是跨文化英语教学内容的第三个模块。其他文化在这里是指除本族文化和目的文化以外的其他文化。跨文化英语教学和以文化为基础的英语教学的不同之处就在于跨文化英语教学不仅学习目的文化，还学习其他文化。英语交际能力是以目的语言和目的文化的掌握和运用为目的的，而跨文化交际能力不仅包括了对本族语及目的语言和文化的学习，还兼顾学习和了解其他语言和文化的特点，是以能够与世界各国不同文化顺利交际为目的的。英语教学中如果排除了其他文化的教学，那么就会使学习者局限于本族文化和目的文化之间，忽略其他文化的存在，不利于跨文化交际意识的培养，也不利于跨文化交际能力的提高。其他文化是跨文化英语教学的必须包含的教学内容，也是真正实现跨文化交际在教学内容方面的有效补充。虽然教学时间有限，但教师可以从教学材料的选择和教学方法的设计上入手，适当补充其他文化的教学讨论和课堂活动，让学习者能够全面学习和体验多种不同文化的特点。

跨文化英语教学内容的第四个模块是跨文化交际能力的培养。这一模块包括跨文化意识的培养、跨文化能力的培养、跨文化交际实践以及跨文化研究方法的教学等内容。跨文化意识的培养主要是指培养学生的文化差异的敏感性和对待文化的态度。跨文化能力的培养具体包括知识、能力、情感等三个层面的综合素质的培养。跨文化交际实践是指教师创设真实的跨文化交际场景，让学生亲自体会跨文化交际中出现的问题，如文化冲突、误解等，并通过分析讨论掌握解决问题的方法。跨文化交际的理论知识，只有在文化实践中才得以运用和理解。跨文化交际实践是跨文化英语教学的最重要教学内容之一。跨文化研究方法的教学有助于学生掌握和应对跨文化交际中遇到的所有问题。因为跨文化交际能力的培养是长期的学习过程，外语教学课堂不可能涉及世界各国的所有文化，也不可能讨论到跨文化交际中以后将会遇到的所有跨文化交际情境，因此让学生掌握正确的分析文化差异和解决问题的方法，才是培养学生跨文化交际能力的最有效的途径。

第二节 跨文化英语教学的原则和策略

一、跨文化英语教学的原则

跨文化英语教学是在传统英语教学和交际法英语教学的基础上发展起来

的。跨文化英语教学的各个环节，如教学目标的制定、教学活动的开展、师生在教学中的地位和角色、教学内容上等呈现出不同的特点，同时需要遵循一定的原则，主要表现为以下三条教学原则。

（一）以学习者为中心的原则

学生是教学的真正主体。教师的教学目标的设定、教材的编写、教学方法的设计，都必须要围绕学生的实际需求展开。在跨文化英语教学中，不仅应该要考虑到英语学习者的语言学习需求，还要考虑到多方面的因素，比如学生对母语和本族文化的体验和理解、对目的文化和其他文化的态度、跨文化交际能力的培养。教师是教学活动的引导者，引导学生进行自主学习是教学的基本任务。知识的讲授必不可少，但是教学的终极目标是培养学习者自主学习的能力。"授人以鱼，不如授人以渔"，学生只有掌握了学习方法，学会自主学习，才能够进行终身学习。以学习者为中心，是跨文化英语教学需要遵守的基本原则。

（二）语言教学与文化教学有机结合的原则

语言学习的目的是为了进行文化交流和沟通，而文化学习又会促进语言学习，文化学习是英语学习的目的。世界各地、各民族、各文化群体的人们需要用英语这一通用语作为沟通和交流的媒介，因此英语学习的目的之一，就是能够综合运用英语进行有效的跨文化交际，而由于语言学习与文化学习是互为目的和手段的，文化学习为语言的学习提供了丰富社会语境文化，为英语学习创造了一个更加真实的语言环境和提供了大量的语言素材，使英语学习更加有趣。语言教学和文化教学是融为一体、密不可分的，是跨文化英语教学中同等重要的两个方面。所以在跨文化英语教学设计中，必须要遵循语言教学和文化教学两者结合的原则。在现有的跨文化英语教学中，并没有把语言课和文化课单独分成两门课程来上。根据学习者的认知水平和学习需要，语言和文化的教学在不同阶段有不同的侧重点，但不管怎样，语言教学与文化教学都不能割裂开来。在语言知识点中融入文化对比和文化分析等，能够提高学生的跨文化意识和跨文化交际能力。

（三）教学材料的相关性和适合性原则

在文化教学中，相关性原则至关重要。相关性原则是指教学材料和内容的选择，要尽量与学习者的生活息息相关，具有可比性和直观性，学习者可以用本族语文化与目的文化进行对比。这也是跨文化教学的目的所在。学习者在学习目的文化的过程中，由于对目的文化缺乏了解和亲自体验，因此需要与母语和本族文化结合起来去理解，在学习外国文化的同时，还处于一种自我认识和比较的状态中，那些与他们的经历和认知能力相距甚远的教学内容都将背离文化教学的学习原则。文化材料的选择不是越生僻越好，应该是与学习者密切相关的主题和内容，在日常的交际和生活中会遇到的场景，这样才能激发学生的学习兴趣。

二、跨文化英语教学的策略

跨文化英语教学最关键的就是要将文化教学和语言教学有机结合。近年来，随着跨文化培训和外语教学的发展，以及跨文化交际能力越来越引起外语界的关注，文化教学如何与语言教学有机结合的方法也层出不穷，下面就针对这一原则探讨在实际教学过程中跨文化交际与外语教学结合的具体策略。

（一）英汉两种语言的语用对比教学

语言是文化的媒介，文化影响和制约语言交际。要学好语言，就必须关注语言中的文化因素，学习如何在不同的文化交际环境中恰当运用语言，因此外语教学中的文化教学不只是文化知识的简单输入和学习，还必须通过英汉两种语言的不同用法来理解两种语言的文化差异，从而达到顺利运用英语进行跨文化交际的目的。由于文化的不同，中西方在问候语、致谢、道歉、告别、打电话、委婉语、社会习俗礼仪等日常交际中的语言运用的方式有很大差别。例如，西方人注重个人隐私，把薪水、年龄、婚姻、健康状况等都视作个人隐私，不愿意谈及，也拒绝别人干涉；而中国人的隐私观念不强，认为人们在交际时应该坦诚相待，要相互关心，因此当一个人感冒了，另一个人会表达各种关心和叮嘱。再如，中西方在对待赞扬方面的回应也有差异。中国人在受到赞扬后，经常以否定的方式来回复对方，以体现中国人的谦虚礼貌，如会回答"哪里哪里"；而西方人则是欣然接受别人的赞扬。跨文化英语教学中应该针对跨文化交际的日常言语交际，对中西方文化中不同的交往规则和言语行为习惯进行语用对比分析，从而提高学生语言表达的得体性与跨文化交际能力。

（二）将文化知识教学融入课堂活动

文化教学的主要目的是培养学生的文化敏感性，帮助学生了解目的语文化，培养学生正确看待异域文化的态度，从而培养跨文化交际的能力。文化教学不能限于简单的文化知识讲解，而是应该通过设计多样化的课堂活动，创造各种体验文化的交际语境，让学生在活动中加深对母语文化和目的语文化的理解。文化课堂活动包括文化专题的讨论、交际场景的角色扮演、跨文化交际案例的分析、跨文化交际经历的分享、英语文化节等与中西方文化相关的活动。教师要深入挖掘教材中的文化元素，并结合教学内容进行适当的拓展，设计相应的文化活动任务，创设更加真实的文化学习的环境和氛围，这不仅能够增加学生对于文化学习的兴趣，还能够培养学生的跨文化交际意识和能力。例如，在端午节前后，教师可以设计一个中西节日文化对比的活动和任务：首先让学生用英语介绍端午节，然后小组围绕中西方节日的差异进行讨论，最后是文化展示，即各小组任选一个中国传统节日或者西方的节日，要求各小组准备和呈现与那个节日相关的食物、表演人们的节日庆祝方式、解释节日的由来等。通过这个活动，学生不仅通过中西文化对比了解到文化差异，还自己创造并体验文化氛围，并对中西方节日文化做对比分析，有助于加深对文化的了解，增强对文化差异的敏感性。

（三）将非言语交际引入英语教学课堂

交际包括语言交际和非言语交际。非言语交际是一种非常重要的交际方式，有时可以代替语言交际，甚至能传递比语言交际更加深刻的意义。在跨文化交际中，非言语交际就显得更为重要，是交际过程中不可或缺的一部分。但在日常的英语教学中，教师往往更注重语言交际方面的训练而忽略了非言语交际，因此应将非言语交际的教学引入课堂，全面培养学生的跨文化交际能力。非言语交际在不同的文化中有不同的含义。同一个手势语，不同国家的人有不同的理解。非言语交际常常是伴随着言语交际而发生的，有一些非言语行为使用不当会引起严重的跨文化误解甚至是冲突，因此要避免非言语交际的障碍，就必须了解不同国家的行为规范，以及异国文化中的非言语交际与自我文化中非言语交际之间的差异。英语教学中教师需要增加非言语交际的教学内容，并创设相应的课堂活动，引导学生归纳出非言语交际的特点与不同文化背景之间的联系，加深学生对不同国家间非言语交际行为的了解和认识，从而达到灵活运用的目的。例如，在课堂上可以让学生自己体会交际的距离。教师给出不同的交际场景，让学生进行表演。如日本人与阿拉伯人的交际，中国人之间的交际，美国的父母与孩子的交际，应该分别保持怎样合适的交际距离。再如，可以让学生去超市观察并记录下收银员在 10 分钟内的非言语行为，包括面部表情、眼神、手势动作和身体姿势等，并分析这些非言语动作对于交际所传达的意义和产生的影响。将非言语交际教学引入英语课堂既可以丰富学生的文化背景知识和学习形式，又可以提高学生的积极性和主动性，给学生提供生动活泼的语言实践机会，能够拓宽学生的文化视角，从而提高学生的跨文化交际能力。

第三节　跨文化英语教学中的教师与学生

一、外语教师与文化教学的现状

把文化教学融入外语教学这一教学理念已经为大部分外语教师所认可和重视，并且付诸教学实践。目前英语教师都以不同的教学方式开展着文化教学，然而文化教学的现状仍然是不容乐观，在很多层面都存在一些问题，如教师对文化教学的态度、理解和教学实践都不能真正满足跨文化英语教学的需要。首先，从教师对文化教学的态度而言，部分教师还是迫于教学大纲等外部环境的要求而开展的教学，是简单的文化介绍，认为文化教学是语言教学的辅助，没有把文化教学放到与语言教学同等重要的位置上。其次，很多英语教师对文化教学的理解不够全面。虽然意识到文化教学的必要性，但认为文化教学就是在遇到语言难点的时候穿插讲解一点文化常识，既没有进行文化对比分析，又没有文化交际的体验活动，文化教学还停留在表面形式阶段。最后，在实际的教学实践中，一些英语教师仍然按照传统的教学观念和旧的教学方式进行语言教学，尽管他们认为文化教学很重要，也知道文化教学的各种方法，但实际教学中却还是把教学重点放在语言知识的讲解和强化上。

二、跨文化英语教学对英语教师的要求

大学英语教学对英语教师的一般要求为：具备良好的英语语言功底、掌握关于外语教学与外语学习的基本理论、了解英语教学法、具备课堂教学实践能力。英语语言功底是教师自身的语言素质，是进行外语教学的基础。外语教师自身的语言基本功和语言水平，在很大程度上会对学生的语言产生影响。外语教学与外语学习的理论是关于外语学习本质、过程和规律的理论，是指导教师进行教学的理论基础。英语教学法是学习理论和教学实践之间的桥梁，了解教学法能够帮助教师理解教学目的和内容，也指对教学实践的方法指导。课堂教学实践能力是对教师具体教学活动的安排和实际课堂组织能力等方面的要求。

在跨文化交际背景下，新的教学目标和教学内容对外语教师提出了新的要求。跨文化英语教学的目标是培养学习者的英语交际能力和跨文化交际意识、

跨文化交际能力，进而培养学习者多视角、立体的思维能力和英语综合素质。跨文化交际教学的基本特点是增加文化教学，将英语教学与文化教学有机结合。这一新的教学目标强调跨文化交际能力的培养，因此，除了上述一般要求外，从文化教学的角度来看，外语教师还应该具备知识、能力和态度等三个层面的素质。

就知识层面而言，教师应该掌握文化的基本概念，包括文化的定义、文化的构成、文化的特点、文化的功能等；掌握丰富的社会文化知识，即了解目的语文化、本族文化及其他文化的各自特点和文化异同；理解语言与文化和社会之间的相互作用，尤其是目的语在不同社会文化背景中的使用情况；理解跨文化交际的基本概念，了解跨文化交际失败的原因和对策。

在能力层面，要求教师自身具备一定的教学能力和跨文化交际能力。具体而言，英语教师应该具备用目的语进行有效交际的能力；能够合理利用教材和真实的文化材料，引导学生关注文化内容，激发学生对文化问题的思考；善于设计和组织课堂教学活动；能够创造更多的体验式学习机会和文化情境；采用多种文化教学方式方法，培养学生的文化能力；将英语教学与文化教学有机结合，既注重学生语言能力的提高，又重视跨文化交际能力的培养；引导学生探索学习方法，培养学生独立自主学习的能力。

从态度层面上来说，英语教师应该保持对不同文化的宽容、理解和移情的态度；愿意不断学习和探索新的外国文化，反思本族文化和自己的教学；愿意与学生分享自己的跨文化交际经历和学习体验；敢于面对挑战，尝试探索新的教学方法。

三、关于文化教学的教师培训

一名合格的英语教师，不仅应该具备良好的语言功底和语言交际能力，还要掌握学习者的认知心理、情感特征和教学规律，这些教师素质和教学能力的培养需要在教学过程中不断进行经验积累和培训提升。教师培训根据不同类型和培训内容的不同，可以分为岗前培训和在岗培训、教材培训和教学方法培训、短期培训和长期培训等多种不同的分类。教师培训应该定期系统地进行。以文化教学为主的教师培训可分为三个方面。

（一）文化意识和文化教学意识的培训

文化教学培训的最根本的目的是提高教师的文化意识和文化教学意识。文化意识培训是指要让英语教师了解文化的基本概念、文化的特点、文化在社会中的作用，了解文化差异，从而提高文化敏感性。文化教学意识培训是指提高教师的文化教学意识，让其明白文化教学在外语教学中的重要性和必要性。通过这样的培训，教师的文化知识、文化能力以及文化教学的能力和意识，都会得到显著提高。

（二）文化知识的培训

对外语教师进行文化知识的培训，可以有效帮助外语教师更好地掌握相关文化知识，对文化的基本概念有更加清楚的理解和认识，是跨文化英语教学的知识基础。文化知识培训的主要内容可以分为三大类：文化人类学、社会学、跨文化交际学。文化人类学是一门历史悠久、理论丰富、阐述全面科学的社会科学，应该成为英语教师培训的必修课。文化人类学在文化理论研究领域，具体的文化描述，以及文化研究的方法上都形成了较为完善的体系，是英语教师获取相关文化理论和文化知识的可靠来源。外语教师通过学习，就能够对相关文化群体有更全面深入的了解，同时借鉴其中的一些文化研究方法，这对文化教学的实践有重要的指导意义。培训中文化人类学的内容筛选应该要由人类学家、社会学家、语言学家、外语教育专家、跨文化交际学专家等不同领域的专家共同合作完成。社会学和跨文化交际学的研究成果也可以作为外语教师的培训内容。这两门学科对于语言、文化、社会与交际的错综复杂的关系进行了更清晰的描述，有利于帮助英语教师更好地理解其关系。

（三）文化能力的培训

文化能力包括跨文化交际能力和文化学习探索能力。文化能力的培训更为复杂，它涉及教师的认知心理、情感和行为等各方面因素，与文化意识和文化知识的培训相比，文化能力的培训难度更大。

跨文化交际能力的培训可以从跨文化交际中的文化冲突着手，目的是让受训者对文化冲突有一个感性的认识。受训者通过了解跨文化交际中的典型困难，进而思考和探讨如何应对这些困难。培训可以通过以下几种方式开展：讲座或者阅读文献，看视频、电影、录像，跨文化案例分析，跨文化交际的模拟体验和实践，跨文化交际经历分享等。通过举办相关的跨文化交际理论和实践知识的讲座以及文献阅读，可以帮助受训者了解跨文化交际的本质和文化冲突的根源及表现，使他们及时更好地去解决文化冲突。西方国家的原版电影或者录像视频，能够真实地反映外国社会文化生活的方方面面，受训者通过观看视频，能够对目的文化有更加直观的认识和了解，从中发现文化差异，提高文化意识的敏感性。跨文化交际案例呈现的是跨文化交际中的各种失败的交际场景，有助于受训者充分接触到以后的跨文化交际中可能会遇到的场景，是一种预演，能促使受训者思考失败的原因，从而有效防范交际误区。中国教育环境下的跨文化交际实践培训，是指到外企去实习，到外国友人家里做客，通过访谈、观察和体验等方式增强对跨文化交际的认识，在实践中提高跨文化交际能力。培训者还可以让受训者分享跨文化交际经历，这有助于受训者更好地反思。受训者只有不断学习、不断体会，才能有效提高自身的跨文化交际能力。

文化学习探索能力的培养是为了帮助外语教师了解和掌握文化学习及文化研究的方法，以便在以后的跨文化教学和跨文化交际的实践中遇到新的文化现象和新文化群体时能够进行探索研究。文化学习探索能力，也是教师在跨文化教学中进行文化教学时应该完成的教学目标之一。文化学习探索能力培养的基础是需要教师具备文化敏感性及勇敢、宽容和善于移情的情感态度。文化敏感性是跨文化交际的基本要求，只有对文化差异有一定的敏感性，善于发现文化差异，并且能够正确看待这种文化差异，才能够克服跨文化交际的障碍。如果缺乏文化的敏感性，认为所有的文化现象都是相同的，就会造成文化学习的障碍。面对陌生的文化环境，很多人会感到恐惧，选择退缩和逃避，而善于学习和探索的人则会选择勇敢去面对和尝试体验，并通过各种方式努力克服障碍，积极参加异域文化群体的活动。因此勇敢的态度也是跨文化交际的必备心理素质。与不同文化背景的人交际，还需要有宽容和移情的情感态度，只有具备这两种素质，才能够有效避免文化冲突和误解的发生。

参与观察法是文化学习探索的一种有效的方法，具体是指受训者自己既是观察者又是参与者，将自己置身于完全不同于本族文化的异域文化群体中，通过对陌生文化群体的观察和亲身的文化体验来进行深入的文化调查。参与观察法最理想的条件是离开自己熟悉的环境，融入一个陌生的文化环境中，对该文化群体的文化特征进行探索和学习，并通过与该群体的交流获得跨文化交际的经验，探索出跨文化交际的规律，从而提高跨文化交际的能力。也就是说最理想的是需要出国，从而能够更好地使用这种研究方法，但外语教师也可以充分利用国内现有的资源，如外籍教师和留学生群体，都属于外国文化群体，与他们进行交际，也可以使用参与观察法。这种方法既是理论研究，又是跨文化交际的实践，同时能够激发受训教师将文化研究与文化实践结合起来的兴趣和积极性，是提高跨文化交际能力的有效方法。

四、学习者自主学习能力的培养

文化是外语教学中不可或缺的重要内容，语言的学习从本质上来说就是文化的学习，然而文化的范围很广，仅仅靠课堂教学无法涵盖文化的所有内容，同时文化的学习也是一个终身了解和学习的过程，因此跨文化自主学习成为培养学生自主学习能力必不可少的一部分。目前我国跨文化自主学习能力培养的现状还存在很多问题：跨文化自主学习的培养目标不够明确，师生角色转变不够，文化材料的输入和真实的文化环境欠缺，学生的自主学习动机不强，自主学习方法较欠缺，自主学习的方法比较单一，虽然跨文化交际能力的培养已经得到外语教学界的重视，但跨文化自主学习能力培养的研究和教学实践都很少。下面就针对跨文化自主学习能力的培养策略从三个方面进行探讨。

（一）跨文化自主学习的内容

跨文化自主学习的内容包括跨文化理论学习和跨文化交际实践两个方面。跨文化理论学习又可以分为宏观和微观两个层面。宏观层面是对不同文化的整体特征的研究，主要涉及文化价值取向、文化维度、跨文化意识和对待文化差异的正确态度等；微观层面主要是针对不同文化群体的研究，包括不同国家、民族和地区的群体文化，特定群体文化（如商务群体文化、以留学为目的的某个国家的群体文化、对外汉语教学群体文化），中国文化，不同文化的对比研究等。跨文化交际实践指的是学习者参与和体验的跨文化交际的所有交际活动，既包括去跨国公司进行真实的文化和交际实习实践活动，又包括在实训室进行的模拟的跨文化交际体验活动。通过跨文化交际实践，可以使文化知识与社会实践活动紧密结合，加深学生对理论知识的理解，同时也让学生亲身体会跨文化交际中的文化差异与障碍，在实践中掌握和运用处理文化冲突的交际策略。跨文化实践中的交际策略，是跨文化自主学习的重要内容之一。目前，很多英语学习者对交际策略的理解和掌握还不够。一种普遍的看法是，当出现跨文化交际的冲突时，往往是将交际的失败后果归咎于非本族语的交际者，认为交际失败主要是非本族语者不了解目的语文化而导致的，在交际中采取的主要策略也偏向于要求非本族语者去适应目的语的文化。这种交际策略并不是建立在交际双方平等的基础之上的，因此对非本族语者也是不公平的。交际失败往往并不是一方的责任，很多情况下是因为双方在交际文化方面存在差异。跨文化自主学习者需要运用批判性思维看待不同国家或区域的文化差异，寻找建立在交际双方平等基础上的行之有效的交际策略来解决跨文化冲突，既要尊重对方的观点，又要捍卫自己的立场。

（二）教师的角色

在培养学习者自主学习能力的教学背景下，对教师的角色要求也随之发生改变，要求教师由以前单纯的知识传授者转变为理论研究者和教学实践者。目前大部分外语教师都已经认识到自主学习的重要性，但在实际的课堂教学中，由于传统教学观念的影响，部分教师仍然还是以教师为中心，对于文化教学也是以讲授的方式为主，忽略了学生自主学习能力和跨文化交际能力的培养。跨文化自主学习要求教师不仅要自身掌握和理解跨文化交际相关的理论知识和中西方文化知识，并在教学中进行拓展延伸，还要创设有利于学生自主学习的教学环境，在实践教学中体现和运用跨文化交际的理论，将理论更好地运用于教学实践。

教师在跨文化自主学习能力培养中首先应该是理论研究者。外语教师首先必须自身具备扎实的理论基础，跨文化自主学习要求教师不仅掌握跨文化理论知识和大量的中西方文化知识，还包括自主学习理论。掌握理论是教师进行教学研究和实践的基础。其次，外语教师要大量阅读自主学习和跨文化交际学的相关资料，关注学术动态，积极思考西方的理论和文化在中国教学实践中存在的问题，并结合中国的国情和现有教学条件，不断研究探索出适合中国外语教学的自主教学方法。

教师还应当是教学实践者。把自主学习理论运用于教学和学习实践，是需要外语教师去组织实施的。教师在这个实施过程中，扮演的角色很多，具体而言，教师可以是引导者、激励者、心理协调者、咨询者、合作伙伴、评估者、资源提供者等。因此，跨文化自主学习离不开教师的指导和协助。课堂是一个小型的学习和交流的社会环境，自主学习能力可以通过在课堂上改变权利和控制的关系得到发展。教师把设定学习计划和评价的权利交给学生，通过和学习者交流、访谈等方式收集学习者对自己教学方法的反馈，从而改进教学以达到最佳教学效果。

（三）学习者身份

跨文化自主学习的最终目的不是为了传授知识，而是培养学习者独立解决问题和独立学习的能力。教师在转变自身角色的同时，也需要引导学生进行角色和身份的转变。跨文化自主学习背景下，学习者不再是被动接受知识的接受者，而是主动的理论研究者和实践者。

1. 小型跨文化现象研究者 教师可以通过布置小组任务或者项目的形式，来引导学生把自己看作小型跨文化现象研究者，而不是被动的学习者和接受者。例如，让学生组建跨文化自主学习研究小组，根据小组成员的兴趣选择某个国家或者地区的文化作为研究对象（如美国文化组、英国文化组、印度文化组、阿拉伯国家文化组），每个小组在一段时间内集中关注某个特定文化领域的文化现象研究，如中美两国在小费文化方面的差异，并且跟其他文化小组的学习者通过演讲汇报、成果展示等方式分享其研究成果。教师需要注意的是，小组研究的内容不应该局限于文化现象，还可以包括对待文化差异的态度、处理文化冲突和矛盾的方法，这更加能提升学习者的批判性思维能力。研究课题的深浅、课题的难易程度、课题规模的大小以及研究的进度，都应该根据学习者自身的能力水平和心理状况来决定，只有适合学习者水平的研究课题，才更能激发学习者的学习成就感。

2. 跨文化理论检验者 跨文化自主学习者需要在跨文化实践中检验跨文化理论，并运用跨文化理论来指导实践，只有这样才能够更加深刻地理解跨文化交际的理论。教师需要引导学生假想自己是某种文化理论的检验者和实践者，把所掌握的跨文化知识和理论看作一种假设，在实际的跨文化交流过程中，不断地去验证和实践。检验理论的文化实践活动可以包括与外国友人的交际、出国旅游、与小组成员的讨论、与其他文化小组成员的分享、不同场景中的情景模拟和角色扮演（如商务谈判、接待、日常交际情景等）。跨文化研究者的研究主要包括探究不同文化的习俗和思维方式，跨文化理论知识、对待文化差异的态度、处理文化冲突的方式等，这些理论能够帮助学习者更好地理解文化差异和文化差异背后的深层次原因，还可以用来指导实践。但由于跨文化交际涉及的影响很多，这些理论是对文化的总体概括，无法全面覆盖每一个跨文化交际场景的个体文化现象，因此需要学习者在真实的跨文化实践中检测自己学到的理论知识。通过引导学习者转变身份，不仅学习者的自主学习能力能够得到锻炼，而且批判性思维能得到发展。

第四节　跨文化英语教学中的测试与评价

一、文化测试与评价的主要障碍

文化测试不同于其他语言技能的测试，由于文化概念的抽象性、多样性和复杂性，使得文化测试也无法通过具体的细化和量化标准来进行测试。文化包罗万象，且具有主观性，因此文化测试的设计和实施都极为困难。文化测试的主要障碍是文化测试的主观性和复杂性。

（一）文化测试的主观性

文化是人的主观认识和经验总结，具有很强的主观性，无法像语言形式那样制定客观的评价标准，因此，对于文化的测试和评价的客观性几乎无法实现。文化测试和评价的标准的制定，也是难以确定的问题。任何文化都是抽象的概念，由很多亚文化群体构成，不同的文化群体由于主观认识的不同，不可能形成统一的认识标准，因此在文化测试和评价时无法形成统一的测试标准。传统的文化测试主要采用的还是客观题的形式，包括选择题、判断题、填空题等客观量化的测试方法，这些传统的测试形式客观公正且高效，将语言和文化知识能力细化成很多的知识要点和板块，操作起来较容易，准备题目、量化分析都有其优势，但随着教学的不断发展，这些客观题也有一些局限性，无法真正反映出学生的文化知识和能力的掌握情况和水平，有待研究开发出其他更加科学的测试方法。

（二）文化测试的复杂性

文化的内容包括文学、艺术、思维方式、生活习俗、价值观念等多个方面，要体现和评价诸多方面的内容和功能，因此文化测试从内容上来说是一个十分复杂艰难的问题。测试无法覆盖和涉及文化的方方面面。由于不同国家和民族的文化差异，文化的测试变得复杂。但不能因为文化测试的复杂性就因此放弃文化测试。文化测试是检查教学过程和教学效果的重要手段，也是文化教学不可缺少的环节，还是激发学生文化学习积极性的重要因素，因此尽管文化测试具有复杂性，教师也还是应该把文化测试放进文化教学中，探索出适合文化教学的有效的评价方法。

二、文化测试与评价的内容

文化测试是对文化教学目标和教学内容的反映，文化测试和评价应该以教学内容为基础来确定测试的内容和范围。文化测试需要首先将文化细分为可操作的评价单位和内容。文化能力可以分为文化知识、文化理解、文化行为，这样划分的优点是易准备和操作，也很实用。但这种划分的方式也有一定的局限性：它主要测试的是学习者对文化基本知识的了解情况，以及简单的日常生活用语，如称呼和打招呼，忽略了重要的文化理论知识的教学内容，也忽略了跨文化意识、跨文化交际能力和文化学习能力等。具体而言，文化测试的内容包括抽象文化层面和具体文化层面两个方面。

（1）抽象文化层面。抽象文化层面的内容包括对文化差异有敏感性，能够用不同的文化参考框架去分析文化差异现象，能够与来自不同文化的群体用英语进行有效交际，了解和掌握文化学习和研究的方法。

（2）具体文化层面。具体文化层面的内容包括了解目的文化的历史、地理、政治等各个宏观层面的文化知识；理解目的文化在社会各种场合的功能，在语言中的具体运用，在个人生活中的作用等微观层面；了解目的文化与本族文化的差异；了解目的文化的世界观、价值观。

文化测试内容的丰富性要求测试和评价的形式也相应地多样化。外语教师应根据不同阶段的学生英语学习水平来选择合适的文化内容，做到重点突出。由于跨文化英语教学涉及文化和英语两个方面，因此在文化测试的时候必须把文化测试和语言测试相结合，形成一个整体。

三、文化测试与评价的方法

（一）文化知识的测试

文化知识是对文化信息、行为模式、价值观念和文化差异的认知理解。文化知识的分类方法主要有两种，可分为普遍文化知识和具体文化知识，还可以分为宏观文化知识和微观文化知识。普遍文化知识是指文化学、人类学以及社会学等相关领域的研究成果。这些文化知识已经形成了系统全面的文化理论，因此测试起来并不困难，可以采用传统笔试的方式。宏观文化知识的测试与评价在英语教学中已有较长的历史。涉及目的文化的相关历史、地理、政治、社会、风俗习惯、艺术等客观文化知识，一直是英语教学关注的内容，因此在各种测试中也有体现，尤其是英语专业的综合水平考试常常就包含了对宏观文化知识的测试。具体文化知识是指文化的微观层面，是英语教学关注的重点。具体文化知识通常通过设置情景化的题目来测试，将测试任务置于具体的交际语境中，考查学习者在实际的交际语境中将所学文化知识与实际交际场景结合起来的能力。与情感态度和行为技能的测试相比，文化知识的测试相对简单，只需要把文化教学大纲中规定的文化内容进行细分，设计成具体的测试题目，再根据文化知识的特点选择合适的测试形式。

（二）情感态度的评价

情感态度是跨文化交际能力的重要组成部分，情感态度包括具有文化敏感性、正确看待文化差异的态度和移情能力。如果学习者仅仅只是掌握了相关文化知识，而缺乏跨文化交际所必需的情感态度，就不可能成功地进行跨文化交际。由于情感态度涉及学习者的心理和情感因素，因此在测试和评价上存在较大的难度，也是整个文化测试和评价的最大难点。

（三）文化行为的评价

文化行为指的是交际者在交际的过程中所表现出来的语言行为和非言语行为。这些行为都受到文化的影响，不同文化的群体表现的行为方式就有差异。文化行为的测试与评价主要有两种方式：传统的笔试和行为表现评价法。虽然文化行为的测试和评价也可以采用传统的笔试进行，但行为表现评价法是测试和评价文化行为的更有效、更真实、更直接的评价方法。文化行为测试的笔试形式包括选择、判断和问题等。可以通过设置一系列的情境描述和模拟现实的题目来测试，但笔试永远是间接反映文化交际行为的测试手段，真实性很难体现和保证。

行为表现评价法主要是企业用来评价员工的工作表现的评价方法，是管理学研究的重要课题。传统的英语测试方法，已经不能满足外语教学目标中跨文化交际能力的需求，因此行为表现评价法就越来越受教学研究者的欢迎，成为英语学习评价的一个新方式。采用行为表现评价法一方面能够对课程设计和课堂教学起到积极的反驳和指导作用。另一方面，能够真实地评价学习者的英语交际能力，比传统的测试方法更直接真实。选择题和填空题这些传统的题型对于学习者的语言知识的检测很有效，但外语学习的目的不是为了掌握语言知识，而是用英语跨文化交际的能力，行为表现评价法更能够针对学习者在交际过程中的行为表现进行评价，传统测试和行为表现评价法的结合，就能够更好地对跨文化交际的语言知识和交际能力进行测试和评价，真实反映学习者的学习效果。

（四）作品集评价法

目前，跨文化交际能力的测试大多采取传统的笔试形式。传统的笔试测试对文化知识的测试是有效的合适的方法，但关于文化态度和文化行为方面的测试，传统笔试法就无法真实反映学习者的学习效果和能力了。跨文化交际能力作品集评价法可以克服传统笔试的弊端，适合文化测试和评价。

作品集评价法是一种综合的形成性评价，指的是教师为了了解学习者的学习进步情况、学习态度、学习过程、学习方法和成就，让学生在一定时间内完成一系列系统有序的作业的评价方法。作品集评价法的特点：以目标为基础；能够反映学生的学习态度和进展情况；是学生代表作品和项目、学习轶事和测试记录的总汇；是学生学习进步的证明；包括一个统一的教学时间段；方便反思和反馈，利于改善和提高；灵活多变，用途广泛。这些特点和优势对于学生来说，有利于提高他们的学习积极性，鼓励实践和复习所学内容，提高他们在学习过程中的参与程度和加强同学间的合作。对于教师来说，可以使他们更全面、更细致、多角度地了解学生跨文化交际能力的提高情况，给教师提供机会来观察学生在不同语境中完成各类真实任务的能力。

1. 作品集评价法的内容和形式　作品集的内容就是评价的内容，自然应该反映教学目的。教学目的包括文化知识、文化意识和跨文化交际能力等各方面，所以评价所用的作品集应该包括反映学生为了实现这些教学目的所付出的努力、完成的学习任务、知识和能力增长的情况等内容。作品集的形式有很多，有学习日记、调研报告、论文、采访视频、团队合作项目、学习成果展示等。这些不同的形式可以是描述性的，也可以是实验性或探索性的；可以是书面的，也可以是口头的。对于学生的跨文化能力的评价，最好的办法是观察描述法，即观察他们在实际跨文化交际中的表现，或者采用角色扮演和模拟表演等手段，然后对他们的表现进行描述。

2. 作品集评价法在跨文化交际能力测试中的意义和作用　作品集评价法在跨文化交际能力测试中有着极其重要的意义和作用。首先，学生学习的过程、学习的态度、进步的大小以及学习的广度和深度在评价中都得到了体现，这是传统笔试不可能做到的。而且，通过参与评价内容和目标的确定，他们更加清楚自己的学习任务，更能督促自己竭尽全力去完成学习内容，实现学习目标。总而言之，作品集评价法能够刺激学习者的学习积极性，督促他们对自己的学习负责，更好地进行自主学习。其次，这种评价方法有利于教师更好地设计和控制教学活动，没有了标准化测试的压力，教师会将注意力转向设计教学活动和营造良好的氛围，以创造最佳的学习气氛。综上所述，由于文化测试的主观性与复杂性，文化测试的评价一直是阻碍文化教学的主要因素之一，而将作品集评价法应用到文化教学中能在一定程度上弥补这一缺憾。因为作品集评价法是一种人性化的评价方法，符合当今以学习者为中心，以建构主义学习理论为基础的教育理念，特别适合对文化态度、文化知识和文化行为的综合评价，它可以克服现有笔试测试方法的弊端，很适合跨文化交际能力的评估。

第六章

跨文化交际与大学英语教学的融合

第一节　语言教学中的文化教学

在大学英语教学中如何处理语言教学与文化教学的关系，一直是外语界关注和讨论的话题和研究重点。既不能把语言教学等同于文化教学，又不能忽略文化教学的重要性。同时，文化教学也不是单纯的文化背景知识的输入和介绍，而要遵循一定的原则。

一、语言教学与文化教学的关系

语言是文化的重要载体，语言与文化有着密切的关系。语言是文化的一部分，也是文化的重要表现形式。语言承载着文化，也能够反映文化。一方面，"文化中的语言"强调的是语言是文化的重要组成部分，在文化中占有重要地位；另一方面，"语言中的文化"强调了文化在语言中的地位，文化可以通过语言的形式表现出来。文化影响着语言，文化的任何内容都可以通过语言来反映。研究探讨大学英语教学中的文化与语言的关系，主要是从语言的角度来探讨语言和文化的关系。不同的语言反映的是不同的文化。世界上不同民族有不同的文化，因此不同民族的语言也千差万别。语言中蕴藏和承载着社会所具有的特定的文化，同时也影响着人们的思维方式和行为。每一门语言都包涵某个民族或地区特有的文化。语言是文化的灵魂，而文化则以语言形式为依托。文化是语言的深层次内涵，体现在语言的各个方面，而语言作为文化的外在表现，也折射出文化的特点和差异。此外，语言的使用受社会准则的制约。语言不能脱离文化而独立存在，因为语言和文化相互作用和相互影响。因此要真正理解和正确使用某种语言，就必须了解该语言背后的深层次文化。

英语语言教学涉及英语国家的地理、历史、风土人情、传统习俗、生活方式、文学艺术、行为规范和价值观念等多个方面，每个方面都有丰富的文化内涵。现有中国环境下的外语教学注重的是语言基本知识和技能的传授和培养，忽略了西方文化知识的学习和了解。文化教学指外语教学中文化知识的传授。最早我国的英语教学在结构主义语言学和心理学的影响之下，将语言与文化割裂开来，把教学的重点放在语言层面，注重语言形式，加上各种应试的影响，英语教学成了单纯的听说读写译等语言技能训练，而脱离了文化因素。随着社会语言学语用学和语义学的发展，现代语言学逐渐采用交际教学法和任务型教学法，国内语言学者和外语教师开始意识到文化因素在语言使用中的重要性。跨文化交流的日益增多，跨文化交际的语用失误现象也增多，因此语言与文化、语言教学与文化教学的关系以及跨文化能力的培养，成为我国外语教育界探讨的热门话题。学习外语不仅需要掌握语音、词汇、语法等基本语言知识，而且需要了解目的语国家的群体的价值观、思维方式、行为习惯、生活习俗等，也就是需要了解他们的社会文化。因此，英语教学和文化教学是密不可分的。

大学英语教学不仅应该培养学生的语言能力，还要培养交际能力。语言教学不仅要传授学生语言基本知识，还要让学生了解和掌握目的语国家的文化知识，以及培养实际的跨文化交际能力。语言能力和交际能力的培养必须通过文化教学与语言教学的结合来实现。

二、文化教学的原则

文化教学不是单纯的文化背景知识的输入和介绍，而要遵循一定的原则，采用合适的教学方法。文化教学的原则很多，归纳起来可以总结为以下几条重要的原则。

（一）整体性原则

语言与文化是一个有机结合的整体。文化因素具有依附性和隐含性，它依附或隐含在语言的词汇系统、语法系统和语用系统中，因此文化教学必须和语言教学结合起来。把语言与文化看作一个整体，从宏观着眼，微观入手，有助于学生获得语言使用过程中所必需的文化知识。教师可以将文化背景知识融入语音、词汇、语法等教学中。在进行词汇教学时，不仅讲授词的表面意义，还讲授词的文化内涵意义，以及在英汉两种不同语言中的不同感情色彩和语用功能，使学生能够整体感知和掌握词汇所反映的文化背景意义，这不仅能加深学生对词的理解，增强记忆，还能促进学生语言知识、语言技能、情感态度和文化意识等四个层面的整体综合发展。

（二）主题性原则

文化的范围非常广泛，所包含的内容也极其丰富。教学中往往在解释一个文化现象时会关联到很多其他深层次的文化内容，教师应该把文化的讲解放在某一个确定的主题中，要控制好讲解的范围和深度广度，应该与语言项目相结合，达到学生能够理解和运用相应的语言项目即可。在教学中往往容易出现两个极端，要么讲解语言知识点的时候忽略掉文化内容，要么由一个文化内容又牵扯出另一个文化专题，这样围绕文化不停展开，而失去了主题性。因此要注意确定一个与语言项目相关的文化主题。

（三）针对性原则

文化包罗万象，纷繁复杂，任何人学习一种语言，也不可能在短期内了解该语言的所有文化。文化教学也不可能涵盖所有的文化。因此在教学过程中，在文化内容的选择上要有针对性，要选择那些容易产生歧义和误解，容易引起交际障碍的文化因素进行讲授，同时，针对语言教学的阶段和学生的现有水平，把现实生活中具有实用价值的文化现象、代表性的传统文化、主流文化教授给学生，使学生能够充分了解异国文化，提高综合运用英语的能力和跨文化交际能力。

三、文化教学的常用方法

文化教学方法是跨文化培训专家结合社会学、文化学、教育学和心理学等相关理论研究开发出来的。目前常使用的文化教学方法有以下几种。

（一）文化讲座

文化讲座是文化教学中的一种常用的教学方法。跨文化交际能力的培养需要学生掌握相关文化知识，包括不同文化的价值观念、文化习俗、语用规则等，都可以通过讲座的形式传授给学习者。可以根据不同文化的分类设计成不同的文化专题知识讲座，给学习者提供系统的学习。但需要注意的是，文化讲座传授的都是间接的经验，因此会让学习者感到枯燥，所以在设计讲座的时候应该要与其他的方式进行结合，要尽量激发学生的兴趣。

（二）关键事件

关键事件教学法也就是案例分析法，是通过对典型的具有代表性的交际失败案例的呈现，来让学习者分析跨文化交际失败的原因，并提出解决方案。由于这些案例都来自真实的交际，具有代表性和启发性，因此容易激发学生的学习兴趣，促进学生阅读案例和分析思考，有助于培养学生的跨文化敏感性。

（三）文化包

文化包是围绕某一个具体的文化主题进行中西文化的对比，并结合多媒体或者视频来呈现差异的具体表现，然后设计一系列相关的问题，让学生针对问题进行思考讨论。教师可以根据教学内容灵活选择相应的文化主题，既可以是具体的文化主题，如中西饮食文化对比、中西节日对比、问候语对比等，又可以选择抽象的文化主题，如思维方式和价值观的对比等。学生在观看文化包视频后需进行充分讨论，这能够给学生提供直观的感官刺激，激发学生的思考积极性，通过对比讨论，也能够进一步提升学生的文化敏感性。但文化包的设计与制作费时费力，需要外语教师与其他研究领域的专家如社会学、文化学的专家一起合作完成。

（四）文化群

文化群是文化包的集合体，是由某一个文化主题的若干个文化包组成。相同主题的文化包放在一起，就形成了该文化主题的文化群。例如，可以将美国教育这一文化主题，分成以下多个文化包：美国学前教育、美国初等教育、美国中等教育、美国高等教育等。每个子专题又可以包含一个或者多个文化包，供教师和学生使用。文化群能够提供更加全面系统的文化差异的研究对比和总结，有助于学生全面系统地学习和了解本族文化和目的文化。但是文化群的设计对教师的要求很高，设计难度大，需要投入大量的时间和精力，因此目前在文化教学中的运用还非常匮乏。

（五）模拟表演

模拟表演也是角色扮演，就是创设一个跨文化交际场景，让学生通过体验式的融入表演，感知到角色的真实感。例如，设计一个文化冲突的场景，每一幕的文化冲突都能够通过典型事例来得以展现。首先让学生体会场景中人物冲突与文化困惑，让学生自主分析造成这种文化冲突的原因与交际障碍形成的诸多因素。这样的形式不仅可以给学生创设一个使用语言的真实语境，而且能够提高学生的参与感和学习兴趣，也使得语言输入与输出具有强烈的真实感，学生使用英语进行交流的能力得到训练和培养。文化与语言的融合和学习，也可以保障语言学习的效果。

综上所述，语言教学必须与文化教学相结合才能达到预期的教学目标。强调文化教学，并不是说要以文化为重，也不是要夸大它在语言教学中的地位和比重，而是要探讨在语言教学中如何发挥文化教学的功能，如何通过适量的文化教学促使学生更加得体地使用语言，根据语言文化的特点和使用习惯进行交际。语言与文化之间的这种相互依存、密不可分的关系决定了在语言教学中要融入文化因素，在完成语言教学的同时完成相应的文化传递。

第二节　跨文化交际与大学英语教学融合的背景与意义

一、跨文化交际融入高校英语教学的意义

跨文化交际在大学英语教学中的作用和重要性已经达成共识，跨文化交际融入大学英语教学，是符合当代社会发展对教育的要求的，也是实现大学英语教学目标的重要保障，同时又与中国的国情和教育环境相符合，因此跨文化交际与大学英语教学的融合就显得很有必要且具有重要意义。

（一）符合时代和社会发展的需要

在经济全球化的社会背景下，随着国际交流日益增多，人们的跨文化交际对象变得更加广泛，社交方式也更加多样化，因此在英语教学中学生不仅应该提升英语语言能力，还要提高自身的跨文化交际能力，以满足社会发展的基本需求。多元文化的发展趋势要求英语学习者应该具备一定的跨文化交际意识和能力，能够与不同文化背景的人进行合作与交流，跨文化交际与大学英语教学的融合，就能够充分发挥英语作为一门语言交际工具的重要价值，而学生的跨文化交际英语学习也是满足社会发展的需要，更是加强中西文化交流的必然要求。

（二）实现英语教学目标的重要保障

《大学英语教学指南》明确指出，要增强国家的语言实力，传播中国文化，促进中国与其他国家的广泛交往，从而提升国家的文化软实力。这就对大学英语教学提出了新的要求，不仅需要加强对学生英语应用能力的培养，使其具备一定的跨文化意识及跨文化能力，还需要提高其自主学习能力、综合文化素质。大学英语教学的总目标不仅仅在于对学生语言应用能力的培养，更需要注重对学生处理语言问题和文化问题能力的培养，使学生在不同的文化背景下都具备良好的跨文化意识和一定的跨文化能力。跨文化教学的最主要目的在于满足社会对专业性人才的需求，既要具备良好语言应用能力，又要具备跨文化交际素养。从本质上来讲，英语教学的最终目标是培养和提高学生的英语综合运

用能力，使学生能够用英语得体有效地进行成功的跨文化交际。在大学英语教学中融入跨文化教育，能够有效推动英语教学的发展，并且对英语教学目标的实现，能够起到促进作用。英语教学作为培养跨文化交际人才的重要方式，应该在教学中融入西方国家的文化，同时需要深深根植在本土文化中，发扬我国优秀的传统文化，使学生具备宣传本族文化的意识与能力。培养跨文化交际能力这一教学目标，就决定了大学英语教学必须要与跨文化交际结合。跨文化能力与大学英语教学行动的有机融合有助于教学目标的实现。

（三）适合中国环境的教学模式

在我国现行的大学英语教学环境下，学生由于缺少英语学习的真实语境，无法真正接触到西方文化，也无法走出国门去进行跨文化交际的体验，因此课堂教学仍然是学生获得学习英语语言知识和了解英语国家文化的主要方式。而要更多地了解西方国家文化以及提升学生的跨文化意识和文化敏感性，就必须在大学英语教学中将语言教学与文化教学结合，进行跨文化英语教学。跨文化交际英语教学能够为学生创造良好的学习英语的环境，同时通过与母语文化进行对比，来提高学生的跨文化交际能力和英语运用能力。跨文化教学是不同思维方式的碰撞，而交际中的障碍在很大程度上并不是因为交际者语言知识的欠缺，而是由于对异国文化的了解还不够，因此需要在课堂教学中确保学生能够充分接触到西方文化，所以跨文化交际与大学英语教学的融合是适合中国国情的英语教学方式。

（四）现代英语教学的标志

随着全球化趋势的进一步加深，不同文化背景的人们的交往也更加密切，英语作为一门国际通用语言，不仅具有工具性，还具有实用性和交际性。现代英语教学不仅注重英语语言知识和技能的训练与提升，更加注重英语的交际性，人们通过英语进行交流与沟通，获取信息，因此现代英语教学的重要目标就是培养更多符合社会需求的国际化人才。

在跨文化交际中，如果交际者不了解对方的文化背景，就可能造成跨文化交际的误解或者障碍，从而影响跨文化交际的顺利进行。现代英语人才的重要标准之一就是文化能力和跨文化交际能力，因此在现代英语教学中必须重视跨文化教育，培养和提高学生的文化感知和认知能力，培养学生的交际技能和情感能力。跨文化教学与大学英语教学的融合，是对传统教学模式的一种创新，也是实现现代英语教学最终目标的教学方式。

二、大学英语教学中融入中国文化的必要性

在大学英语教学中融入跨文化交际的内容，其中的文化知识，不仅包括西方文化知识的学习，也包括中国文化知识的学习。大学英语教学中加入中国文化，不仅是时代发展的需要，而且是促进社会发展的必然要求，主要体现在以下几个方面。

（一）有助于增强学生的民族自豪感

中华源远流长的历史文化是中华民族智慧、思想和情感的结晶，是树立民族自豪感的宝贵资源。树立民族自豪感，就要将这些最宝贵的财富内化为当代大学生精神世界的一部分。因此，在大学英语教学中融入中国文化，有助于学生了解中国传统文化的深厚底蕴，加深对中国传统文化的理解，领会中华文化的魅力，提高对本国文化的认同感，增强文化自信，从而增强学生的民族自豪感和爱国主义精神，使学生在跨文化交际过程中显示出语言学习者应有的文化素养和独立人格，避免对异域文化产生盲目性崇拜的心理，进入全盘性西化的误区。

（二）有助于树立正确的文化价值观

在英语学习过程中，面对两种不同文化，由于学生缺乏一定的文化理论基础和鉴别能力，容易对西方文化产生盲目崇拜。单一强调西方文化的输入容易导致学生淡化中国传统文化。在大学英语教学中融入中国文化，可以帮助学生理性认识东西方文化，加深对中国文化的理解，提高文化思辨能力，增强对东西方文化差异的敏感性，更好地理解两者的异同，避免盲目形成民族自大心理或者自卑心理，公正客观地对待异域文化，取其精华，去其糟粕，树立正确的文化价值观。

（三）有助于中国文化的传播

语言作为文化的一部分，不仅是交际的工具，还是传播文化的重要方式。随着中国综合国力的增强和全球经济一体化进程的加快，对外合作交流的机会也增加。大学英语教学不仅承担着文化输入的任务，也承担着中华传统文化传承和文化输出的使命。国学大师季羡林先生提出："把中国文化的精华送到西方国家去。""我们要奉行'送去主义'，这既有政治意义，也有学术意义。"文化是综合国力的重要指标，文化软实力是国家的核心竞争力。用英语来传播和弘扬中华民族的优秀文化，有利于世界了解中国，扩大中国文化对世界文化的

影响力，消除文化差异引起的冲突和误解，让中国走向世界，有效地提高中国的文化软实力，促进文明的发展和社会的进步。因此，在大学英语教学中融入中国文化是实现有效传播的重要途径之一。教师应该帮助学生树立文化多元平等意识，认识到中国文化在世界的地位，学会如何运用英语准确地讲好中国故事、传播中国传统文化。

第三节 跨文化交际视角下大学英语教学的现状

跨文化交际的重要性已经得到了很多高校和外语教师的重视，但是否真正在实际的教学中开展了文化教学和实践，还有待进一步探讨。了解目前高校大学英语教学的现状和跨文化交际知识在大学英语教学中的具体融入情况，有助于提升大学英语教学的效果和实现跨文化交际的教学目标。目前大学英语高校普遍存在教师、学生、教材、教法、课程设置等五个方面的问题。

一、高校英语教师缺乏跨文化交际意识和交际能力

首先，部分教师的教学观念比较陈旧，还没有意识到跨文化交际和文化教学在英语教学中的重要性。目前大学英语教学中"重语言能力、轻社会文化"的现象仍然比较普遍，很多英语教师认为英语教学的主要目的就是提高学生的听说读写能力，学生的英语表达能力增强了，使用英语就没有问题了。而对于英语文化的学习，只是一带而过，文化教学没有引起足够重视。部分英语教师认为学生语言学习的重心应该是听说能力的训练和词汇的掌握。因此教学的重点也是放在词汇讲解和听说练习上。学生可以很流畅地就某个观点用英语发表看法，能够掌握大量的词汇，但是仍旧无法顺利跟外国友人进行顺畅的交流，甚至还认为这是由于自身英语语言水平不够高。教师的观念也影响了学生交际意识的提高。其次，部分英语教师自身文化知识比较欠缺，既对本土文化了解得不深刻，又对异域文化一知半解，对跨文化交际的理论知识更加不熟悉，缺乏一定的文化修养和文化素质。部分老师文化素材积累较少，文化视野不开阔，不了解中西方的历史典故、文化习俗等，在授课过程中自然无法给学生介绍本土文化，无法将本土文化与外国文化进行对照，自身缺乏跨文化意识和文化敏感性，也就无从培养学生的跨文化交际能力。很多教师对于英语国家的文化了解，仅仅只是依靠教材的内容和网络，并没有对文化进行深入研究和积累，自身的跨文化意识也不强，对跨文化交际的理论知识了解不够。最后，由

于大部分英语教师没有走出国门进行跨文化交际的实践和体验，因此对英语国家的文化缺乏深入的理解，也不能真正体会国外的文化习俗，没有跨文化交际的机会，无法进行有效的跨文化教学。

二、学生跨文化交际意识和交际能力薄弱

（一）大学生跨文化交际意识薄弱

在中国现有的英语学习环境下，学生真正接触外国文化的机会并不多，英语学习大部分还是课堂教学。而使用英语交流的对象也是中国学生，缺乏真正的与外国群体进行跨文化交流的机会。在英语学习过程中，受传统教学模式的影响，学生习惯被动接收信息，英语学习的积极性和主动性比较差，实际运用英语交流的能力也比较弱。虽然学生对英语文化也是感兴趣的，但因为获取外国文化的渠道有限，仅靠课堂上老师的文化信息输入是不够的，这就导致了学生对异域文化了解比较欠缺，跨文化交际意识薄弱。

（二）大学生跨文化交际能力欠缺

目前大学英语教学的评价体系，仍然还是以考试成绩为导向，学习英语的目的是为了通过大学英语四、六级考试和期末考试，因此教师在课堂教学过程中也注重的是相关测试能力的培养。虽然也有听力口语考试，但都还停留在基本的听说语言技能训练层面。跨文化交际知识很少涉及，更没有纳入考核的范围。这就导致了学生的跨文化交际能力得不到提升，学生跨文化交际能力缺失。很多学生尽管词汇量达到了六级水平，能够阅读文章，能够进行流畅的英语演讲，但是一旦跟外国朋友交流，就觉得困难重重，不能够流畅得体地用英语进行日常交流，在实际的交际中惊慌失措，也不知道如何表达自己的想法，缺乏使用英语的自信，跨文化交际能力欠缺。

（三）大学生对本土文化认识不足

近年来，随着跨文化交际能力的培养问题引起了英语教育界的广泛关注，很多高校也开始意识到跨文化交际能力培养的重要性，也逐渐实行大学英语教学改革，重视语言教学与文化教学的结合。但是大学教师在进行教学的时候，只是传授英语知识和英语文化，而忽略了对中国本土文化的学习，这样的做法虽然提升了学生对外国文化的认知能力，但是导致了对本国文化的认识缺失，母语缺失问题比较普遍。学生无法用英语表达熟悉的中国文化，因此也就无法毫无障碍地进行跨文化交际。教师和学生都认为只要掌握好英语和了解英语国

家的文化，就能够毫无障碍地进行跨文化交流，但实际上交际过程中会涉及双方的文化。目前学生在课堂上的训练基本都是以西方文化的输入和学习为主，对于中国传统文化的学习和认识都不够，学生也不知道如何用英语来介绍中国传统文化。本土文化的缺失，是跨文化交际无法顺利进行的重要障碍之一。

三、现有英语教材无法满足跨文化交际教学的需求

（一）跨文化交际英语教材稀缺

目前大学英语教材的主要内容是针对词汇、听力、阅读、写作等设计的相关篇章和练习，跨文化交际的内容很少涉及。尽管有些教材也有文化背景知识的介绍，选择的文章涉及英语国家社会生活的各个方面，但多以英语语言知识训练为目的，对跨文化教学内容涉及较少，且缺乏系统性。与英语国家文化相关的内容，往往只停留在简单的描述介绍层面，缺乏相关内容的延伸与扩展，无法为教师开展跨文化交际教学活动提供支持。而且很少涉及本土文化，文化对比和文化差异方面的练习也较少。对于中国文化的介绍和中西文化比较等内容，教材鲜有提及，导致学生对本国文化理解不深，缺乏跨文化交际意识。另外，很多跨文化教材都是中文版的，英文版的跨文化交际英语教材比较少，国外的跨文化交际教材比较成熟，但又不符合中国学生的英语水平，没有涉及中西文化的对比。英语教材缺少高质量的版本，是导致跨文化交际教学不能顺利进行的原因之一。

（二）跨文化教材的编写缺少

目前很多高校的跨文化教材缺少或者一些院校甚至没有这方面内容的涉及，这就使得日常教学无法进行跨文化知识的传授。很多高校英语教材只注重一些考试相关的知识，对文化内容的编制比例较少，这就使得学生无法静下心学习文化知识，也无法对学生的跨文化理论与实践能力进行提升。另外，有的高校组织英语教师编写关于跨文化教学的教材，但由于经费和人手的不足，编写的教材质量不高，专业性和适用性都大打折扣，难以适应新时期跨文化教学的需要。

（三）教材内容不能满足跨文化交际教学的要求

现有教材大多是从旅游者的视角来选择文化主题，描述文化活动，无论从广度还是深度上来说都是不够的；文化内容偏狭、过时；文化内容的呈现缺乏

系统性；文化内容的来源单一，很少触及目的文化以外的其他文化，不符合英语作为世界通用语的实际需要；文化内容与语言内容结合不够紧密；强调具体文化的学习，忽视了文化普遍规律和文化技能的学习。现有教材在内容上不够全面。有一些教材基本是理论知识的介绍，缺少相应的案例分析；还有一些教材都是具体的案例和文化差异的对比，缺乏理论指导。英语教师在教材内容的选取上存在困难，需要自己重新编排，这给教学的实施增加了一定的难度。

四、课程设置上缺少跨文化交际课程

部分高校在大学英语教学中还没有设置跨文化课程，或仅仅只是针对英语专业和对外汉语专业等与外语联系紧密的专业开设跨文化课程，绝大部分非英语专业的学生无法通过课堂教学掌握跨文化知识。有些高校开设了跨文化交际课程，但只是针对少数学生开设的选修课，无法满足所有学生的跨文化能力培养的需要。实际上笔者在选课的过程中了解到，大部分学生有自身提高跨文化交际能力的需求和意愿，跨文化交际课程成为选课系统中的一门热门课程，但课程设置的缺陷，无法确保全校学生的学习需求能够实现。跨文化交际课程应该成为所有学生的一门通识必修课。虽然一部分高校设置了跨文化课程，但是缺少实践课程，基本还是以传统的文化理论学习和文化知识的输入为主，无法真正提高学生的语言交际能力。

五、跨文化教学方法单一

随着对跨文化教学研究的不断深入，也总结出了各种教学方法，包括听说法、交际法、认知法、翻译法以及多媒体教学方法等，拓宽了英语教师的视野，丰富了跨文化教学的手段，提高了教学效果。然而，现实中部分教师仍然采用传统的教学方法，教师将教学的重点放在词汇和语法上，忽视了文化因素。在这种教学模式中，教师是课堂的主角，学生的主体性被忽略，缺乏学习的主动性，导致交际能力很难提高。部分教师把跨文化教学等同于文化教学，强化对文化知识的输入，但只是简单地讲解和介绍，并没有涉及跨文化交际的相关理论和文化对比，更没有开展跨文化交际的实践活动。另外，在传统的英语文化教学中，课内教学向课外延伸的语言交际活动开展不足，学生在课外很难创设跨文化交际的实践条件，这也是跨文化教学难以开展的原因之一。

第四节 跨文化交际融入英语教学的策略

一、跨文化交际语境下大学英语教学的目标

根据我国高校英语教学的特点和英语教学目标，跨文化交际语境下大学英语教学的目标设定应该涉及三个方面：知识层面、态度层面和能力层面。具体而言就是：培养学生的语言文化知识学习能力，提升学生的文化敏感性和批判性思维，培养学生的英语综合运用能力和跨文化交际能力。具体体现在以下几个方面。

（一）为学生创造接触异国文化的机会

两种不同的文化进行了解和碰撞的过程当中，不可避免地会出现两种文化的冲击，并且会产生一定的不适应，因此在跨文化教学中教师应该努力帮助学生克服这一点，为学生创造更多的接触异国文化的机会，从而不断培养和提升学生的跨文化适应能力。

（二）培养学生的批判性思维能力

跨文化交际语境下的大学英语教学，应该注重对学生批判性思维能力的培养，既要以正确的态度对待文化差异，又要能够反思本国文化，通过文化对比树立正确看待多元文化的态度，从而形成自己正确的价值观念和行为方式。在多元文化背景下正确理解和尊重异国文化，这也是培养学生批判性思维能力的一种方式。

（三）增强学生的多元文化意识

在全球化背景下，各文化群体间的交流与合作日益密切，只有尊重并理解异国文化才能够实现平等的交往，避免文化冲突，以跨文化理论为基础的英语教学应该培养学生对不同文化的积极理解看待的态度，从而对各种文化特征有清晰的认识，以更加开放的心态对待世界文化的多样性和多元化。

（四）培养跨文化交际能力

培养跨文化交际能力具体包括：交际者能够通过交流获取外国文化信息，对于文化有良好的理解能力，能够对外国文化作出客观的评价，具有较强的交际沟通能力。在交际中，交际者需要具备扎实的目的语言规则，从而规范自己的言语表达，能够在不同的语言和文化之间进行转换，促进交际的顺利进行。

跨文化交际与高校英语教学的融合，一方面能够为高校传统的英语课堂注入活力，实现英语教学的人文性与交际性目标，另一方面英语教学为大学生跨文化交际能力的培养提供了亲身体验的环境，其学科属性使其成为实施跨文化教育最有效的阵地，成为提高学生英语应用能力、提高学生的跨文化技能、增强跨文化意识的一条有效教学路径。

二、跨文化交际语境下大学英语教学的内容

根据跨文化交际语境下大学英语涉及的知识、态度和能力三个层面的教学目标，大学英语教学的内容也相对应分为三个模块：语言知识模块、文化教学模块、跨文化交际能力培养模块。语言知识模块是指通过对语言知识的学习，学习者能够掌握目的语语言知识，可以使用目的语与目的语群体或个人进行有效的交际。跨文化背景下的文化教学模块不仅包括异国文化的学习和了解，还包括对本族文化的了解，以及不同文化差异的对比。跨文化交际能力培养的具体内容包括跨文化意识、跨文化交际能力、跨文化交际实践和跨文化研究方法的教学。这三个方面的教学内容不是孤立的，而是相辅相成、相互促进的，共同构成跨文化英语教学的整体。

三、跨文化交际能力与英语教学的融合原则

在大学英语教学中融入文化教学并不是在课堂上随意地增加文化教学的内容，也不是在英语教学中大量地增加文化的内容或者把文化教学和语言教学割裂开来，在英语教学中融入文化教学应该遵循一定的原则。

（一）相互尊重原则

英汉两种语言是在不同的历史社会发展进程中形成的产物，因此两种语言的文化有显著的差异性，具有各自独特的民族文化特征。将跨文化教学融入英语教学的过程中，要引导学生客观公正地看待异域文化，将相互尊重作为基本原则，以正确的态度学习和了解两种不同的语言和文化。英语教师在实施跨文化教学的过程中，不能加入自己的主观臆断，更不要随意评价某种文化的优劣，必须树立客观公正的教学态度，将文化背景知识和语言的民族特征客观地呈现给学生，让学生真正了解英语语言国家的文化背景，并形成正确对待文化的态度。

（二）求同存异原则

由于不同民族文化特征的不同，因而英语与汉语之间存在显著的差异性。

两者之间虽存在差异，但也拥有共性，这是跨文化交际能够顺利进行的基础。但目前的文化教学更多的是注重讨论和对比文化差异，而忽略了文化相通的共性。鉴于此，在高校开展英语教学过程中，应将求同存异作为跨文化知识融入的根本原则。该原则指的是英语与汉语之间重叠的部分予以保留，更加困难的是，如何在教学实施过程中实现存异，需要英语教师采取科学合理的教学方法和手段来探讨文化差异。在教学实施过程中，教师可以合理使用对比教学法，引导学生分析两种不同文化的差异性，进而提升学生的文化敏感性。

（三）统一性原则

统一性即语言教学和文化教学的统一性。有些英语教师把语言和文化独立开来，有需要时把两者放在一起，不想强调时把两者分开，常常表现在为语言而教授语言，语言教学与其文化脱节。忽略语言中所包含的文化内容去教授语言，语言显得空洞单调，学生也学得枯燥无味。这种割裂语言与文化密切联系的观念和做法是不可取的。在英语教学中，我们应该坚持语言教学与文化教学相统一，通过文化知识的学习来掌握语言，透过语言的表面现象来挖掘其中反映的文化。

（四）包容开放原则

大学英语教学中跨文化意识的渗透与培养，需依托丰富的课程内容。教师既要深挖英语教材知识与文化内容，又需从丰富的网络视频资源中提取最有价值的教学素材，并将二者进行科学的融合。而教师在筛选与确立教学内容与教学主题的过程中，应秉承包容开放的原则，即对英语国家文化的发展给予高度的认可，并从中汲取优质的内容渗透到英语教学中。同时，教师应将我国优秀的传统文化与英语国家文化进行有机融合，在培养学生跨文化意识的过程中，确保学生建立良好的文化自信心，并具备坚定的国家身份认同感，鼓励学生以开放包容的心态学习与理解英语国家文化。

四、跨文化交际与大学英语教学融合的策略

（一）有效借助教材，丰富文化内容

目前我国大多数高校使用的大学英语教材的文章，主要是来自英美国家的主流媒体和报纸杂志，这些文章的内容能够真实地反映英语国家的社会文化现象，是理想的获取文化背景知识的资源，因此要充分挖掘教材中的文化元素。但传统的英语教学往往将教学重点放在语言点和句型结构的讲解上。在以跨文

化交际能力培养为教学目标的新背景下，教师应该在解读文章的过程中，注重其中所涉及的文化信息。这些信息是跨文化交际意识与能力培养的有效载体。鉴于此，高校英语教师应展开深刻的教学研究工作，对教材中所涉及的文化信息和知识进行深度挖掘，并在教学活动实施过程中有意识地将跨文化交际融入其中，进一步巩固高校英语教学效果，同时也为大学生跨文化交际能力培养奠定坚实的基础。

在教学内容上，教师应该结合教材，选择和拓展不同的文化主题，在讲解英语语言知识点的同时，融入文化背景知识，使学生不仅对西方社会的历史文化、社会习俗、生活方式、宗教信仰等有较全面系统的了解，而且能够得体地运用英语进行跨文化交流。基于全面性、完整性文化发展历程及英语国家语言使用规则等，对学生进行系统化的语言与文化训练。不仅掌握英语语法、文本翻译技巧，还能够真正地懂得如何营造适合文化背景沟通环境。例如，教师可将英语国家送礼习俗、交际礼仪等文化渗透到英语课堂上，使学生学会使用正确的称谓、告别、称赞方式等，并有效地规避不同国家的禁忌语。大学英语教学中跨文化意识的培养，既拓展了学生的文化思维，也提升了学生的文化敏感性。因此英语教师要合理选择优质的文化内容，并将其与传统英语语言知识的教学有机结合，将具有代表性的中西文化渗透到教学的各个方面，真正提升学生的跨文化交际能力。

大学英语课程作为高校的基础课程，主要是针对大一、大二学生开设。由于课堂教学时间有限，为了能够更好地实现跨文化交际的有效融入，教师不仅应注重课堂教学，还应该注重引导学生如何在课外时间接触到真实丰富的文化资源。教师可以给学生推荐经典的英语文学作品和英语电影、英语报纸杂志等，引导学生进行文化自主学习。课外的跨文化交际自主学习，能够使学生从中汲取更加真实丰富的文化知识，感知西方文化的魅力，同时也更加直观地意识到中西文化的差异，提升文化敏感度，有利于跨文化交际的顺利进行。除此之外，近年来我国各大高校为推进英语教学质量的提高，引入了外籍教师，还有一些高校有留学生。可以为学生与外籍教师和国外留学生之间搭建有效的沟通交流平台，让学生有机会在实际的交流中了解西方文化和社会风俗习惯，开展真正的跨文化交际。

（二）优化教学理念，创新教学方法

目前虽然跨文化交际已经引起了广泛关注，部分高校和英语教师也意识到跨文化教学的重要性，但在实际的教学实施过程中，跨文化交际的内容仍然体

现不多。大学英语课堂还是以听说读写译为英语教学的重点和教学目标，英语测试也还是针对听说读写译等方面进行的检测。这就导致了跨文化交际能力的欠缺。在以往的高校英语教学过程中，存在十分普遍的哑巴英语现象，主要是在教学实施过程中过于注重语言形式讲解而忽视语言意义，以及与其之间存在的关联性，导致诸多学生虽然掌握了语言知识，却难以学以致用，这在很大程度上阻碍了学生跨文化交际能力发展。外语教师应充分融入相关的语言文化知识，不仅能够增加学生的英语学习兴趣，而且能体现教学内容的实用性。因此，高校英语教师应改变自身的传统思想理念，根据教育部对于高校英语教学提出的新要求，形成跨文化交际教学意识，并制定具有可行性的教学方案，在推动高校学生听说读写译的语言能力发展过程中，进一步拓宽学生的文化视野，为大学生跨文化交际能力发展提供更好的语言教学环境。

为了满足跨文化交际的实践教学需求，就需要对现有的教学方法进行创新。大量的实践教学证明，交际教学法是一种有效的适合跨文化交际教学的方法。这种方法主要是为学生创设真实的交际语境，并让学生思考在交际场合的正确行为和反应，避免学生在英语交际过程中出现的语用错误，使其能够基于文化背景的差异性，运用正确的英语语言展开人际交流。在该教学法的指导下，学生能够在真实的应用场景中展开反复的实践操练，学生的语言使用能力和反应能力均得到大大提高。例如，高校英语教师可以以英国朋友用餐为例创设语用场景，由几名学生进行语言表达，在此过程中，学生能够对英国的文化背景和饮食习惯有更深入的了解，同时口语表达得到有效锻炼。

大学英语教学中教师应创新教学方法。创设有利于学生进行交际的真实情景，让学生能够深刻体验跨文化交际与交流的技巧，以及所产生的不同结果和应对策略。教师可利用不同主题，创新具有文化探讨性、思想深刻性的体验式教学模式，使学生真正亲身感受英语交际与交流的氛围，以及跨文化交际的关键策略。例如，教师以"模拟外交官国际交际"为主题，组织学生根据所设定的角色进行英语交流。当学生扮演"外交官"进行谈话的过程中，应引导他们注重在国家政策层面进行深入的了解，在表达观点与立场时，应充分考虑他国人员接受度、理解度，以及谈话的禁忌内容。通过这样的体验式训练，能够有效地培养学生的跨文化意识。而教师在实际渗透东西方文化差异内容的过程中，不仅要使学生全面了解英语国家的风俗习惯、社会文化、政治文化，还需将我国优秀的传统文化科学地融入其中。在保证学生建立良好的文化自信、制度自信的基础上，鼓励学生以开放包容的心态，深度地学习与了解英语国家文化。在不断丰富学生知识层次的基础上，为他们创建更多跨文化意识训练的平台与环境。

（三）打造开发课程，完善课程体系

跨文化交际与大学英语教学的融合，应该要加强和完善大学英语课程体系，打造更多具有开放性和拓展性的英语课程，从教学目标、教学内容和课程实施上都要能够体现跨文化交际能力的培养。开放性课程是指课程能够体现学生的主体性地位，能够充分调动学生的学习主动性和积极性，能够引导学生进行批判性思维，积极主动思考和探究，从而改变以往学生在课堂被动接受知识的局面。在开放性的课程体系下，通过学生的主动参与和积极思考，通过文化对比，能够更加有效地提高文化敏感度，提升跨文化交际能力。因此，开放性课程的打造开发，是学生形成跨文化交际能力的基础和前提，对于提高跨文化交际能力培养效果具有积极意义。当学生逐渐形成了积极主动的英语学习和思考的意识，参与课堂训练的积极性也会随之提高，在此背景下展开跨文化交际能力培养，能够取得更加显著的效果。

此外，还应丰富课外拓展课程的内容。拓展课程是课堂教学的延续，可以巩固和加深对课堂教学的理解，还可以进行拓展和延伸，通过更多的实践活动来提升学生英语综合运用能力。让学生在课外同样有机会展开丰富的跨文化交际活动，通过课内外教学相结合，实现跨文化交际能力培养的进一步延伸。跨文化交际英语教学的拓展课程，以培养学生的跨文化交际能力为主要目标，增设不同类型的课程，如语言实践类课程、历史文化类课程、商务英语类课程等。教师可以根据不同的细化课程，选择合适的教学模式，以进一步强化学生对外国文化的理解和认知。在实际教学的过程中，教师可以选择文化互动式语言文化教学模式，加强对一些国外历史文化知识的教授，在教学发展的过程中不但需要学生了解相关内容，而且要鼓励学生从跨文化的角度去分析和解决问题，培养学生的跨文化交际意识。还可以开展项目式教学，以小组为单位，让学生合作完成某个文化专题研究，或者世界社会发展问题的研究，使学生具备一定的自主思考能力、合作能力、沟通能力和交际能力，同时培养其分析问题、解决问题的能力。

（四）创设教学情境，加强课堂互动

创设真实的跨文化交际情境是跨文化交际能力形成与发展的基础。主题式的交流语境能够给学生带来身临其境的语言环境和真实的体验感，从而快速找

到跨文化交际中可能会遇到的实际问题，并思考如何避免跨文化冲突和矛盾。高校英语教师在课堂教学活动的设计过程中，应注重课堂互动性和交际性，教学情景的创设，应以引导学生展开积极的课堂互动为主，在师生互动和生生互动中，实现跨文化交际能力的培养。

综上所述，在经济全球化发展的过程中和多元文化背景下，跨文化交际已经成为高校英语教学不可或缺的重要部分，是不断提高学生英语语言使用能力、口语表达能力以及人际交往能力的重要手段。跨文化交际并非单纯语言交流，而是不同文化之间的交融和碰撞。因此高校英语教学活动实施过程中，应加强对广大学生的文化教育，通过多种有效的教学方式方法引导学生逐步认知语言存在的文化差异，提升大学生跨文化交际能力培养效果。大学英语教师应建立正确的文化观，并形成与时俱进的教学理念。注重培养大学生的跨文化意识，使他们灵活、科学地使用英语进行交流与交际。教师在实际开展大学英语教学活动过程中，应选择优质的跨文化意识培养的教学内容，并将其深度渗透到理论与实践教学活动中，使学生真正具备良好的跨文化意识与能力，成为具有家国情怀和国际视野的高素质人才。

第七章

跨文化交际英语教学方法

第一节　案例分析法

案例分析是跨文化知识、意识、思维和交际能力的综合训练过程。由于跨文化交际英语教学只能在课堂上进行，不能真正体验或者感受跨文化交际的交流过程，因此学生的学习和感悟，还是停留在理论层面，容易与现实脱节，通过案例分析，就可以呈现实际的交际场景。案例的文字就像是一出戏的剧本，学生通过阅读跨文化交际的案例，就能够把自己置身于案例场景之中，从而增加跨文化交际的体验感，有利于提高跨文化交际意识。通过对案例的具体分析，也能够促进学生进一步思考，训练学生在跨文化交际中实际分析和解决问题的能力。案例分析法的运用，能够把抽象的理论知识和具体的交际场景结合起来，使学生能够充分了解跨文化交际中常见的误解和冲突，从而在今后的跨文化交际中学会如何避免这些冲突和矛盾，达到学以致用的教学效果。

一、案例分析法在跨文化英语教学中的作用

案例分析教学中将不同文化背景的语言特色、风土人情、历史事件和现实冲突等素材展示于学生面前，是跨文化知识、意识、思维和交际能力的综合训练过程，能帮助学生达到学习外语语言技能与培养跨文化交际能力有机结合的目的。在谈到案例教学法时，陈建平强调，"案例是为适应特定的教学目的而编写的"，教学过程主要是"学生之间的讨论和辩论"，教学目的主要是"培养学生的能力"。上述特点，使案例教学能够很好地适用于跨文化外语教学，它对能力培养的重视大过知识获取，成为语言文化知识向跨文化能力转变的有效途径。在跨文化交际能力培养中，案例分析的教学方法主要有以下几方面的作用。

（一）帮助学生更好地理解跨文化交际冲突发生的原因

与传统英语教学当中提供的文化信息比较，跨文化交际教学案例能同时反映出本族语的文化信息和目的语的文化信息，能使学生更好地明白交际冲突并不是因语言技能和语言知识所产生的，而是由东西方思维方式和价值观念的差异造成的。例如，飞利浦照明公司某区人力资源副总裁（美国人）与一位被认为具有发展潜力的中国员工交谈，想听听这位员工对自己今后五年的职业发展规划以及期望达到的位置。中国员工并没有正面回答问题，而是开始谈论起公司未来的发展方向、公司的晋升体系以及目前他本人在组织中的位置等。副总裁有些大惑不解，没等他说完已经有些不耐烦了。"我不过是想知道这位员工对于自己未来五年发展的打算，想要在飞利浦做到什么样的职位罢了，可为何就不能得到明确的回答呢？"谈话结束后，副总裁忍不住向人力资源总监抱怨。"这位老外总裁怎么这样咄咄逼人？"谈话中受到压力的员工也很苦恼。作为人力资源总监，明白双方之间不同的沟通方式引起了隔阂，虽然他极力向双方解释，但要完全消除已经产生的问题并不容易。学生充分讨论之后，得出结论：分别属于高语境（high context culture）和低语境（low context culture）文化的中美两国人，在交际中对环境的依赖程度有天壤之别——中国文化属于高语境文化，交际重"意会"；而美国文化属于低语境文化，交际重"言传"。

（二）增强学生对跨文化交际中非言语行为的敏感性

在人类的交际中，除语言表达方式外还有手势、体态、衣饰等表达方法。调查表明，人与人之间的交流，通过语言进行表达占 30%，通过非语言进行交际占 70%。在跨文化交际中，非言语行为和言语行为一样不可避免地受到文化的影响。如相同的手势在不同国家、不同文化中会有不同的含义。将这些差异呈现在跨文化交际教学案例中，学生能根据教师对背景知识和实例的介绍分析，对因非言语行为引起的误解作出正确的判断，对非言语行为的多义性有更深入的了解，增强目的语非言语交际的敏感性，这样就可以大大减少跨文化交际中的困惑和误解。另外，对跨文化交际案例中非言语行为的分析，可以使学生体会体态语、客体语、体距语等在不同文化背景下所包含的深刻文化内涵和它们所具有的特殊交际功能，从而达到既扩大学生跨文化交际的知识面，又培养其跨文化意识和跨文化思维的目的。如"OK"手势的差异，在中国和世界上大多数国家，"OK"手势表示"好的"或"赞同"的意思，但在南美洲的巴西"OK"手势却是对人的一种蔑视和侮辱。

（三）培养学生的全球意识和对待异国文化的调适能力

世界上各个民族都有自己独特的文化，这些文化没有优劣之分，遇到分歧和冲突更需要的是理解和包容。教师可以通过分析跨文化交际内容的电影，如《推手》《刮痧》等，分析中西方在家庭生活、价值取向、民俗文化等方面的差异，以此作为跨文化交际的教学案例，帮助学生培养全球意识，以客观的态度、宽容的眼光去看待不同的文化，避免民族中心主义，提高对待异国文化的调适能力，提高跨文化交际能力。

二、案例分析在跨文化交际课堂教学中的实施步骤

跨文化交际的案例应该选取实际交往中比较常见的跨文化交际场景，各种日常交际、异国文化体验、跨文化交际成功或失败的经验等都可以作为案例来分析。但案例的选择要适当，要注重案例内容与所讲授的跨文化理论知识点的关联性，要针对跨文化交际能力的培养展开。在跨文化交际课堂教学中，案例分析的实施包括以下五个步骤：教师提问、阅读案例、分析案例、分组讨论、得出结论。

案例分析在实施的过程中要以学生为中心，教师提出问题，激发学生阅读的兴趣，明确阅读的目的和问题。然后由学生自主阅读案例，从阅读中获取信息，提高阅读能力。阅读案例既能获得语言文化知识，又能训练阅读技能。教师应当有意识地培养学生在阅读过程中获取有效跨文化信息的能力。学生阅读案例后分组进行讨论，分组讨论可以提高学生的语言综合运用能力及交际技巧和知识运用能力。教师在这个环节要鼓励学生发表自己的见解，培养学生的分析思维能力和口头表达能力，而分析案例是跨文化意识形成的关键阶段，也是训练学生思辨能力、判断能力的过程。最后得出结论，对学生如何正确客观地对待文化差异和异文化的态度进行引导。

三、案例分析法的内容模块

跨文化交际的案例分析应该包括四个方面的内容模块：一是提出理论知识点，也就是要说明此案例涉及跨文化交际中的某个理论或者知识点；二是进一步具体解释该理论；三是针对交际双方进行分析，分别从交际双方所处的文化语境，结合上面的理论知识进行分析，双方为什么会那么想，那么做的本意是什么，交际双方的感受如何等；四是提出建议或者解决办法，也就是应该讲出如何避免此案例中的误解或冲突。在实际的跨文化交际案例分析中，教师可以

提前把这四个方面的内容模块告诉学生，让学生根据这四个方面展开分析和讨论，然后形成结论。这四个内容模块是案例分析的基本框架，也是学生进行案例分析时必须包含的四个要点，有助于学生进行完整全面的分析。下面就以一则跨文化交际中留学生常见的案例为例，来具体说明案例分析应该如何针对上述四个内容模块展开分析。

案例展示

来自非洲的留学生马娅在中国读了四年大学。在毕业的前夕，为了感谢这四年来宿管阿姨对她的照顾，马娅特意给宿舍楼的宿管阿姨准备了一份小礼物。当她把礼物拿给宿管阿姨时，宿管阿姨连声说："不要不要，我不要，你拿走吧！"在马娅的再三坚持下，宿管阿姨终于收下了礼物，但是她看也没看一眼，随手就将礼物放在了桌上。这让马娅心里非常不舒服。她不知道是不是因为自己送的礼物宿管阿姨不喜欢。

案例分析

①提出理论。这则案例主要涉及跨文化交际中的送礼文化。②解释理论。关于赠送与接受礼物，不同国家的区别比较大，这也反映了国与国之间的文化差异。在接受礼物时，中西方文化中表现出来的差异较大。中国人在面对他人赠送的礼物时，喜欢推来推去，并用这种方式表达谦让和客气之意。即使收到礼物后满心欢喜，也常常表现出不太在意的样子，通常搁置一旁，等朋友或客人离开之后才拆开看。但是西方人接受礼物时的表现跟中国人不太相同。他们一般会认为你送的礼物是精挑细选出来的觉得最适合主人的礼物，于是既然送来了就会毫不客气地"笑纳"，甚至还要当着你的面拆开看一看，除了惊叹一声还要盛赞送礼者。③分析交际双方。所以，中国的宿管阿姨在收到礼物的时候一再推辞，后来哪怕接受了也是将礼物放置一边，这在中国很正常，而留学生马娅却很不习惯，也不能理解，因此心里不舒服。显然这是由于她们都不懂中西方在接受礼物方面的社交礼仪差异造成的。④提出建议。理解和尊重不同的文化是我们对任何文化都应该抱有的态度。马娅和宿管阿姨在交往的过程中就应该注意尊重和理解对方文化，不能以自己国家的文化作为标准来衡量对方的文化，只有这样才能使跨文化交际取得成功。很多时候跨文化交际之所以产生障碍是由于彼此不了解对方的文化。所以，身处异文化的我们应该主动学习和了解当地文化，这样才能更好地适应所在地的生

活。只有多学习和了解当地的文化才能更好地相互理解，尽量减少跨文化交际的冲突与障碍。

四、跨文化交际教学案例的选取

教学案例的选取对于外语教师来说是一个难点，因为大部分外语教师自身的跨文化交际经验也很有限。这就需要教师做教学的有心人，平时要注意教学案例素材的积累，注重教师自身跨文化知识的补充和提升。外语教师在日常教学活动中要有意识地获取跨文化交际教学案例。

（一）影视和文学作品案例

目的语国家的经典影片能够帮助学生更好地了解和学习这些国家的文化、历史、生活习惯等方面的知识。还有一些影片的主题是围绕跨文化交际冲突展开的，这样的影片能让学生更加直观地感受文化差异，并学习正确对待跨文化交际中的冲突和分歧。如影片《推手》《刮痧》等，深入探讨了中西方家庭生活、价值取向、民俗风俗等方面的内容，教师可以引导学生观看影片，就影片中涉及的文化差异进行讨论，并得出如何对待这些跨文化交际冲突的结论。通过阅读文学作品，一方面了解其中涉及的文化知识，另一方面有助于学生学习正确的文字表达方式，更好地进行跨文化交际。

（二）直接或间接经验体验案例

目前国内高校的涉外专业大都聘有外籍教师和留学生，教师应充分利用外教和留学生资源，多组织一些交流活动，如一周一次的英语角互动，带领学生做涉外活动志愿者，邀请留学生进课堂，请在外企实习的优秀学生返校的时候给学弟学妹们做一次关于跨文化交际方面的报告等，丰富教学内容，提升教学效果。

案例教学法可帮助学生更好地理解跨文化交际冲突产生的原因，增强学生对跨文化交际中的非言语行为的敏感性，培养学生的全球意识和对待异国文化的调适能力，达到培养和提高学生跨文化交际能力的目的。在跨文化交际教学中，案例分析法教学确实是一种行之有效的方法。

第二节　情境表演法

情境表演法是让学生进行角色扮演活动，创设跨文化交际的模拟场景，通过表演的方式来呈现整个跨文化交际的过程。情境表演法是大学英语教学中一种常用的教学模式。中国环境下的跨文化交际课堂需要创设跨文化的场景。情境表演法对于跨文化交际教学来说，是一种更有效的教学模式，能够为学生提供真实的交际情境。下面就情境表演法在跨文化交际课堂中的作用、实施步骤和应用原则进行探讨，以期对跨文化交际教学起到一定的参考作用。

一、情境表演法在跨文化交际课堂中的作用

情境表演能够调动学生的学习兴趣和积极性，活跃课堂气氛，通过亲身模拟体验可以加强对跨文化知识点的理解和运用。通过让学生分析现实场景中的文化背景，根据需要在不同的文化间进行转换，可以将理论知识转换成真实的交流与互动。具体参与情境的构建使学生在和谐的课堂环境中更好地发挥学习的主观能动性。学生在积极参与课堂所创设的表演情境的过程中，在语言学习的环境中，能熟练地将语言理论知识与实际生活情境相结合，能锻炼和提升自身语言运用和语言输出的能力，为综合能力的发展打下基础。具体而言，情境表演法对跨文化交际教学的作用表现在以下三个方面。

（一）创设良好的语言环境和交际环境

情境表演法在跨文化交际教学课堂中的应用，首先应当要结合学生的个性化发展特点，以及实际的交际场景，创建生动形象的虚拟化教学情境，让学生获得身临其境的实践体验，学生结合教师设计的教学背景，与其他同学进行交流活动，在实践过程中融入自己掌握的跨文化知识内容，充分发挥想象力，提高跨文化交际能力。通过情境表演，创造语言情境，能够让学生在英语对话的过程中增强语感和交际体验感，实现多项英语技能的综合提高，培养学生的跨文化交际意识。学生主动参与到英语实践中，提高课堂的教学成效。

（二）提高学生的语言综合运用能力和跨文化交际能力

在跨文化交际课堂教学设计的过程中，教师需要结合学生的生活实际，选取一些经典的对话场景作为教学课堂的主要引导内容，让学生能够感受到自己是在真实的语言情境中进行英语交际，由此可以更加有效地提高学生的英语知识运用能力。通过情境教学法的有效应用，将多样化教学方法进行组合，把学生带入特定的、具体的生活情境中，从而充分发挥学生的主观能动性。学生在设计对话的过程中，就能够结合所学的跨文化知识和概念，突出某个文化差异

或者冲突，在设计和表演的过程中，学生自身的跨文化交际意识也得到提高。虽然是在课堂上模拟交际场景，但这种交际场景也是与现实生活中的交际活动密切相关的，通过模拟表演，不仅学生的语言综合运用能力能够得到提高，而且跨文化交际能力也能够得到提高。

（三）加深对跨文化交际理论知识的理解

理论必须与实践结合，才能够被理解和消化。情境表演就是一种实践，是理论与实践相结合的最有效的方法之一。情境表演的设计是围绕跨文化理论知识点展开的，而情境表演后的分析，也是要以跨文化的相关理论为基础的，需要用理论去解释。理论知识的讲解，如果离开了生活实践，就会显得空洞且枯燥，尤其是跨文化交际课。缺乏真实的交际场景，就只是纸上谈兵，学生就无法理解那么抽象的理论。因此，设计出真实的交际场景，能够加深对跨文化交际理论知识的理解和掌握。例如，在讲高语境文化和低语境文化的时候，就可以让学生自己分别针对这两种语境文化设计相应的交际场景。这样不仅加深了对理论知识的掌握，还达到了学以致用的效果。

二、情境表演法的实施步骤

情境表演法在课堂上的实施步骤可以分为五步：设计主题—提出要求—课堂表演—分组讨论—点评总结。第一步，教师需要设计好与教学内容相关的主题，可以针对不同的工作和生活语境设定主题。如商务语境下的商务谈判，跨国公司上下级之间的对话，对外汉语教师与国外学生的对话，留学生与异国同学之间的对话，根据教学内容的调整创建不同的教学情境，并准备好相应的道具，学生在角色扮演的过程中，能够体会不同角色在日常交际中的语言和非言语交际，营造出良好的课堂交流氛围，提高参与热情。第二步，教师要讲清楚设计和表演的一些基本要求，包括表演的角色安排，表演应该体现出来的要点有哪些，表演需要脱稿等。第三步，进行课堂表演，也可以让学生提前录制好表演的视频，配好字幕，课堂上播放视频。第四步，让学生分组讨论，讨论话题主要围绕表演中呈现了哪些文化差异，涉及了哪些跨文化交际知识点，应该如何避免表演中的误解或冲突，教师要通过适当的引导，与学生一同分析来自不同文化的人在交际过程中有哪些方面的差异，通过对表演的解说和深度挖掘，让学生自主思考，主动分析，从而提高跨文化交际意识和跨文化交际能力。第五步，教师进行点评总结。例如，设计一位中国员工因为母亲生病住院，向外国老板请假的场景。教师让 A 组同学先陈述原因，然后提出请假的请求，而让 B 组同学在对话开始时就直接提出请假请求，然后再给出理由。针对对话内容先后顺序的差异，教师引导学生讨论不同对话顺序对跨文化交际的影响。通过角色扮演，学生体会到说话者的文化背景会影响英语的具体使用。如果缺乏跨文化意识，说话者会将自己的文化习惯带入跨文化交流中，在一种文化中正常的行为方式，在另一种文化环境中就可能显得不合适，甚至导致误解。

三、情境表演法在大学英语教学中的应用原则

（一）教学情境要符合实际需要

教师在进行英语教学情境设计的过程中，要结合学生的个性化发展需求，从实际生活中寻找教学案例，符合言语交际的必要性。同时，要通过网络技术的应用，丰富语言教学素材，为学生提供知识运用的机会。教学情境要结合教材的主要内容，设立明确的教学主题，要与学生的实际生活建立内在联系，让学生获得丰富的学习体验。学校要加大对英语实践教学基础设施建设的资金投入，通过多样化教学设备的应用，满足情境教学构建需求，教学情境越贴近学生的真实生活，学生产生的兴趣越浓厚。在真实的教学情境中，掌握英语知识运用技巧，达到理想的教学效果。教学情境创建要注重实践性和参与性，让学生在语言交流的过程中，体会英语语言魅力，帮助学生养成良好的学习习惯，树立团队协作意识，掌握综合化语言运用能力，能够根据情境的变化对语言交流形式进行创新。

（二）注重情境的形象性和趣味性

教师在大学英语教学情境设计的过程中，要注重形象性和趣味性，只有让学生产生知识探索欲望，才能够全面提高教学成效。因此，在大学英语教学开展的过程中，教学设计要能激发学生的参与热情，使学生更愿意主动积极地配合教师的教学引导，并在特定的语言环境下，应用已经掌握的知识内容，参与到语言交流实践过程中。充分认识到与人交际的重要性，展示出自身的英语水平，并在综合性评价体系中获得表现自我的机会。通过语言教学实践，提高学生的英语交际能力，在进行问题情境设计的过程中，要充分发挥出不同角色的形象作用，提高学生的学习兴趣，满足现代化专业教学需求。

综上所述，情境表演法是能够有效提高学生跨文化交际能力的教学方法，教师应当在自己的教学中创建多元化的跨文化交际教学情境，通过新颖的教学

设计营造良好的教学氛围，全面提高学生学习用英语进行跨文化交际的兴趣，增强学生的语言应用能力。

第三节　文化对比法

文化对比法是语言教学中最常见的教学方法。语言的学习离不开文化，而文化的学习和了解又离不开中西文化的对比。教师通过结合教材中的文化元素进行分析和比较，能够加深学生对本国文化与他国文化的理解。而跨文化交际课本身就涉及不同文化的碰撞，对比和分析文化差异，是跨文化交际课堂最重要的一部分。因此，文化对比也应该贯穿在整个跨文化交际的课堂。文化对比教学法是研究两种社会文化的相同和不同之处，使学生对文化差异有较高层次的敏感性，并把它用于交际中，从而达到成功交际的目的。

一、文化对比的方法与措施

跨文化交际中的文化对比教学无处不在，但是教师通常采用的是讨论的方法开展文化对比。如果每节课都使用这种单一的对比法，就会让课堂显得枯燥，降低学生学习的兴趣。除了教师提问，课堂讨论等方法以外，还可以选取学生感兴趣的或与学生生活密切相关的主题，结合主题进行中西对比。此外，通过课堂表演将文化差异呈现出来，也是一种有效的文化对比的方法。

（一）通过问答进行文化对比

教师通过提出问题让学生思考，进行文化对比，是最直接的一种教学方法。但是教师在提问过程中应该要注意把问题细化、具体化，而不是笼统地问学生文化差异是什么。要针对某个主题，提出多个细节性的问题。例如，在讲到小费文化的时候，教师可以提出以下几个问题：①哪些国家需要给小费？哪些国家不需要给小费？②为什么要给小费？③应该给多少小费？④哪些行业的人需要给他们小费？⑤给小费的方式是怎样的？是当面直接给还是放在某个地方？学生通过对这些问题的思考，就能够非常清楚地了解中西方在小费文化方面的差异，这比教师笼统地问学生"中西方小费文化有什么差异"教学效果要好得多。

（二）通过讨论进行文化对比

以《大学体验英语》第一册第一单元 *College Life* 为例，这一单元涉及的是中西方高等教育体制的差异，包括在大学生入学、学生选课、考试制度、授课方式等方面的不同之处。教师先让学生们回忆自己接受教育的情况，再围绕对大学教育的憧憬和现实感受进行小组讨论，通过讲述、展示图片及学生自查资料，使学生了解中西教育模式的差异，再通过安排学生观看电影《大学新生》，更好地了解美国大学新生和中国大学新生的差别，并结合观后感进行讨论总结，加深学生对中西方高等教育体制差异的理解。

（三）结合教学中的主题进行文化对比

通过中西方在此主题的对比和分析，让学生全面了解英汉语文化的差异。例如在讲节日的时候，教师可以让学生比较美国的 Memorial Day（阵亡将士纪念日）和中国的清明节，美国的 Valentine's Day（情人节）与中国的七夕节，美国的圣诞节与中国的春节等，从节日的起源、庆祝方式等方面了解节日传递的文化意义与差异。还可以让学生总结归纳美国节日与中国节日的总体差异：美国的节日很多是纪念美国历史上的某一个人，如 Martin Luther King Day，Presidents' Day，Columbus Day，分别是为了纪念美国黑人民权运动领袖马丁·路德·金，美国第一任总统乔治·华盛顿和美国最受人欢迎的总统林肯，发现了美洲大陆的哥伦布。而中国的很多传统节日，都重在家人的团聚，如春节、中秋节、端午节等，节日上的差异也充分体现了美国人的个人主义和中国的集体主义。

（四）通过表演进行文化对比

在表演中呈现和突出文化差异，能够加深学生对文化差异的理解，提高学生的跨文化交际意识，同时也可以活跃课堂氛围，调动学生学习的积极性。例如讲到中西方家庭观念的对比时，中国家庭成员关系密切，但父母对子女干涉较多，孩子和家长互相依赖度很高；西方家庭成员关系较为松散，但民主气氛比较浓厚，父母一般尊重子女的选择，父母孩子之间是平等关系。在亲子关系上，中国注重的是家长的权威，西方注重的是人人平等。为了更好地表现这些文化差异，可以让学生自编剧本和对话，设计中西方家庭典型的生活场景，用情境表演的方式体现出来。这样学生在设计的时候就自然会总结中西方家庭观念的文化差异的要点，并且会理解得更加深刻。

文化对比的方法还有很多，在跨文化交际英语课堂教学中，外语教师要注意使用适当的方法，通过对中西文化的对比，加强学生对中西文化差异的理解。

二、文化对比的内容

（一）词汇的文化内涵的对比

语言词汇是最明显的承载文化信息、反映人类社会文化生活的工具，词汇是语言的建筑，材料是理解文化的基础，也是学生在跨文化交际中的主要障碍。文化意义是指某一文化群体对于客体本身所作的主观评价，不同文化中的人对同一客体产生的联想意义不同。词语在文化上的差异是学好外语的一大障碍，因此在跨文化教学中要注意词语的文化意义在目标语和母语之间的差异对比。词汇是语言构成的最基本要素，任何语言的表达都离不开词汇。而文化的内涵也在语言的使用过程中潜移默化地渗透在词汇中。中西方不同的地理位置和历史发展、风俗习惯等孕育了中西方词汇丰富的文化内涵。了解词汇的文化背景，通过中西方文化的对比更有利于学生词汇的习得和使用。因此，在讲解和记忆词汇的过程中，将词汇教学和文化教学相结合，有利于学生语言综合能力的提高，也是解决跨文化沟通障碍的一个有效途径。

（二）文化背景知识的对比

背景知识是语言文化的重要组成部分。阅读过程当中理解文章的关键，在于正确地使用已知背景知识去填补文中一些非连续的空白。了解英语国家的民族文化、社会行为模式、历史、地理等方面的差异，能够使学生更好地理解对话的含义。文化背景知识的导入可以培养学生的跨文化交际能力。在人们长期的社会实践中，语言得以慢慢形成。由于语言是在特定环境中形成的，所以每种语言都包含着某种特殊的文化，可以说，语言是一种特殊的文化现象。而语言存在的重要目标之一就是实现有效的沟通与交流，这也是我们学习和教授英语的任务之一。当然，实现有效的、毫无障碍的交流的前提条件是扎实的语言能力，但是如果只具有听说读写译的能力，并不能说已经具备了交际能力。要想真正获得交际能力，就必须同时具备听说读写译和社会文化能力。可以看出，语言能力与文化能力是相互依存的。文化知识是构成交际能力的一个重要部分，现代语言教学的重要目标之一就是促使学生掌握足够的社会文化知识。简言之，语言学习离不开文化背景知识的学习。在以往的英语教学中，我们往往忽略了向学生传授英语国家的文化知识，导致英语教学成了脱离社会环境的单纯的语言技能训练。这样培养出来的学生，就算能够阅读英语文章，会拼写英语单词，但是由于没有接受过文化熏陶，在与英语国家的人交流时，必定会处于不利地位，甚至可能闹出笑话。所以在英语教学中，必须适当进行跨文化的背景知识的对比，培养学生的文化理解力。

（三）交际习惯和行为方式的对比

文化制约着人们的一切行为，包括语言行为。不同文化背景的人具有不同的语言习惯和行为方式，在教学当中要注意培养学生对目的语和母语在交际习惯和行为方式方面差异的敏感性，提高学生的交际能力。如在日常的交往当中，英语国家的人喜欢谈论天气，而把年龄、工资、婚姻状况等作为禁忌的话题，中国人就喜欢用"你吃了吗""去哪呀"来打招呼。教学中要让学生了解日常交际中的差异，包括称呼、称赞、致谢、拜访、夸奖、道歉等，并且以本族人的观点去理解目的语文化，使他们具备进行得体而有效的跨文化交际的能力。

（四）价值观和思维方式的对比

在跨文化交际中，由于交际双方的价值观念和思维方式的不同，常常会导致交际中矛盾或冲突的出现，影响跨文化交际的顺利进行。价值观是任何社会和文化中的人们生活的准则，思维方式和道德标准是文化的核心内容。东西方截然不同的价值观赋予了两种语言以不同的文化内涵。人们的思维方式和行为方式方面的差异，也是由于价值观的差异所引起的。中国文化强调集体主义、和谐的人际关系，而西方文化则重视个人主义、坦率直言等。在教学中要使学生了解中英两种语言在价值观和思维方式上的异同，使学生能够在交际中作出正确的预测和理解，顺利进行跨文化交际。

中西文化对比是英语教学的重要内容。在跨文化交际英语教学中尤其需要加强文化导入，重视文化差异对语言的影响。跨文化交际障碍主要是文化差异导致的。如果不注重文化教学和文化对比，即使学生掌握了语言知识，交流也还是会存在障碍的，因此跨文化交际教学必须重视文化的对比。语言是文化的重要组成部分，文化影响着语言的发展变化，也渗透于语言习惯中。中西文化的差异是经常困扰大学生学习的问题，因此，在掌握了基本的听说读写能力的基础上，了解中西文化差异并对其进行对比分析能使学生更好地了解和掌握英语，使学生能灵活地运用英语进行跨文化交际。

第四节　影视赏析法

在跨文化交际英语教学中，影视赏析是一种有效的教学方法。不少学者建议利用电影培养学生的跨文化交际能力，如美国学者 Lustig 和 Koester 的《跨文化能力：文化间人际沟通导论》、H. D. Brown 主编的《跨文化交际教学实用方法》、樊葳葳的《跨文化交际视听说》中都推荐了与跨文化交际相关的影片。通过对电影作品中所呈现的文化差异进行对比和分析，引发学生的讨论，能够更加直观生动地把文化差异现象呈现在学生面前。影片既是学生话题讨论和分析的素材，也能够活跃课堂氛围，激发学生的学习兴趣。影片里不仅有生动有趣和感人的情节，还具有丰富实用的语言和文化知识。教师可以带领学生更有效地欣赏影片，而不是简单观看情节，是带有目的性地给学生分配任务。例如，影片播放完毕，让学生课后描述影片内容，评价影片人物，揭示影片所反映的伦理道德等。提醒学生要更多地使用影片中的语言，下次课让学生在课堂上做课堂报告或小组讨论，陈述自己对影片中情节、人物、文化内涵等的看法，这样既能丰富学生的语言知识，又能得到应用实践。在师生互动、生生互动中引导学生做中西文化对比，经过交流活动过程，学生既提高了语言应用能力，又提高了跨文化意识和跨文化敏感度。

中国人和英语国家的人在风俗习惯、生活方式、思维方式、价值观念等方面都存在很大差异。英文影视作品能生动直观地向观众呈现实际的文化元素，让学生能够在学习地道语言的同时，也能够更好地理解英语国家的文化，从而培养在实际语言交流中应具备的跨文化交际意识。利用电影或电视剧中的生活场景，引导学生了解他国文化，并联系本国文化进行对比。如观看外国电影中大学新生到校报到的场景后，让学生分享自己开学报到的经历，然后进行场景比较，分析场景背后蕴含的文化差异。教学中可以截取某部电影的片段，作为课前导入或者学生讨论的话题。例如，在学习非言语交际这一章节的内容时，笔者截取了美剧《这个杀手不太冷》的开头部分。短短几分钟的视频，引起了学生极大的学习兴趣。这时笔者就根据视频提出几个问题：影片中的人物主要靠什么方式进行交流？非言语交际有什么特点？

在学生全面了解和掌握了跨文化交际理论知识后，可以选取几部完整的影片进行教学和讨论。例如，教师在课堂上选取电影《刮痧》作为讨论和分析的影片，要求学生从法律、家庭观、友情观、育儿观、中西医等方面分析和讨论中美文化差异。

（1）从法律上来看，中美两国有很多差异。美国有联邦法和地方法。因此很多法律在美国不同的州也是不同的。有些行为在中国是合法的，在美国却是违法的。如把未满 12 岁的孩子单独留在家里在美国是违法的，未满 21 周岁的美国年轻人不允许饮酒和买酒，而这些在中国却是不违法的。有些行为在中国是违法的，在美国却是合法的，如购买枪支和吸食大麻在美国是合法的，但是在中国是明显违法的。

（2）从家庭观来看，美国人认为中国人可以为了工作而跟家人分开生活，这是他们无法理解的。美国人常常会为了跟家人在一起而放弃一份高薪的工作，周末的时间也基本是跟家人在一起度过的，因此，美国人觉得中国人的家庭观念淡薄。而中国人却认为美国的年轻人不赡养老人，老人也不给子女买房或者照顾孩子，认为美国人家庭观念淡薄。在生活方式上，美国的子女和父母之间是相对独立的，而中国的父母老了之后依赖子女的赡养或者精神陪伴，子女在成家后也要依靠父母准备婚房和帮忙带孩子，彼此之间存在更多的依赖。

（3）在友情观上，中国人和美国人对朋友的概念有不同的理解。中国人对朋友有着很高的期望，朋友应该是患难与共，能够为朋友两肋插刀；而美国人则认为即使是朋友，也应该保持一定的距离，朋友做错了也应该批评指正，要基于事实说话，影片中许大同把他的老板昆兰先生视为自己的好友，可是在法庭上昆兰先生还是公事公办，根据事实说话，绝不包庇朋友。这在中国文化中就会被认为昆兰很不讲朋友义气。

（4）在育儿观上，中西方教育孩子的方式也存在差异。在中国文化里，传统的教育孩子的方法就是"棍棒底下出孝子""不打不成才"，认为只有打骂才能教育好孩子。父母和孩子之间是不平等的，父母是权威，父母会替孩子做决定。父母可以包办一切，包括孩子的婚姻大事，因此也出现了很多父母用打骂的方式来惩罚孩子，这是父母的权利和自由，也不会触犯法律。而在美国，父母和孩子是平等的关系，父母充分尊重孩子的意见和决定。在教育的方式上也不能过度打骂，因此美国有相应的法律来保护孩子，明确规定了什么程度的打就是违法的。过度打孩子会被视为虐待儿童。父母一旦违法，就要被剥夺探视权，美国儿童保护局会把孩子保护起来。这也是影片中为什么医生在发现是虐待儿童后就立刻不允许许大同跟儿子丹尼斯生活在一起的原因。

（5）中西医在理念上也是有很大区别的。这直接影响着中西方的人对中医和西医的不同理解。中医的诊断是"望闻问切"，西方人认为中医的诊断是建立在医生的主观经验的基础上的，缺乏科学性和客观性，因此无法接受和理解。西医的诊断是通过一系列医学检查后根据仪器设备检查的结果作出的分析和诊断，一切讲究实证。所以在这部影片中，美国人很难理解中医里刮痧的原理。

教师先要求学生围绕上述五个方面分组讨论，然后以小组的形式做课堂汇报。通过这些方面的文化对比，学生就能够进行发散性思维，从不同的角度结合影片进行文化对比和分析。由此，学生不仅能够对中美文化差异进行深入分析，还能够进一步挖掘造成影片中文化冲突的深层次原因并提出处理的办法。

教师可以选择以下与跨文化交际有关的经典电影，选取其中的一两部引入教学中，让学生观看完之后讨论思考。

（1）《刮痧》。该影片是由郑晓龙执导，由梁家辉、蒋雯丽、朱旭主演，于2001年出品的一部电影。该片以中医刮痧疗法产生的误会为主线，讲述了华人在国外由于东西方文化的冲突而陷入种种困境，最后又因人们的诚恳与爱心，困境最终被冲破的故事。

（2）《少女小渔》。其是由张艾嘉执导，刘若英、庹宗华、丹尼尔·J·特拉万提主演的剧情片，于1995年4月22日在中国台湾上映。该片讲述了24岁的小渔为了在纽约读书的男友江伟能安定下来，经人介绍与一位年逾六十的意大利老头马里奥假结婚的故事。

（3）《喜福会》。其是一部由王颖执导，温明娜、周采芹、俞飞鸿、卢燕、赵家玲、邬君梅等主演的剧情类电影。该影片总片长为139分钟，有粤语、英语和汉语普通话，于1993年9月8日在美国上映。影片讲述了新中国成立前夕从中国大陆移居美国的四位女性的生活波折以及她们与美国出生的女儿之间的心理隔膜、感情冲突、恩恩怨怨。

（4）《最后的武士》。该影片由爱德华·兹威克执导，汤姆·克鲁斯、渡边谦、真田广之等联袂出演，于2003年上映。电影以1876—1877年的西南战争和明治维新作为背景，描述一个前美国军人，到日本助明治新政而组建的日本新军做教官，在战争途中被俘，慢慢被日本传统文化所吸引。

（5）《欢迎来到东莫村》。其是由朴光贤执导，申河均、郑在泳、姜慧贞主演的一部韩国电影。影片讲述的是1950年朝鲜战争之际，五名分别来自朝鲜和韩国的军人以及一名美国空军士兵流落到一个未受战火波及的村子——东莫村，并在那里相识，交往，而后共同作战的故事。

英文电影的场景真实，提供的语言环境是其他英语教材所无法比拟的。学习者可以更好地把自己置身于说英语的环境中。

利用影视赏析是培养学生跨文化交际意识的有效途径。通过电影中呈现的文化，在相对真实的语言环境中学习语言和文化，可以使学生更多地了解英语国家的宗教信仰、价值观念、风土人情，在学习英语语言知识的同时，增强跨文化意识，从而有效地提高跨文化交际能力。

第八章

跨文化交际视角下的英语教学

随着全球经济一体化进程的加快，中国和世界各国的联系也越来越密切，大学英语教学的目标也随之发生了变化，要求培养具有跨文化交际能力的国际人才，这就要求大学英语教学应从跨文化交际的角度进行教学改革。只有在英语教学中以跨文化交际为视角，才能更有效地培养大学生的英语综合运用能力，顺利实现跨文化交际。本章主要从词汇、阅读、写作、翻译等四个方面来探讨英语教学中如何以跨文化交际为视角来进行教学改革创新。

第一节　跨文化交际视角下的词汇教学

一、文化对大学英语词汇教学的影响

一个民族的文化，最先通过语言中的词汇表现出来，而不同民族间的文化差异，在词汇上的表现也最为明显。因为文化的不同，词汇在内涵和外延上都有极大的不同，这种差异也对英语词汇的学习和教学有着重要的影响。文化对大学英语词汇教学的影响主要有以下四个方面。

（一）一些英语词汇涉及英语国家的历史、政治、经济、文化、地理等文化知识

例如，"check and balance"一词，直接翻译过来就是"制约与平衡"，这涉及美国的政治体制，美国的立法、行政、司法部门的三权分立制度，三个部门之间是彼此制约与平衡的关系，但如果不了解这一政治文化背景知识，学生就很难从字面意思上理解这一词汇。

（二）词汇具有文化内涵

英语词汇除了本身的指代意义以外，还具有词汇感情色彩、联想意义等内涵。如英语中的 green hand 就指的是新手，而不是绿手。Blue blood 不是蓝色

的血，而是指贵族血统。这些都说明在词汇教学实践中讲授词汇的内涵意义的重要性。

（三）某些词汇反映了西方人的生活方式、思维方式和价值观

例如，lucky dog 是"幸运儿"的意思，这体现了西方人对狗的钟爱，而"狗"这个词在汉语里大部分是贬义，汉语里"狐朋狗友""狗腿子""走狗"等词语都是贬义。要理解和掌握这类词的运用，就必须了解这些英语词汇背后所包含的文化背景知识。

（四）文化词汇的缺失现象

汉语中有许多概念在英语中找不到对应词。中国的"四书五经""阴阳""三伏天""观音"，表示节气的词如清明、雨水、惊蛰等在英语中都找不到对应词。而英语中也有许多词汇很难在汉语中找到对应词，因为中国没有相对应的概念，如 drive‑in restaurant（汽车餐厅），hippie（嬉皮士），montage（蒙太奇），Catch‑22（第 22 条军规）。

二、大学英语词汇教学的特点

（一）大学英语词汇教学的基础性

词汇是语言的基本单位，因此词汇教学也是语言教学的基础环节。语言学习者只有掌握了一定量的词汇，才能灵活运用语言，提升听说读写等各方面的语言技能。大学阶段的英语学习，有大量阅读任务和自学任务，没有一定的词汇量，学生就无法完成篇章阅读任务。所有的语言学习，都是以词汇为基础的，学习和积累词汇是语言教学的基础。

（二）大学英语词汇教学的丰富性

大学英语词汇教学的丰富性，不仅体现在词汇量大，而且体现在教学内容也十分丰富，包括了词性、词义、习惯用法、固定搭配、文化内涵和语用等。学生学习和接触新词汇的来源也很广泛，不仅仅只是课本里的词汇，还有课外词汇，包括课外扩展阅读、报纸杂志阅读、新闻英语等，这些都极大地丰富了大学英语词汇的学习。因此，词汇教学过程中，需要引导学生掌握大量丰富多元的词汇。

（三）大学英语词汇教学的文化性

语言是文化的载体，而词汇则是文化的具体体现。词汇具有丰富的文化内

涵。进行词汇教学也是进行文化教学。因此，大学英语词汇教学具有文化性，是与文化密不可分的。在具体的词汇教学实践中，教师不仅应该强调词汇的文化背景介绍，还应该深度挖掘教材中英语词汇所包含的文化内涵，让学生更好地从英语词汇学习中理解和体会中西文化差异，从而更加有效得体地运用英语词汇进行跨文化交际。

三、大学英语词汇教学的现状

（一）教学方式单一

在目前的大学英语词汇教学实践中，大部分教师采用的是传统的词汇教学方式，即由教师领读，讲解重点词汇的读音、词义，然后再举一个例句。词汇的学习是一个枯燥的过程，如果一直用这样的方式来讲解单词，就无法调动学生英语学习的积极性和主动性，学生只是被动接受词汇，不能正确掌握和运用所学词汇，对词汇的记忆也不深刻。

（二）词汇教学脱离文化

目前的大学英语词汇教学还停留在词汇的字面意义上，教师在讲解词汇时，大多是针对该单词的基本词义和用法进行介绍，着重对词汇的翻译，而很少涉及词汇所包含的文化内涵，更不会对英语词汇所体现的西方价值观和思维方式进行探讨和挖掘，从而使词汇教学脱离了文化，把文化与词汇割裂开了。而离开文化的词汇教学是不完整的，学生只是机械地了解了词汇的基本含义，不能有效掌握和运用词汇。

（三）词汇教学脱离语境

在大学英语词汇的教学过程中，教师和学生都很注重词汇的积累。词汇的记忆，往往以单个形式来呈现，学生死记硬背，脱离具体语境。学生养成依赖习惯，在阅读中一旦遇到生词，要么查找词典，要么求教于教师。这种单纯性记忆词汇方法，费时费力还低效。教师通过单词的逐一呈现来讲解单词，学生则通过背单词表的方式来死记硬背单词。这些方法都忽略了单词所处的篇章语境。单词的学习，应该是要把单词置于某个语篇之中，或者某句话之中，通过阅读句子或者段落来掌握单词的具体用法，每个词汇只有在实际的语境中才具有准确、清楚的含义。因此学生应该将词汇与语境结合起来理解和记忆单词，教师也应该在教学过程中多加引导，这样有助于学生更好地理解单词在文章中的意思，也能够更好地掌握单词的用法。

（四）词汇教学中的英汉思维对比缺失

在大学英语词汇教学中，英汉思维对比缺失现象非常严重。大学英语教师在词汇教学的过程中，仅仅对词汇本身音形义进行解释，学生在学习单词的时候，仅仅注重词义的记忆和单词拼写，习惯用中文的思维方式来思考，尤其是一些文化负载词，是某个国家或地区的特有词汇，是英语中特有的词，这类英语词汇在汉语中找不到相对等的词，必须从西方文化的角度去解读和理解，需要用英语的思维才能准确地运用词汇进行有意义的交际。我国学生在汉语环境下学习英语，在理解词汇的内涵时会受到不同程度的影响：一方面，学生在本民族文化的影响下会形成思维定式，在理解英语词汇时出现语义偏差；另一方面，中西方文化差异和思维观念冲突，会让学生出现思维混乱，在词汇的使用过程中产生误用问题。

四、跨文化交际视角下大学英语词汇教学的原则

大学英语词汇教学应该遵循一定的教学原则，这样可以更加有效地培养学生准确运用词汇的能力和跨文化交际能力。具体而言，大学英语词汇教学应遵循以下四个原则。

（一）多样化原则

词汇教学的多样化原则就是要求在教学过程中教学方式的多样化。教师可以采用图画、实物、多媒体课件等不同方式来呈现词汇；可以将词汇根据教学目标的不同进行分类，分成口语词汇、听力词汇、写作词汇和阅读词汇等四大类；还可以通过词汇竞赛、阅读大赛、小组抢答等活动来促进学生词汇量的扩大。教师也可以在实际的词汇教学中借助故事所创作的情景来辅助英语词汇教学，通过看电影、举办专题讲座等方式辅助词汇教学。

（二）文化性原则

语言与文化密切相关。很多词汇都蕴含着丰富的文化，词汇学习的最终目的也是为了进行跨文化交际，因此文化性原则是大学英语词汇教学应该遵循的一个重要原则。文化性原则是指在对词汇的讲解和使用过程中，应该与文化相联系，介绍词汇的文化背景知识、文化内涵，并进行中西文化对比，从而加深对词汇的理解，全面掌握词汇的演变规律，有效运用词汇。

（三）语境性原则

词汇教学不应该孤立地进行，应该将词汇置于语篇中习得，词不离句，句

不离段。词汇本身也是在特定的语境中才有意义，如果离开语境教学就很难确定词汇的具体含义。通过学习词汇在句子中的含义和用法，在整个文章中的意思，来掌握词汇的词义和用法。语境性原则就是指教师应该结合词汇所处的上下文语境、语篇语境来讲解词汇。每个语篇都有一个主题，而这个语篇的所有词汇，都可以看作与这个主题相关的词汇，把词汇放在语篇中学习，不仅有助于学生有效掌握词汇在句中的具体含义和具体用法，还有助于学生了解该类词汇使用的语境，从而准确运用词汇来表达相关的主题。此外，脱离语境背单词表或者词典的词汇记忆方法也是不可取的，学生采用这样的方法往往效率不高，容易遗忘，很难掌握词汇，如果通过阅读文章的方法，就能加深对词汇的记忆，进而提升词汇学习的效率和英语词汇水平。

（四）对比性原则

大学英语词汇教学的对比性原则是指在教学过程中，可以采用对比的方法，这种对比有两个方面：一是同类词汇在英语中的对比，词义相近的词的用法对比，词义相反的词的对比，将容易混淆的词以及内容上联系密切的词汇找出来，加以对比，加强对单词的识记；二是中英文词汇的对比，有一些英语词汇在汉语中找不到对应的词，有些词汇指示意义相同，但却有不同的内涵意义。通过对比，学生就能够更好地掌握词汇的正确用法。英汉文化间有着很大的差异，只有通过文化对比，才能了解英语和汉语语言结构和文化间的差异，从而获得跨文化交际的敏感性。因此，在英语词汇教学中，教师应有意识地对中西词汇文化进行比较分析，使学生了解中西词汇的文化差异，深刻理解和掌握词汇文化的内涵。

五、跨文化交际视角下大学英语词汇教学的方法

（一）语篇结合法

大学英语词汇教学不能孤立地进行，应该与语篇结合。近年来，随着教学研究的深入，基于语篇意识的英语教学由于在提高学生综合语言能力上的优势而备受关注。基于语篇的词汇教学是指以特定文本整体呈现的语言材料的教学。其核心思想在于创设有效语境，置单词教学于具体语境中，置语言运用于具体情境中。用语篇意识指导词汇课堂，从整体入手，展现给学生完整的语言概念，通过有意义的语言输入来激活有意义的语言输出，从而把词汇的习得和语用能力的培养融为一体，提升词汇教学的有效性。

从词汇角度看，把语篇作为词汇学习的背景，目标词汇才会因语篇的衬托而彰显其内在语言意义。语篇如同词汇赖以生存的沃土，它滋润着其中的每个词汇，使它们变得鲜活，而脱离语篇的词汇，如同零散的构件，基本上处于无序的状态。这种状态既容易遗忘，又不利于在语言输出时及时调用。教师应该给学生创造一个真实的语境，借助完整的语篇，把这些词汇个体联系在一起，赋予词汇以生命。英语中纯粹的单义词很少，绝大多数是多义词，以 red 为例，其基本意义为红色，如 a girl in red 表示"红衣少女"，但在不同的语境当中，其意义又有差异，be in the red 表示"亏损、赔本"，to see red 表示"发火、愤怒"，而 red‐handed 则指的是"在犯罪现场"。由此可见，多义词不能孤立地学习，一定要将其放在有上下文的语境中来学习，从语境中体会它们的具体意义和用法，从而达到真正掌握的目的。

（二）文化融入法

大学英语词汇教学应该融入文化知识，教师应该选取与词汇相关的文化背景材料，将它们恰到好处地运用到课堂上。在中国，学生的词汇主要是依靠课堂环境下习得，平时很少接触到真实的英语环境，对于相关的文化知识也不甚了解，因此教师的讲解和引导就十分关键。文化融入法具体包括了以下方法：一是词汇的文化背景知识介绍。如在学习 baby boomers 这个词的时候，教师就可以跟学生讲与这个词相关的文化背景知识：婴儿潮一代，指的是在1946—1964 年出生的美国人。第二次世界大战结束后，美国婴儿出生率暴涨，这一时期出生的美国人多达 7 600 多万人，占了美国总人口的 29％，因为人数众多，所以他们的生活方式对美国社会产生了重大影响。二是词汇的文化内涵的讲解和探讨。例如 Achilles' heel，Achilles 是希腊神话中的勇士。他刀枪不入，唯有脚后跟，也就是 heel 这个地方和普通人是一样的。最后，他的敌人也正是抓住这个弱点，用箭射中了他的脚后跟，导致 Achilles 死亡。所以，Achilles' heel 在英语中指的是"致命弱点或缺点"。

文化能够反映出该国丰富的历史、习俗、传统、生活方式、思维方式、价值观，等等。这些文化特征可以直接或间接地包含在词汇教学中。学习词汇不仅是学习英语的过程，也是了解各个国家社会文化的过程。在大学英语课程中，学生有意识地结合词语教学，增强对两种文化之间差异的敏感性，逐步培养跨文化意识，并有效提高语言能力，这才是教师对词汇以及文化进行教学的有效方法。只有将文化因素有效地融入词汇教学中，学生才能更好地学习相关语言知识，并有效地获得词汇技能。

（三）词汇归类法

词汇归类法是指把目标词汇按照一定的标准进行归类，从而有利于词汇的学习和记忆。认知心理学认为"分类"是对新的物体、模式和事件的认知活动，可以对语言、思维、推理、决策制定等产生影响（加洛蒂，2015）。马扎诺（2015）将"分类"视为学习维度之一，并提供了帮助学生理解分类的过程模式和遵循的原则，甚至提倡为学生提供图示组织者或模式表征来帮助他们理解和应用分类过程。Ruth Gairns 等（2009）提出语义场结合语音、语法的系统化词汇教学观点，将词汇进行了"词族"等十几个类别的分类，通过词汇规律和结构化方式进行系统化呈现词汇。李延年（2001）从同义词、近义词，以及英语固定搭配对词汇进行归类，从一个词联想到许多另外的词，使我们能举一反三，由此及彼地引导学习者去学习和掌握一组一组的词，一串一串的词，用这种归类法学习词汇不但数量多，而且记忆深刻、牢固。王蔷（2002）认为应该分清词汇的类别，即很熟悉的词、似曾相识的词和根本不认识的词。对似曾相识的词的学习是最有效的方法。舒白梅（2008）提出三种词汇归类：语义场、语音和语法。程晓堂（2002）就词汇学习策略提出了通过同类词汇联想学习和记忆词汇效果更佳的观点。陈则航等（2010）从词汇教学存在的实际问题出发，提倡以主题意义为核心的词汇教学实践，提出了词汇教学的策略，即要根据主题意义分层、分类处理词汇，创设多种语境以让学生不断接触、理解和运用这些词汇。

在实际的大学英语词汇教学中，可以采用以下四种多元分类方法对词汇进行分类：词性分类、构词法分类、语篇关键信息分类、主题分类。词性分类，是让学生把所学词汇分成名词、形容词、动词、副词等词性，这是指导学生全面了解词汇用法的一种方式，培养了学生的词性意识，为词汇正确运用奠定了基础。构词法分类是根据词语构成的不同方式来分类，构词法分为前缀、后缀、合成等若干种类。例如，表示否定的前缀有 un-，dis-；常见的后缀有 -ty，-ism，-ist。在教学过程中教师总结和归纳一下，就能有效帮助学生理解和扩展相关的词汇。语篇关键信息分类是指根据语篇信息分类，意在通过语篇信息梳理，以词汇为载体，整合语篇信息。主题分类是指根据文章的主题总结归纳出与主题相关的词汇。如环保词汇有 acid rain，carbon-dioxide，renewable resources，green effect，global warming 等；教育词汇有 extracurricular activities，master degree，merit-based scholarship 等。将词汇按照不同主题进行归类，不仅有助于加深学生对这一类词汇的记忆和掌握，还有助于学生在口语和书面表达中正确运用词汇，巩固所学词汇知识，促进词汇运用的自动化，助力语言能力的发展。

运用词汇多元分类训练了学生对词汇自主学习的能力，按词性分类加强了词汇的词性维度认识，构词法分类有助于对词汇的扩展，以语篇关键信息分类增强了语篇解读能力，以主题分类整合了语篇主题信息。通过以词汇为载体的分类教学活动，改善了英语课堂教学氛围，促进了师生互动、生生互动。由于分类融入了对新旧词汇的辨别、信息梳理等思维活动，有助于加深对词汇的理解和记忆。

（四）广泛阅读法

词汇是制约学生阅读理解能力的主要障碍。扩大词汇量是提升阅读能力的重要方法。要想迅速积累词汇，就必须通过广泛的阅读，不断接触新词汇，巩固旧词汇。广泛大量的阅读，既确保词汇是跟语篇结合的，又能够确保大量词汇的出现。以词汇教学和学习为目的的阅读文章难度，必须是略高于学生现有阅读水平的，这样才能使学生在阅读的过程中，习得大量的新词汇。通过阅读获得的词汇，往往比背词典或者单词表的方式效果更好，印象更加深刻。由于学生的词汇积累主要来自阅读，阅读中的词汇教学就成为英语学习的重中之重。它可以分为读前、读中和读后三个阶段，并通过词汇的复现、检测和积累来提高学生的词汇量。读前所呈现的词汇应根据学生的情况，选择影响课文理解且不能通过上下文推测其意思的词汇，扫清学生的阅读障碍，帮助学生理解文章。词汇应尽量作为词块处理，以词块的形式呈现词汇不仅便于学生学习和掌握，也有利于提高阅读的流畅性。读前词汇呈现的方式有很多，经常使用的有图片呈现、中文释义呈现、构词法呈现和英文释义呈现等。阅读中的主要任务是理解课文，获取信息，同时培养阅读能力和良好的阅读习惯，词汇学习应当为这个目标服务。阅读中环节是将词汇放在课文语境中去理解并获取信息的过程，所以词汇学习应与课文语境紧密相连。阅读中的词汇学习是培养学生在篇章中猜测词义能力的最佳时机，准确推测词义也是课程标准要求的学生需要掌握的语言技能之一。读后的词汇巩固非常重要。在学生通过阅读获取信息之后，教师应通过设计一些指导学生运用所学词汇的活动，让学生将阅读中所接触的词汇进行内化。

语言习得是一种心理过程，要增加学生学习语言过程中的吸收量，就必然要扩大输入量，通过广泛阅读可以扩充词汇。由于大学英语课任务较重，没有时间在课堂上进行泛读教学，在这种情况下，教师就要让学生利用课余时间阅读，可通过定期给学生规定阅读内容，让学生写阅读笔记的方式来扩大词汇量。

第二节　跨文化交际视角下的阅读教学

英语阅读教学是大学英语教学的一个重要组成部分，它的教学目标是使学生掌握各种阅读策略与技巧，激发学生的阅读兴趣和养成良好的阅读习惯，提高学生阅读欣赏水平和阅读分析能力。大学英语教学中要求学生听说读写译，其中就包括阅读这项基础技能，在大学英语教学中阅读教学占据了很大的比重。《大学英语教学大纲》（修订本）也明确地指出："大学英语教学的目的是培养学生具有较强的阅读能力和一定的听、说、读、写、译能力，使他们能用英语进行交流。"就该教学大纲，我们很容易地比较出阅读在大学英语教学中的分量。学生要培养听、说、写、译等一系列语言技能，阅读能力是非常重要的基础，既有利于学生提高英语能力，也有利于教师提高大学英语教学质量。另外，在社会各级各类英语水平测试中，阅读理解通常都占有极高的分数，由此也可见其重要性。而且，英语阅读熟练程度高，能够增强学生的语感、扩大其词汇量，甚至对学生提高写作应用水平、认识和了解自身和世界等都有很大的影响力。因而，大学英语教学的一个重要教学目标应该是培养与提高学生的阅读能力。作为大学英语教师应提高认识，致力于改进课堂教学，指导学生运用各种阅读策略和技巧进行大量阅读和思考，提高英语阅读能力，并使学习效率得到很大的改观。通过这种方式才能帮助学生掌握独立自主阅读，批判性地进行阅读理解，有效地提高英语的整体应用水平，以适应将来进入社会后的工作和满足国际化的交流沟通需要。

一、文化对大学英语阅读教学的影响

由于语言与文化之间的密切联系，大学英语阅读教学不可避免地会受文化差异的影响。英语中很多词语的意思并不是词典里所解释的字面意思那样简单，很多时候词语本身都隐含着特定的文化内涵，要深入理解这类词汇，必须了解其背后的文化因素。只有了解词汇的文化背景知识，学生才能在阅读过程中顺利理解句意。文化对大学英语阅读教学的影响主要表现在以下三个方面。

（一）思维模式差异的影响

中西方在思维模式上存在很大的差异，这种差异也体现在语篇的写作风格上。英语的语篇属于演绎型语篇，往往开门见山，在文章的开头就点明主题，然后再展开论述或者进行解释说明；汉语语篇属于归纳型语篇，常常是先说事实，讲道理，最后再得出结论。因此，教师在教学过程中应该正确引导学生了解英汉思维模式的差异以及这种差异在语篇阅读中的影响，培养学生的英语思维习惯，锻炼学生运用英语思维去理解文章的能力。

（二）历史文化差异的影响

不同国家和民族在不断发展演变过程中形成了丰富的文化底蕴和特色的历史文化。很多英语词汇和文章本身就是与历史文化相关的，是历史文化的反映。学生由于不了解中西方历史文化的差异而导致阅读障碍的产生。例如，meet one's Waterloo 这一词来自著名历史事件滑铁卢战役。Waterloo（滑铁卢）是比利时中部的一个城镇。1815 年，拿破仑在这个地方大败，从此一蹶不振，Waterloo 这个小镇也因此次战役而出名。从字面意思上来看，meet one's Waterloo 是"遇见滑铁卢"之类的意思，这显然无法理解，实际上这个词可以进一步引申为"惨败"。又如，the Great Depression 一词，学生直接根据字面意思理解为一种严重的精神疾病，即"大抑郁"，而实际上这指的是1929—1933 年发生的美国经济大萧条这一历史事件。这两个例子说明，历史文化背景知识对于英语阅读理解产生重要的影响。因此在大学英语教学中，教师应丰富学生的历史文化知识，扩大学生的知识面，为学生的阅读能力的提升奠定基础。

（三）社会文化差异的影响

社会文化的差异也会对英语阅读文章的理解产生一定的影响。例如，学生在阅读到"Painting was her bread and butter"这句话时不知所措，无法理解这句话的意思，按照字面意思翻译就是"绘画是她的黄油与面包"。这很显然说不通顺。bread and butter 一词，bread 是面包的意思，butter 是黄油的意思，面包和黄油都是西方人经常吃的东西；bread and butter 连在一起在英语里就是"生计，主要收入来源"的意思。所以这句话的意思就是："画画是她的主要收入来源。"如果学生对这一文化背景不了解，在阅读过程中就会产生阅读理解上的偏差和障碍。

二、大学英语阅读教学的现状

（一）阅读教学方法单一

虽然阅读在英语教学中的重要性是所有教师都知道的，但在实际的教学过程中，阅读教学的实施还是存在一些问题。首先，从目前的课程设置来看，很少有学校把阅读作为一门单独的课程来开设。听力、口语、写作等课程都会单独开设。其次，在大学英语综合课上，教师也普遍把教学内容和训练倾向于听说和写作上，而对于阅读，教师只是逐句讲解阅读文章中的新词、难句、语法等，然后针对文章提出几个问题，学生在阅读中只注重语法结构、知识点细节，而忽略了对阅读语篇的整体把握，缺筛选、分析、理解与归纳文章信息的能力，严重阻碍阅读水平的提高。这样的课堂教学方式很单一，无法调动学生的阅读兴趣，也就不能真正提高学生的阅读能力。

（二）学生的词汇量小

词汇是阅读的基础。没有一定的词汇量，英语阅读就无法进行。大学英语对词汇量的要求远远高于高中阶段，而目前大学生的词汇量还很欠缺，无法满足大学英语阅读的需要，因此在阅读过程中，学生总感觉自己词汇量不够。英语阅读能力的提高，需要学生在掌握充足的词汇量的基础上进行大量的阅读。扩大词汇量是提高阅读水平的第一步。

（三）阅读量小，阅读材料不够丰富

阅读能力的提高，必须建立在大量阅读的基础之上。没有一定的阅读量，阅读能力是很难提高的。目前阅读教学的一个很严重的问题，就是学生的阅读量不够。一周两节大学英语课，一个学期仅仅学四个单元或者五个单元，也就是四到五篇课文，很多学生的阅读量，就是一个学期阅读五篇文章。而且阅读材料内容陈旧。问卷调查结果显示，60.5%的学生对阅读教材里的文章内容没有太大兴趣，原因是他们认为教材里面内容陈旧，话题与当下时政热点不衔接。教材问题主要表现为材料陈旧、话题缺乏时代性，阅读教材内容与时代脱轨。尽管教师也会布置适当的课外阅读，但如果教师不检查而全靠学生自主完成的话，学生很有可能不会去阅读。此外，学生真正可以接触到的英美原版阅读材料也比较少。绝大多数的原版报纸杂志的官方网站，在国内不能使用和查阅，因此就造成了真正适合学生阅读的课外材料的短缺。学生仅仅靠的是四六级阅读真题和模拟题里面的阅读文章来提高阅读理解能力。这么小的阅读量，是不可能有效提高阅读能力的。

（四）文化背景知识缺乏

缺乏对西方文化背景知识的了解，是造成阅读障碍的主要原因之一。在英语教学中，我们常常发现，有些学生已经掌握了一定的阅读技巧，而且也具备

足够的词汇量和语法知识，然而在阅读中却时常对某一句话百思不解其意。这主要是因为，当书面文字出现在读者面前时，读者不仅需要掌握足够的词汇量和一定的阅读技巧，更需要充足的文化背景知识去填补文字中的信息空白，这样才能全面深刻地理解阅读的内容，提高阅读的效率。原版的英语文章都是以西方文化为背景来写的，中国读者必须具备充足的西方文化知识，在阅读过程中进行思维转换，才能更好地理解阅读内容。如果不了解西方文化背景，英语阅读就无法顺畅进行。如果学生对英语国家的文化传统、风俗习惯、历史等方面的知识了解不够深入，那他们对文章的理解会出现偏差甚至是歧义，进而阅读效果也不尽人意。大部分教师也不是很重视文化背景知识输入，课堂上大多重视的是词、句等语言点的分析，较少补充和挖掘英美国家的历史文化、社会观念、宗教习俗等方面的相关背景文化知识，学生没有输入就没有相应的输出，从而影响阅读理解的准确性。文化背景知识对于理解材料有很大帮助，因此，学生除掌握大量的词汇和阅读技巧之外，还应该在广泛阅读的同时注意留意社会、政治、经济、文化等各领域的知识。

三、跨文化视角下大学英语阅读教学的原则

（一）教学方式多样化原则

在阅读教学中，教师可以采用不同的教学方式，来激发学生的阅读兴趣和热情，调动学生阅读的积极性，主要有以下四种不同类型的阅读教学方式：一是任务型阅读教学。这是一种较常用的阅读教学方式。在学生进行阅读前，老师根据教学目的提出阅读要求，然后学生在规定的时间里完成阅读任务，最后一般采取学生回答问题的方式检查阅读效果，并进行讲评。二是合作型阅读教学。教师把全班学生分成若干小组，学生带着教师的阅读要求开始阅读，对遇到的问题集体讨论，并根据阅读要求写出阅读报告。教师可在此过程中对各组进行检查指导。然后各组派出代表宣读阅读报告，其他小组的同学进行评论，发表不同意见。最后老师进行点评。这种教学模式能有效地培养学生的语言交际能力和合作精神，对于水平参差不齐的班级尤为有效。三是互动型阅读教学。首先，学生进行分组阅读讨论，完成教师提出的阅读任务。然后各组提出新的问题，可以向其他小组提问，也可以向老师提问。这种教学模式将学生最大限度地置于主体地位，能极大地调动学生的学习积极性和交际欲望，是一种很有效的教学模式。四是质疑型阅读教学。这种教学模式提倡学生对阅读材料提出质疑，但不是简单地挑战作者，而是鼓励学生更好地理解作者的写作意

图和文章的语篇结构等，交代学生阅读时应回答下面的问题：

①What is the author trying to tell you?

②Does the author say it clearly?

③How could the author have said it more clearly?

④What could you say instead?

学生阅读完后检查自己"质疑"过程中对以上问题的回答情况，然后教师对学生的阅读情况进行点评。这种教学模式中学生和作者之间展开了充分的交流，特别适合于对阅读材料语篇结构和写作特点的分析。

(二) 课内课外阅读结合原则

阅读课最鲜明的特点在于"泛"。它要求学生对各种文章的接触面要尽可能广。要学会阅读，就必须读，还要大量地读。课内的精读和课外的泛读相结合，确保了阅读的质与量。多读对于巩固、提高语言知识技能，增强语感，扩大词汇量，了解表达方式，增加背景知识等，都有好处。要让学生利用课外时间进行大阅读量实践。在有限的课时内，教师的主要任务是对学生的阅读情况进行检查，答疑解惑。教师的讲解必须言简意赅，课堂上仍应多给学生讨论的机会。阅读课应始终成为学生积极参与的实践课。

(三) 真实性原则

真实性原则是指英语阅读材料的真实性。大学英语阅读属于高层次阅读，在阅读材料的选择上，也应该尽量选择真实的语料。一方面要选择与学生的日常生活密切相关的阅读材料，以此激发学生阅读的兴趣；另一方面，要选择英美原版报纸杂志，确保阅读材料词汇与写作风格的真实性。还可以根据学生的专业特点，选择相关专业的阅读材料，确保阅读目的的真实性。例如，医学专业的学生，可以适当选择医学类的国外的学术论文，或者与医学相关的科研报道，不仅可以提高学生的阅读兴趣，还可以让学生真实地了解到医学专业领域的相关信息，学以致用，这样阅读就不仅只是学外语的一种形式，还是获取信息的渠道，也为以后医学专业学生科研文献的阅读奠定基础。因此，确保阅读材料的真实性，有效地输入真实的语料，是提高学生阅读能力的关键。

四、跨文化视角下大学英语阅读教学的方法

(一) 阅读策略的介绍

国外研究结果显示，阅读策略教学具有可行性，策略训练可以提高学生的

学习水平、考试成绩、对知识的记忆能力等，为了验证阅读策略对于提高学生英语阅读水平的可行性及有效性，作者进行了基于认知策略及元认知策略培训的大学英语阅读教学实验，向学生介绍了认知阅读策略与元认知阅读策略等各项策略的定义、用法及使用场合，使用有声思维的方法结合课文的阅读材料演示使用策略，鼓励学生与同桌相互讨论和练习。同时，让学生在教师的指导下强化练习使用策略，培养策略意识，尤其是元认知阅读策略意识，增强运用阅读策略解决阅读问题的能力。学生每次在规定的时间内运用各项阅读策略尽量快速而准确地完成规定的阅读理解，除此之外，在阅读过程中要求学生对自己的阅读过程进行积极的监视、控制和调节，提高学生的元认知监控能力。课后给学生提供课外学习资源，要求学生独立练习使用认知阅读策略及元认知阅读策略，完成相关的阅读任务，指导学生撰写"思维日记"，把每一次解决问题的过程和环节记录下来，促使学生反思他们的思维过程，评估和总结有效的元认知策略。同时，鼓励学生将所学策略运用于听力、口语、写作等新的学习任务中，并对策略运用情况进行监控与评估。实验结果显示，学生的阅读成绩、认知策略及元认知策略能力都较实验前有了显著提高，各项阅读策略（如推理文章的内容，猜测文中生词大意，略读、跳读、寻读等）的使用也由原来的低频变为中频或高频，大部分学生在阅读过程中存在的许多不良习惯如指读、声读、回视、查字典等得到有效纠正。同时，学生更善于将学习策略运用到各种学习任务中。

（二）阅读技巧的训练

阅读教学不能仅仅停留在对词汇和语法讲解的层面，阅读技巧的掌握对于阅读速度和理解程度的提高能起到事半功倍的效果。教师在阅读教学中要多给学生传授一些有效的阅读技巧并提供大量针对性的阅读训练，以提高学生的阅读速度和效率。这些技巧主要包括：①培养略读（scanning）、寻读（skimming）的阅读技巧，其作为非常实用的阅读技巧，普遍应用于各种阅读。略读又称扫读，首先要求学生快速地从头到尾扫读阅读材料，在阅读过程中可直接跳过某些细节，略过生词及难懂的长难句，将重点放在阅读材料整体及各段落的开头和结尾，掌握文章的大概内容，提高阅读速度。而寻读又称查读，即在掌握文章大意（即略读）后，根据要求，迅速查找与某一细节，如某一事件、观点或某单词有关的信息，如时间、地点、原因、结果、数字等，寻找解题的可靠依据。②通过语境分析和语义关系（semantic relation）判定来猜词意。学生可运用标点符号（punctuation marks）（如冒号、括号、破折号等）、信号词（signal words）、词汇或短语同义（synonym）或反义（antonym）关系等方法来猜测词义，也可运用类比关系（analogy）、比较和对比关系（comparison & contrast）、逻辑推理（logical deduction）、因果关系（cause & effect）等方法来推测词义。③学会理清长难句的句子主干（main clause），来掌握句子表达的主要意思（main idea）。无论是哪一种阅读技巧，教师都应有意识地有计划地帮助学生进行不断实践，让学生在不断实践中形成一种下意识，从而将其转化为一种内在的阅读动力，才能真正掌握有效的阅读技巧，提高阅读能力。

（三）英语词汇的扩展

词汇是英语学习的"敲门砖"，当然也是阅读的基本要求，更是提高阅读能力的必由之路。学生英语词汇量的大小和文章理解的准确度有很大的关系。大学英语的语言材料十分丰富，生词量也较中学有较大提高，中学阶段的记忆方式在大学阶段再来使用已经不太适应，大量的阅读需要学生大量的词汇储备。因此，教师在课堂教学过程中应该注重给学生介绍词汇学习方法和单词记忆方法，如构词法（word formation）、联想法（association）、比较法（comparison）、归纳法（induction）等，这样才能帮助学生扩大词汇量，提高阅读效率。提高词汇量，提高阅读准确度的另一个方法，是积累一定的近义词（synonym）和反义词（antonym），因为大部分情况下，阅读理解题目中往往出现与原文句子的相近或相反意义的选项，如果学生没有一定的同义或反义词汇的积累，在阅读理解中可能会出现一定的偏差和疑惑。另外，通过扩大阅读量也是巩固词汇量的一个比较有效的方法，它能提高生词的复现率，学生在不断猜词练习中，强化了新词的意义，为阅读理解打好扎实的基础。

（四）阅读材料的精选

阅读材料的精选主要有两个方面，一是阅读教材的精选，二是课外阅读材料的选择和推荐。合适的阅读材料是开展高校阅读教学的前提条件，而彰显时代性的阅读材料则更能引起读者的兴趣，激活读者的原有知识储备。整体来说，好的阅读材料主要有以下四个方面的特点。一是内容的趣味性。研究表明，趣味性较强的阅读材料更能有效地调动读者的原有知识储备，激发读者的阅读兴趣和阅读动机，从而提高阅读效率和阅读能力。二是内容的时代性。大学英语阅读教学的教学重点是语言和文化知识相结合，换言之，它既注重语言知识的积累，又注重篇章的构成和文章整体意义的把握。所以一篇好的阅读材料既要有较为丰富的语言、语法知识，又要包含体现时代性的政治、经济、文化相关内容。三是内容的可读性，主要指的是文章词汇或内容的难度系数要与学生的阅读水平相一致。按照著名语言学家克拉申的输入假说理论，文章的难度系数可以略高于读者的理解水平，这样有助于读者阅读能力的提高。四是文章的原版性。目前现有的教材，都是经过中国教育专家学者改编的，并非原汁原味的西方文体写作风格，在句式表达上和词汇的运用上，和中国人编写的文章还是有很大的区别的，大学英语阅读材料应该更加侧重英文原版文章，这样学生才能真正看懂外文文献，从而适用跨文化交际的阅读需要。因此教师应该多搜集原版期刊的文章，可以通过访问国外网站、下载微信公众号转推的原版期刊的文章，如 *National Geographic*，*The Scientist*，*Fortune*，*The Economist*，*The New Yorker*，*Newsweek*，*Times* 等英美国家著名期刊，使学生能够真正接触到高质量的原版英语文章，这能够有效提高学生在各种英语考试中的阅读分数和阅读能力。

（五）文化知识的导入

阅读教学不应只关注知识点的讲解和运用，还应该在教学过程中渗透相关英语背景文化知识，指导学生更好地分析和理解英语语篇层次，有效提高英语综合应用能力。一方面是因为语言是工具又是镜子，既是文化的载体又直观地反映了文化，因此英语学习与背景知识关系紧密；另一方面在于阅读理解本身是一个极其复杂的认知过程（cognitive process），它涉及对阅读材料文字和背景知识的处理过程，同时学生已有的百科知识（encyclopedic knowledge）在进行阅读理解的过程中影响很大。因此，在大学英语的阅读教学中，教师可以通过输入相关的英语语言文化等背景知识，激发学生阅读兴趣，并改进教学手段，如播放一些有关西方国家的纪录片、电影片段，或者给学生推荐一定量的课外书目进行阅读。学生在了解英语国家的政治、经济、文化、历史、地理、风土人情等多种形式的背景文化知识的同时，逐渐熟悉英语国家特定的语言环境及价值观等，加大了英语背景知识的储备量，帮助他们更好更深地认识英语语言社会。

第三节　跨文化交际视角下的写作教学

一、文化对大学英语写作教学的影响

（一）词汇层面的文化差异对写作的影响

英汉词汇层面的文化差异对英语写作具有很大的影响。学生如果不能很好

地了解英汉词汇的文化差异及其用法，就会在写作过程中造成用词不当。由于中英词汇存在文化缺失现象。一些中文词汇在英语中找不到相对应的词，或者某些词的指示意义相同，但却有不同的文化内涵，如果学生不能充分了解词汇的文化含义，在写作中运用词汇的时候，往往容易造成用词错误。例如，汉语中的"关系"和英语中的 relation 的意义并不完全等同，中国文化中"客气"一词在英语中很难找到恰当的对应词，英语中的 ambition 与在汉语里的含义也相差甚远。英汉写作中即使描述同一事物，也可能会具有不同的含义。例如，英语中"西风"就是温暖的春风，而汉语中的"西风"则代表寒冷萧索。英语中"蝙蝠"是邪恶的动物，汉语中"蝙蝠"则是吉祥的象征。

（二）思维方式的差异对写作教学的影响

中西方不同的历史文化对思维方式的影响非常显著，不同文化在思维模式方面的差异也会造成在语篇结构、词汇、句法等方面的不同，体现在写作风格上就是汉语中的归纳型写作和英语中的分析型写作。

中国人由于受儒教、佛教和道教的影响，看待客观事物的方式是理性的、直接的。中国人有着深厚的人本主义思想，把主体当成世界的核心，尊重人的主体意识。这种思维方式表现在写作中就是汉语常用主动句、人称句，以有生命的词开头，并以口号式、主观性的语言结尾。"天人合一"是中国传统文化中的重要内容，中国人深深地扎根于传统文化中，所以形成了整体性思维，这种思维方式表现在汉语写作中就形成了汉语的归纳性句式。汉语句子一般是先表述客观内容，然后再陈述主观内容，先交代事情的细节，然后再得出结论。中国学生英语写作中最突出的两大缺陷就是重点不突出和缺乏连贯性，正是由中国式思维方式造成的中国式篇章结构，让说英语的本族人看起来觉得绕圈子说话，重点不突出，条理不清。

西方人遵循从具体到一般的抽象思维方式，采用理性的方法去整理感性材料。西方传统哲学将世界与主体对立起来，其他人的思维深深地受到传统哲学的影响，因此在判断推理和应用概念方面比较擅长，最终就形成了分析型思维方式。这种思维方式体现在英语写作中，就是英语写作习惯借助数据和事实证明自己的观点，英语写作在句式上也常常用被动句，多以无生命的词语开头做主语，并且句子之间有着严密的结构和层次。英语往往是先描述主观内容，再描述客观内容，先提出观点，再进行详细的阐述。西方人写作首先直截了当地表明自己的观点，"开门见山"，首先讲出关键内容，每段段首经常有主题句，而且每段只有一个中心思想，段落内容必须与主题句直接相关。英语的语篇主要呈直线型，同时运用连接手段把整个段落衔接起来，使每一段落成为一个完整的统一体。因此，充分认识中西方思维方式的差异，有助于学生在写作时克服汉语的思维模式，减少或者避免母语的负迁移，主动用英语的思维方式去思考问题。

（三）价值观的差异对写作教学的影响

中西方价值观的不同也会对英语写作产生一定的影响。中庸与保守是典型的中国传统文化，所以中国人在汉语写作中常常借用古人的言论来证明自己的看法。这种思维方式在写作中表现为中国人倾向于模仿写作，并且引经据典，擅长引用名人名言。而西方文化崇尚民主、自由、创新，因此他们是批判性、求异性的思维，喜欢提出新观点，对前辈的观点进行质疑和创新，在英文写作中往往喜欢用大量的数据和事实来证明自己的观点，而很少使用老套的表达方式，害怕重复。

二、大学英语写作教学存在的问题

（一）写作中过于重视语法和单词拼写错误，主题和内容被忽略

目前英语写作教学的现状决定了教师的反馈更多注重英语的表层结构。为了满足学生对大学英语四、六级中写作的需求，在很多课堂中，学生们都是被要求在 30 分钟内完成一篇字数在 120 字的作文。教师对此进行修改或者就范文中较好的用词和句式结构进行讲解。英语教师在批改作文的时候，往往是指出其中的语法错误、单词拼写、词组搭配等方面的错误，而忽略了对作文的主题和内容方面的评价。写作是否切合主题，论述是否完整，文章的结构是否合理，内容是否充实，句式表达是否符合英文表达习惯等，都是教师评价中经常被忽略的问题。这就会给学生一个错误的导向，认为写作中最重要的因素就是语法和单词拼写，因此学生在写作中就会特别重视语法和单词拼写的准确性，而造成了对写作内容的忽略。教师应对学生作文的内容也提出相应的意见和建议。一篇好的文章不仅仅要具备形式上的准确性，也应具有一定的思想深度。

（二）教师评价过于简单

教师评价对学生写作能力的提高至关重要。学生对于自己的作文优缺点的了解大部分来源于教师的书面反馈。由此可见，教师的书面评价对于提高学生的写作能力起着如何宝贵且重要的作用。教师评价也就是名师指导和点拨，这是写作教学中必不可少的环节。目前，虽然在写作教学中教师都会对学生的写

作进行批阅打分，但由于中国自然教学班级的学生人数多，工作量大，大多数教师对写作的批改都比较简单，并未对学生的作文提出详细的修改意见，整体评价较为简单。学生在写作内容上的问题，无法得到教师具体的指导，因为得不到有针对性的反馈，不知道如何修改自己的作文，更不能看到自己写作能力进步，从而逐渐丧失了写作的兴趣与信心。

（三）对写作过程的忽略

目前的大学英语写作教学普遍忽略了学生的写作过程。往往都是教师给学生布置一项写作任务，指定题目，学生自己写作，完成写作后上交作业，教师批改后再返还给学生，整个写作教学就完成了。这种教学方式更像是流于形式，只是给学生提供了一个练习写作的机会，但并未对写作过程进行指导，也没有要求学生进一步修改上交，这就缺乏了学生修改的环节。学生在初稿中犯的错误，尽管得到了老师的反馈和修改意见，但是并未能进一步反思和修改，也就无法确保写作水平的提高。学生只是完成了一次写作任务。真正有效的写作，应该是学生初稿—教师评价—学生修改（二稿）—教师再评价，甚至是两次修改或者多次修改，这样经过反复打磨和修改的作文，才是最满意的。学生在这个写作和修改的过程中，写作水平也会得到明显的提高。

三、跨文化交际视角下大学英语写作教学的原则

（一）文化对比原则

王力先生曾指出，外语教学最有效的方法就是中外语言的比较教学。吕叔湘先生也曾说："对中国学生最有用的帮助是让他认识英语和汉语的差别。在每一个具体的问题——词形、词意、语法范畴、句子结构上，都尽可能用汉语的情况来跟英语比较。让他通过这种比较得到更深刻的领会。"外语习得不同于母语习得。一方面，外语习得没有母语习得时所具有的得天独厚的语言环境，不可能以自然的方式习得；另一方面，外语习得又是在母语水平达到相当程度的条件下进行，外语习得不可能不受母语的影响。同为语言，母语与外语，既有相同相似之处，也有相异相斥之时。通过比较它们的异同来学习，必然会收到事半功倍的效果。就写作而言，中文（母语）写作是在中文口语技能已经相当发达的基础上进行的，写作教学的主要任务是将口头语言笔头化，逻辑严密化，思维清晰化，使作品符合写作规范；英语（外语）写作却不同，写作者一般不具备完善的用英语进行解码和编码的能力，然而却具备了相当程度

的中文写作能力，如果不系统地在语言的各个层面上加以区别和比较，这种能力会自动、机械地迁移到英语写作过程中，从而产生中式英语。学生习作所犯错误，大部分是汉语负向迁移所致。例如，汉语中的动词没有时态的概念，名词没有单复数的词形变化，这种汉语语言知识，直接迁移到英语中就会造出严重语法错误的句子。再如，有学生将"亚洲四小龙"写成"four Asian dragons"，事实上，英语中的"dragon"一词，尽管其词典意义与中文的"龙"相对应，但其文化内涵与中文中的"龙"却有很大差异。英语中的"dragon"是"凶猛的怪兽"，而中文中的"龙"则有"神圣""吉祥""庄严""华贵""威力无比"之义。这类错误，教师如果不从英语语言与文化的各个侧面进行对比教学，学生是很难准确把握这类词的用法的。

进行英汉对比教学，加强学生对英汉词汇差异的意识。英语和汉语属于不同语系，语法规则和语言习惯都不尽相同。英语和汉语在意义上不是简单的一一对应关系。教学中，老师应该鼓励学生对比分析英汉词汇差异，了解英汉词汇特点，如不同词性的词在句子中担任不同的成分。在讲解词汇含义时教师应该帮助学生掌握英语和汉语词汇无法对应的部分，把词汇与句子、语境结合起来，让学生根据具体的情景体会词的意义、搭配和用法。其次教师可以通过课堂评讲学生作业中出现的错误词汇，对比分析英汉词汇意义上的差异，帮助学生避免望文生义，生搬硬套汉语意思的错误。最后教师应该在写作教学中融入文化教学，帮助学生了解词汇的文化内涵，鼓励学生在写作过程中用英语思维选词、造句，学会正确地使用词汇，提高英语表达能力。英汉两种语言属于不同的语系。它们无论在词汇，还是句法上，都存在较大差异。学生用英语写作，时常受汉语思维影响。把汉语中一些词汇或表达方式直接套用到英语中去，产生中式英语。无论是英语词汇，还是汉语词汇，在不同的语境中都有特定的内涵和外延。汉语词义较窄，较为精确、固定，比较严谨，词义的伸缩性和对上下文的依赖性比较小，独立性较大。教师在词汇教学中，要注意避免英汉单词意思的直接对应性，多从英语释义、该词的语义场、语境出发进行教学。这样，学生在写作时就不会逐词套译。句法方面，英语句子讲究"形合"，即指句子之间是通过连词等语言形式来连接的；汉语句子注重"意合"，即通过语义将句子与句子连接起来。英语是主语突出型，而汉语是主题突出。英语句式为避免头重脚轻常用 it 作形式主语。另外，汉民族习惯于整体思维，在表达时间、地理位置、介绍人物身份等时，常常先整体后局部，从大到小顺序排列。

（二）重视教师评价环节原则

写作教学中的评价指的是读者给作者提供的输入，其目的是为作者修改自己的文章提供信息。这些信息有直接和间接反馈两种。直接反馈是教师明确指出学生作文中的错误并改正；直接反馈能够使学生对自己的错误一目了然，是改正错误的最简单方式。对于一些基础较差的学生，即使指出错误所在，他们也不知道如何进行修改。这种时候教师的直接反馈就能够使学生很好地意识到自己的错误并且了解正确的表达形式。但是直接反馈容易使一些没有学习自主性的同学产生依赖心理。他们会懒于思考，处处依赖老师的修正，从而降低学习效果。间接反馈指的是教师只对学生作文中的错误用修改符号给予提示，但并不提供正确的修正结果，而是让学生自己去改正。对于那些英语基础良好的学生来说，间接反馈使他们很快意识到自己的错误，对一些基本的错误都知道如何进行修改。这个修改的过程不仅纠正了原来错误的英语表达，而且对正确的表达有了一个新的认识，巩固了英语使用技巧。当然，他们对于一些较难的语法错误也是束手无策，这就需要老师进行提示、启发，或者进行直接修改。教师通过适当的引导，以此来规范学生的写作内容，在这个过程中掌握英语写作的方法。肯定的评价会帮助学生树立写作信心，不断地改善并提高自己的写作水平；当然消极的评价也会打击学生的学习兴趣，削减他们的积极性。所以应从认知和情感两方面着手来评价学生的作文，给予肯定的同时也要指出不足，以期提高学生的英语写作能力。

四、跨文化交际视角下大学英语写作教学的方法

（一）读写结合

阅读不仅仅是获取信息的有效途径，也是积累素材的重要方式。学习者通过阅读积累词汇，了解英语的写作风格和表达方式，能够为英语写作奠定基础。读能够为写提供必要的语言材料，只有头脑中储存着写作的各种词汇、句子和衔接方式方面的素材，才能轻松地进行英语写作。各种体裁的阅读材料提供了许多句子框架，这些素材的输入为英语写作奠定了坚实基础。学生只有进行了大量的阅读，才能提高自己的英语语感，并不知不觉地形成英语思维习惯。因此，英语写作离不开大量的阅读输入，写作只有跟阅读结合，才能写出更加高质量的文章。在阅读过程中，很多学生都是仅限于理解文章的内容，很少从中吸取有利于写作的素材，对此教师应引导学生在阅读中体会作者遣词造

句的技巧，从而使学生积累大量的有利于写作的语言知识。读写结合对于学生发展语篇能力和语用能力也是有所帮助的。教师可以针对课文整体意义设计以读促写的活动，以此引导学生从语篇层次上把握课文内容，了解语篇的结构层次，增强语篇意识，提高他们对课文中单词、短语、一些句型结构表达的敏感度，帮助他们培养谋篇布局的能力。

在实际的写作教学中，写读书笔记，是读写结合最有效的训练方式。教师可以给学生提供几篇文章，让学生先阅读，再针对文章的某句话、某个观点、某个段落写阅读笔记，发表自己的感想，鼓励学生在理解文章内容和分析全文结构的基础上分析和评价作者的观点，明确作者要传达的要点，并形成自己的看法。这更是要求学生以作者的角度去阅读理解文章，把读到的观点与自己的观点联系起来，写出关于所读内容的评价，可以是对作者的观点进行补充或者进一步的解释，或者讲述一个与文中主题相关的故事或自己的经历，通过这样的方式，就能够培养学生在写作中用英语表达自己想法的能力。

教师在大学英语教学中运用读写结合的策略，以读促写，充分挖掘阅读材料中读与写的结合点，对学生写作能力的提高是有实际帮助的。读写结合也是一条切实提高学生英语写作水平、促进学生英语应用能力的发展、改进大学英语教学的有效途径。

（二）建立多元评价机制

这种多元评价机制包括三个方面的评价：教师评价、同伴互评、自我评价。由于教师评价在写作教学中的重要作用，必须建立科学完善的教师反馈模式。教师在反馈中不仅只是针对语法和单词拼写错误，也要指出作文的主题和内容方面的问题：条理是否清楚，内容是否充实，观点是否明确，论证是否有力等。学生互评可以在一稿修改后进行，针对教师评价中指出来的问题，互相检查和监督作文修改的情况，并再给出一个分数。

同伴互评模式从学生学习的主体地位出发，在大学英语写作教学中，通过学生之间的互评互阅，培养学生批判性思维能力，学生可以互学，共同进步。同伴互评模式对大学英语写作教学的现实意义主要表现在四个方面，即激发学生的学习兴趣、提高学生的写作能力、帮助学生的自我发展、提升教师的教学效率等。同伴互评需要注意两个方面的问题：一是细化同伴互评流程，这是同伴互评模式在大学英语写作教学中应用的重要环节。对大学英语教师而言，在应用同伴互评模式的时候，对于同伴互评的流程应逐一进行讲解，规范学生之间的同伴互评过程。在同伴互评流程的制定上，应结合教学大纲和课程目标，制定评价指标并分配权重，满分 100 分，内容、结构、词汇、语法各占 25 分，就文稿的内容、结构、词汇、语法等方面如何评改逐一进行示范讨论，让学生充分了解不同水平的文稿有哪些优点与不足，以及如何更好地改进。二是明确同伴互评标准，这对同伴互评模式在大学英语写作教学中的应用至关重要。在同伴互评的标准和细则方面，应予以具体的评价指标。如"coherence"，文理通顺，前后连贯；"key"，用适当关键词突出主题；"punctuation"，正确适时使用标点符号；"sentence pattern"，句型要尽量多样化；"tense"，动词时态要正确；文章要点齐全，写作层次清晰，还可以从语言用词、内容要点和结构过渡方面作出评价，强调中心突出、布局合理、表达自然。优等英语作文标准为紧扣题目，表达思想清楚，文字通顺、连贯，基本上无语言错误。中等英语作文标准为有些地方表达思想不够清楚，文字勉强连贯，但存在语言错误。低等英语作文标准为表达思想不清楚，连贯性差，有较多的严重语言错误。

自我评价不仅仅包括对写作成果的评价，还包括对写作过程的评价，对写作过程的评价是自我评价的重中之重；不仅仅包括自我写作策略的评价，还包括学习中体现出的动机、兴趣、投入、毅力等评价。不仅要发现自己的写作短板，还要发现自己的优点长处，积极肯定自己的努力和付出。自我评价不仅是对写作过程的评价，还包括作文修改自我评价。作文修改自我评价，不仅可以督促学生反复修改作文，还为学生修改作文提供了具体方向。另外，通过写作规划，让学生对自己的写作负责。通过写出疑问，提供师生交流平台。自我评价作为一种长期被忽视的评价方法，如果没有教师正确的引导和协助，学生会感到压力和负担，并对如何开展自我评价无所适从。在实施过程中，尤其是实施初期，教师要付出大量的时间精力让学生明白实施环节和要求，并尽可能地为每个学生答疑解惑，同时给学生提供必要的情感指导，让学生真正感受到自我评价带来的价值和成就感。经过一段时期的实施，学生就会把自我评价内化为自我学习的工具和自觉的行动，教师教学就会达到事半功倍的效果。

（三）运用语块进行写作教学

本族语者储存的是各种情景相搭配的语块，一旦需要这些语块就能直接提取，无需对一个一个的单词进行加工处理、排列组合。这提高了语言输出的速度和质量，基于语块的写作教学包括两个层次：第一个层次是简单的层次，即进行汉英互译、语块替换、语块造句、运用语块复述课文等。第二个层次是较高的层次，教师可以先将学生分成几个小组，然后组织学生讨论课文，教师应指导学生识别不同功能的预制语块，最后进行写作。这就可以节省从思维到词语再现整个认知过程的努力，减少临时的结构分析和组合，而主要聚焦于更大的语言单位和语篇结构。文章的起承转合都有相应的语块形式，这是学生可以选择的素材，熟悉这些语块可以加快语篇组织的速度，加强语篇的条理性。

第四节 跨文化交际视角下的翻译教学

一、文化因素对翻译教学的影响

文化因素对翻译的影响是巨大的。翻译是语言之间的转换，更是两种不同文化间的交流与碰撞。文化差异所带来的翻译障碍，往往会导致译文信息的失真。在翻译的过程中，仅仅掌握一些语音词汇和语法知识是完全不够的，因为我们翻译的内容不仅仅是语言符号本身，还包括其所承载的文化。文化很复杂，包括群体成员所共享的知识信仰、道德、风俗习惯、价值观等，而在翻译过程中所涉及的主要是蕴含在语言层面的一些小文化及一些词语、惯用语所包含的文化因素，这些都是可译的。

语言是文化的载体，语言与文化相辅相成、不可分割。翻译中的文化因素也是复杂而且难以把握的，作为译者不仅应当对语言有深刻的了解，更要熟悉掌握目的语言的特点，理解目的语所代表和体现的文化差异，深入了解中西文化的差异，这样才能让目的语读者更好地理解文章的精华。因此在翻译中我们不仅要学习语言知识，更要去了解语言所反映的文化，在翻译实践中面对有丰富文化内涵的表达方式，译者应兼顾源语和目的语文化，作出适当的调整，使译文更能为读者所理解和接受，从而顺利实现语言的转换，通过语言来传播文化。

二、大学英语翻译教学的现状分析

（一）翻译教学的重要性被忽略

听说读写译是英语学习中的五种基本技能，前四种在教学中都得到了重视和训练，而翻译教学却普遍被忽略了。这主要体现在两个方面：一是教材的编排上。目前我国高校供非英语专业学生使用的教材里，普遍没有翻译基本理论的介绍和翻译技巧方面的内容，仅仅只是在课后练习里面有句子或者段落翻译，但这些练习只是为了巩固课文的重点词汇和短语而设置的，因此从某种程度上来说，根本不是翻译练习，而是词汇练习。二是课堂教学内容的安排上。大学英语课堂上教师一般讲授生词、难句、语法、课文及练习等内容，很少涉及翻译理论和翻译技巧的介绍。即使课后的翻译练习会讲解，也只是简单地提供参考译文，让学生对照一下。因此，翻译教学严重被忽略了，学生经常出现漏译、误译的问题，学生的翻译能力也有待提高。然而现在的大学英语四、六级考试中，和大学英语的期末考试中，都设有翻译题，这就导致了教学与测试的严重脱节，学生在教学中得不到很好的指导，却在考试中需要翻译。因此，大学英语教学中，教师应该加强翻译教学，重视对学生翻译能力的培养和训练。

（二）教师个人素质和教学方法的局限

大部分英语教师的主要工作是教学，缺乏具体的翻译实践，缺乏较好的翻译素养，也不具备系统的翻译理论和技巧，因此不能很好地胜任外语教学中的翻译教学，或者是在翻译教学中显得力不从心，许多教师的教学观念不是很先进，也无法及时更新翻译知识和技巧。许多教师在实际的翻译教学过程中，往往在理论讲解时缺乏力证，而在实践教学时又缺乏经验，所以无法提高翻译教学的质量，这也是英语教学中翻译教学被忽略的一个原因。

就教学方法而言，很多教师只是在讲解课文的时候逐句翻译，或者针对难句进行翻译，强调和注重的是生词短语的翻译和解释，对于翻译技巧和方法很少提及，学生的翻译能力也就很难提高。

（三）学生翻译理论和技巧的欠缺

目前学生的翻译练习，仅仅还是停留在对课文所学词汇的巩固和运用的层面，对翻译的基本理论和翻译技巧了解甚少，更谈不上针对翻译技巧的训练了。大部分学生还只是通过查词典对文本进行直译，由于缺乏对翻译标准、翻译方法和技巧的了解和训练，导致了学生的翻译经常出现各种错误甚至是笑话。例如，学生会把"justice has long arms"翻译成"正义有长手臂"，而实际上这句话应该采取意译的方法，翻译成"天网恢恢，疏而不漏"。

三、跨文化交际视角下大学英语翻译教学的原则

（一）翻译理论与实践相结合

翻译教学的目的主要是让学生掌握翻译的基本技巧，培养学生独立翻译的能力。从这个角度来看，翻译属于技能课，但这并不是说翻译不需要理论，翻译教学中的理论与实践应该是并重的。有些老师认为翻译教学最重要的部分应该是实践，因此忽略了理论教学。实践不能脱离理论的指导，翻译理论不是对

翻译行为作出规定或者限制，而是引导翻译工作者能动地掌握和运用翻译的客观规律。虽然翻译是一项实践性很强的工作，但是具体的翻译也需要系统的理论进行指导。翻译中的理论思考主要体现在分析对比原语言文化和译语语言文化的不同特点和要求，避免生搬硬套所学技巧，在翻译过程中恰当使用各种翻译方法与策略，因此让学生掌握一点基本的翻译理论是很有必要的。教师应该有针对性地选择一些适合学生的翻译理论，使翻译理论教学具有实际意义。

由于翻译是一门实践性很强的课程，所以在翻译教学过程中，应该加强翻译教学的实践性。由于教学环境的局限性，大部分非英语专业的学生不可能真正做到去企业实习翻译，这就需要教师在组织教学内容，布置翻译任务和练习的时候，要尽可能使教学内容与实际工作岗位紧密结合。但是从当前的英语翻译教学的实际情况看，翻译教学模式陈旧，脱离了学生实际和未来就业实际，现有的教学内容与工作岗位所需相去甚远。教师应该根据行业的特点，在翻译教学内容的选择上，大量引用工作中的实例，以增强针对性、实用性，主动适应市场需求，提高学生的就业竞争能力和岗位适应能力，同时激发学生极大的兴趣。实际工作中的翻译内容包括英文资料的阅读及出口产品说明书的翻译，企业介绍的英文翻译，商业电子邮件的翻译，以及生活口译等，所以翻译教学的内容应该是重点培养学生对实用性文体如产品说明、企业介绍等的翻译能力。教师可以根据现有的教材和工作实际组织新的教学内容，把这些教学内容设计成不同的学习任务，就可以将翻译教学和翻译实践有机地融为一体，以利用这些工作任务来学习翻译理论并进行翻译实践教学，教学就会更有成效。例如，可以把翻译公司的订单任务分给各个翻译小组，学生翻译小组分工合作，共同完成翻译任务。这样既可以提高学生的实操能力，又能培养他们实际运用英语的能力，即翻译能力，充分体现教、学、做合一的思想。

（二）重视译者素养

随着全球经济一体化和翻译事业的迅猛发展，翻译已经不是简单的文字转换性质的劳动。翻译工作者有着多重身份，他们既是语言的转换者，也是信息的传播者，还有可能是文化交流的使者或者经济利益的创造者。因此翻译教学的目标势必要从培养翻译能力转换成培养译者素养，具体包括培养学习者的语言素养、知识素养、社会素养、批判素养和道德素养等，使翻译教学满足社会发展和人才培养的需要。

四、跨文化交际视角下大学英语翻译教学的策略

(一) 教学模式多样化

翻译的教学模式有很多，下面介绍和分析国内几种常见的翻译教学模式，希望对具体的翻译教学实践有一定的参考价值。

1. 传统翻译教学模式 传统翻译教学模式是教师给学生提供一篇翻译文本，让学生以口头或书面的形式翻译出来，然后老师给出参考译文，并结合参考译文进行讲解和点评，学生通过对照参考译文来纠正自己翻译中的错误。这种教学模式能够加深学生的翻译基本功，教师通过分析语言，使学生的语言能力在此过程中得到巩固并提高，从而培养了学生的语言技能。但是该教学模式也存在一定的缺点：过分重视对微观语言的分析，忽略了对宏观篇章和文化差异的把握；学生被动接受，是一种机械学习，缺乏学习的主动性。传统教学模式更加注重的是翻译结果，教师只重视对学生的最终译文进行评价，忽略了对翻译过程的跟踪，容易打击学生的学习积极性。

2. 建构主义翻译教学模式 建构主义翻译教学模式注重学习者的主体差异性，认为学生是一切教学活动的中心，教师主要起引导作用，所以该模式特别强调教师在教学过程当中对学生进行具体细微的指导和评价。

建构主义翻译理论认为，翻译的过程不是简单地把源语转换成目的语，翻译教学的重心是培养学生在学习过程中能够自我控制，自我调节，具有自我分析和评价能力，成为善于学习的终身学习者。这种教学模式以学习者为中心，改变了传统翻译教学模式中教师的主体地位。要求教师根据个体学生的不同需求，制定有针对性的教学内容，选取能够满足不同层次学生需求的翻译材料。该模式能够有效地调动学生翻译的积极性，做到因材施教，有利于培养学生的批判性思维能力和创新能力，但这种教学模式一味以学生为中心，可能无法顺利实现设定的教学目标。在翻译教学过程中，真正实施因材施教，也是有难度的。

3. 多媒体网络翻译教学模式 多媒体网络翻译教学模式是利用多媒体和网络平台进行翻译教学，如首都师范大学尝试在网络教室实行的交互式翻译教学。这种教学模式的优势是其他传统教学无法比拟的：多媒体网络信息资源丰富，从而使教师对于翻译内容的选择面也大大增加，同时还可以考虑学生的个体差异，有针对性地选择翻译材料，加上网络平台具有监控的功能，可以更加有效地监控学生的翻译过程，还可以对学生进行阶段性的评价，及时反馈学习

效果。但是这种教学模式对于教师本身和网络平台的硬件要求都很高。基于网络平台的翻译教学课件的设计需要翻译教师具备过硬的网络专业技术，这对于从事语言教学的教师来说是个短板。另外，硬件的配置，交互式翻译实验室或翻译实训平台的创建需要相关部门的财力支持，在一些落后的地区是还需要努力的。此外，网络教学的另一个缺点是缺乏课堂氛围，这种网络环境中的教学会给学生和教师造成一种无形的压力和交流缺乏的焦虑感。

4. 对比翻译教学模式 对比翻译教学模式是将翻译教学建立在英汉两种语言和文化对比之上，主要是在讲授翻译的时候，对英汉两种语言和文化差异进行系统比较。在翻译的实践教学中，对两种语言文化进行对比是十分有必要的。学生如果能够了解这两种语言文化在思维方式和表达习惯等方面的差异，在翻译实践中就会转换思维方式，努力遵循译语的表达习惯，排除源语的多重干扰，从而提高译文质量。这种教学模式也有很大的局限性。因为了解一种语言和中西文化，不是一朝一夕的事情，需要日积月累，需要长时间的积淀，绝非教师几堂英语课能够达到的。

5. 实践翻译教学模式 实践翻译教学模式是指将翻译教学与实践结合起来，创建真实的实践环境，利用专业的翻译平台开展教学的教学模式。这种教学模式强调翻译的实用性，能够培养学生联系社会实际需要来解决具体翻译问题的能力，进而达到学以致用。但这种教学模式要求教师不仅具备扎实的翻译专业知识，还要具备其他实用学科知识，甚至还需要经过某种技能的培训和提升。目前翻译教师在教学任务重、科研压力大的情况下，该模式实行起来具有一定的难度。

6. 模拟翻译教学模式 模拟翻译教学模式强调学习者的自主模拟，主张为学生提供强有力的模拟学习环境及教与用的结合，学生在模拟环境中将学习与知识积累贯穿于实际运用中。在这种与真实工作情境相结合的教学氛围中模拟翻译教学，意味着学习者所学知识具有针对性、实用性和可操作性。模拟教学要求把情境教学的模拟市场、翻译教材设置、模拟的教学课堂三者结合起来，从而创造有利于学生学以致用的学习环境。在翻译教学实践中，教师可以将情景模拟融入课堂教学。在情景模拟的过程中，教师应该组织引导学生讨论，营造自由讨论的氛围，并设法使学生成为讨论的主角，同时要以学习者为模拟的主体，教师为主导。

总之，在具体的翻译课堂中，无论教师采用何种教学模式，都应该遵循翻译活动自身的规律特点，同时也要考虑学生的个体差异和教学客观条件的限制。

（二）将英汉语言对比贯穿于翻译教学中

由于地理环境、生活习俗、传统观念、思维方式、宗教信仰等方面的不同，英汉两种语言也存在很大差异，这种文化差异也影响着翻译。译者只有充分了解源语和译语的语言文化特点和主要差异，才能真正达到翻译的标准，做到信、达、雅。具体而言，翻译教学中，教师应该让学生了解英汉两种语言在词汇、感情色彩、句法、语态、时态、段落等方面的差异。

汉语的句子比较短，句子之间可以连续使用很多逗号，而英语句子长，句子之间需要用连词连接，或是主句和从句的关系。这就要求在翻译的时候注意汉语中多个逗号的处理。汉语句子常常没有主语，而翻译成英语则需要用被动语态。例如，"可以通过深呼吸来缓解压力"根据英语表达习惯译为"stress can be reduced by taking a deep breath"。英语在描述客观事物的时候常使用被动句，因此在科技英语中经常使用被动语态。英语的动词有不同的时态，而汉语动词没有时态的变化。所以教师如果能够在教学中强调英汉的这些特征，适当地对学生加以指导，并举出实例让学生去理解和实践，学生就可以避免母语的影响，从而增加对英语的敏感度。

（三）培养学生的主体意识

长期以来，翻译者的地位都得不到重视，翻译者被看作翻译的中介，是翻译过程中最不起眼的组成部分，因此，在很多翻译文本中，特别是非文学翻译文本中，都没有提及译者的名字，从而忽略了他们的存在。近几年来，译者的主体地位不断得以强调和确立。学者们认为译者在翻译过程中承担了重要的责任，不仅仅是语言的转换者，也是文本转换的指挥者，而不是翻译过程的附属品。译者的理解力和判断力，直接决定着目的文本的走向和质量。因此，教师要让学生懂得自己在翻译过程中的主体特征，帮助学生树立主体意识，把自己看作翻译的主人，这有利于培养学生的创作能力和批判能力。

第九章

跨文化交际能力的培养策略

随着经济全球化进程的加快，世界各国间文化、经济和政治等领域交流的日渐频繁，跨文化交际能力的重要性已经凸显。外语教学的目标已经由最初的听说读写等英语基本技能和语言能力的培养扩展到跨文化交际能力的培养。有些学生掌握了大量的英语词汇，听说读写能力也很好，却在与英语国家的人交流时力不从心，这就是因为缺乏跨文化交际能力。在"一带一路"倡议的影响下，我国周边的国家都在加强与我国经济、政治和文化的交流，急需跨文化交际能力极强的高校毕业生加入此行列，为各国与我国的交流、我国与全球其他国家的交往作贡献。那么，在"一带一路"视域下，高校英语教学应利用此契机，为培养高校学生跨文化交际能力搭建一个有效的平台，切实有效地把跨文化交际能力的教学贯穿到高校英语教学当中去。因此，培养学生的跨文化交际能力，符合社会和时代发展的需要。2018年由教育部发布的《中国英语能力等级量表》将学习者的英语能力分为九个等级。能力总表里面的语用能力量表就包括对语言运用能力、文化意识和跨文化交际能力的培养。跨文化交际能力是新时代大学生的必备素质。本章介绍了国内外对跨文化交际能力的界定，并探讨了跨文化交际能力培养体系的建构、具体的培养策略、培养途径和跨文化培训。当前大学英语教学的重要目标就是培养学生的跨文化交际能力，这也是社会发展对人才的需求。

跨文化教育不仅能有效化解国际利益冲突，还能缓解跨文化造成的冲突。跨文化交际是大学英语教学的最终归宿，但受各种因素的制约，大学英语教学偏向于语言能力和语言文化知识的掌握，忽视学生跨文化交际能力的培养，无法满足社会发展对人才的要求，因此加强学生跨文化交际能力的培养至关重要。但如何在大学英语教学中培养学生的跨文化交际能力，依然是当下英语教学亟待解决的问题。本章就对大学英语教学中学生跨文化交际能力的培养策略进行分析和探究。

第一节　跨文化交际能力概述

一、跨文化交际能力的定义

跨文化交际能力是跨文化交际学中的重要概念，其内涵非常丰富，中外不少学者对这一概念进行了研究和探讨，从不同层面和角度对跨文化交际能力进行了界定。Spitzberg（2000）认为跨文化交际能力就是个人在某一特定语境中进行恰当和有效的交际行为。Lustig 等（2007）认为跨文化交际能力包括特定语境、得体性与有效性三个因素，由知识、动机与行为组成。这一定义把知识、动机和行为作为跨文化交际能力的三大组成要素，强调了跨文化交际的语境依赖性和得体有效性。Spencer - Oatey 等（2009）的定义则是"不同文化背景的交际者实施有效得体的言语或非言语交际行为及处理交际行为所产生的心理问题和交际后果的能力"。Ting - Toomey（2007）认为跨文化交际能力是通过交际理论和实践的结合，交际者能够有意识地运用跨文化知识进行交际的能力，且具备一定的文化敏感性。Mirzaei 将跨文化交际能力定义为能够理解对方的语言文化差异并与之协商，使用恰当的语言与对方进行交流。Byram 认为跨文化交际能力主要体现在建立和保持人际关系上。他认为跨文化交际能力由知识、态度、阐述与关联、发现与互动、批判性文化意识五要素组成。其中知识指了解本国与异国的社会文化背景知识；态度指对他国的文化与信仰持尊重、开放、包容的态度，愿意了解对方的文化；阐述与关联指的是将异国文化与本国文化建立联系并能够阐释的能力；发现与互动指的是能够探究具体的文化行为与文化背景里的个人，在不同的文化间进行转换，并将知识或态度转换成真实的交流与互动；批判性文化意识指具备对本国和他国文化进行批判性分析的能力。Wiseman（2004）认为跨文化交际能力是特指能恰当而有效地与来自不同文化背景的人们交流所需的知识、动机和技巧。Gudykunst（2004）认为跨文化交际能力由知识、动机和技能三要素构成，三者缺一不可。知识是指跨文化交际所需的跨文化意识，以及对异国文化的理解，包括交流规则、语境、文化习俗、民族特性等。动机则包括跨文化交际中的情感、意图、需要和动力。焦虑、社交距离、民族优越感和偏见都会影响交流者参与或放弃交际的决定。技能指的是交际过程中有效而恰当的行为和表现，技能必须可重复操作，并以实现目标为导向。

国内学者张红玲认为，跨文化交际能力需要相应的跨文化知识，并从心理上自信能实践这些知识，对不同文化表现出包容和欣赏的态度。能够包容和欣赏文化差异性显示出交际者的文化审视能力。金桂桃等认为"跨文化交际能力是指异域文化的个体在交际情境中的文化综合素养"。赵爱国和姜雅明认为跨文化交际能力指人的第二语言交际能力，包括语言、语用和行为三方面的能力。

上述学者们分别从社会学、心理学和交际学等不同的角度对跨文化交际能力进行了宏观表述，虽有不同，但也存在一定的共性，都强调了跨文化交际的特定语境和跨文化交际的得体有效性。很多学者认为跨文化交际由知识、动机和技能组成。学者们对跨文化交际的界定主要是从跨文化知识、语用和具体的语境出发，采用合适的技能，有意识地进行得体而有效的跨文化交际。

二、跨文化交际能力的要素

基于跨文化交际能力要素，国内外学者提出了很多模式。Starosta 认为跨文化交际能力包含认知、情感和行为三个层面。Cramsey 认为跨文化交际能力主要包括认知、情感与技能三大因素。情感因素包括交际个体在特定的交际情境中表现出来的即时情绪或态度。如果一个人能够积极参与跨文化交际，乐于在交际过程中保持客观理性态度，并成为对方语言表达的聆听者，那么其交际效果将大为提升。认知因素指交际个体随着对文化理解的深入而产生的动态化的世界观、价值观。技能因素指交际个体能够达到跨文化交际的专业能力水平，如动态摄取目的语文化信息的能力，深度理解并利用专业素养完成交际行为的能力等。Spizberg 等认为跨文化交际能力涵盖七种能力：基本能力、社交能力、社交技巧、人际交往能力、语言能力、沟通能力与关系能力。Byram 认为跨文化交际能力涵盖语言能力、社会语言能力、语篇能力和跨文化能力，而跨文化能力包含文化知识、解释和关联技能、探索和互动技能、态度、跨文化敏感度等一系列相互关联和相互作用的因素。Deardorff（2006，2009）建立了金字塔式跨文化能力模式，塔底是必备的态度，第二层面是知识与理解及技能，且两者是互动关系，第三层面是理想的内在结果，具备适应性、灵活性、民族文化相对观念和移情能力，就能到达金字塔顶，进行有效得体的跨文化交际。

国内学者文秋芳（1999）认为跨文化交际能力包括两种能力：交际能力和跨文化能力。交际能力包括语言能力、语用能力、策略能力，跨文化能力包括对文化差异的敏感性、宽容性和处理文化差异的灵活性。贾玉新（1997）认为跨文化交际能力包括四种能力：基本交际能力、情感和关系能力、情节能力、交际方略能力。杨盈等（2007）认为跨文化交际能力由全球意识系统、文化调适能力系统、知识能力系统和交际实践能力系统共同组成。胡文仲（1997）从微观、中观和宏观三个方面把外语教学目标分为三种能力：语言能力（听、说、读、写、译），社会文化能力（理解、评价、整合、适应文化的能力），交际能力（语篇、策略和社会语言学等语用能力）。高一虹（1999）指出英语教学目标已经发生了很大转变，最初外语教学侧重对语言能力的培养，现在英语教学目标开始强调和重视跨文化交际能力的培养。张红玲（2007）认为跨文化交际能力由态度、知识、行为三个层面十四个项目构成。

纵观这些学者的跨文化交际能力构成要素，可以发现其核心要素有三个：态度、知识和技能。态度包括：对于跨文化交际的动机和兴趣，对于异文化的积极态度，对于其他文化价值观和行为的尊重、耐心和容忍度等。知识包括：对于文化差异的常识，对于异文化的规则、模式和习俗的知识，对于交际和互动规则的知识等。技能包括：良好的语言能力、辨别并有效使用不同交际风格的能力、对于谈话方式的适应能力、有效传递和获取信息的能力等。

三、跨文化交际能力的衡量标准

有效性、得体性和满意度是影响跨文化交际的质量和效果的三大重要衡量标准。有效性（intercultural effectiveness）指跨文化交际达到有效沟通的预期效果。成功实现个人交际的目的，可概括为达到三项结果：完成工作任务、适应新文化、建立健康的人际关系（Dodd，2006）。得体性（appropriateness）指交流者的语言和行为恰当得体，符合特定交际语境和特定交际对象的期望和要求。这要求交流者充分了解交际情境中对方能接受的行为规范，遵守不同风俗的行为约束，言谈举止恰当（如清楚、可信、周到、有共鸣），避免因违反规则而作出不礼貌、令人厌烦或奇怪的反应。Ting - Toomey（2007）认为衡量跨文化交际是否成功的标准还包括交际双方的满意度（satisfaction）。他根据身份协商理论（identity negotiation theory）指出，交际双方满意度取决于其身份是否得到认可和尊重。不同文化背景的人，都希望个人身份和集体身份能够得到正面的认可和肯定。如果这种个人身份和集体身份得到了尊重，那么交际者就会满意；相反，交际者就会不满意。得体性是对交际过程的评价和衡量，而有效性是对交际结果的评价和衡量。只有在交际过程中做到得体，才能确保交际的有效沟通和交际双方的满意度。

综上所述，笔者认为，跨文化交际能力是不同语言文化个体实现成功交际的能力。跨文化交际能力的培养要求学生能够在不同特定的语境中作出恰当的选择，进行得体的交谈，从而达到有效的跨文化交际效果。

第二节　跨文化交际能力培养体系的建构

目前高校外语教学中普遍存在的问题是学生还缺乏跨文化交际知识，跨文化交际课程还不是一门必修课，外语教学过程中也没有把跨文化知识贯穿其中，大部分还停留在介绍文化背景知识的阶段。因此，在课堂教学过程中，应该主要从跨文化交际理论知识和文化知识的输入、跨文化交际实践这两个核心层面来进行跨文化交际能力培养体系的构建。

一、对大学英语教材中的文化内涵进行挖掘和提炼

由于跨文化交际还并非一门针对所有学生开设的必修课，因此在外语教学中，应该以公共大学英语教材为基础，充分挖掘教材中的西方文化元素。如根据《全新版大学英语综合教程》第二册第二单元的主题"生活的价值"以及课文《富足一生的生活》，可以提炼出"西方价值观"这样的文化元素；从第五单元"男女平等"的主题以及课文《女人半边天》，可以提炼出"性别平等"。根据每个单元不同的话题将其归纳为如价值观、教育、宗教、建筑、节日、饮食等类别，并将其做成不同的文化专题。针对各个专题，分别以文字、图片、视频等形式为依托进行拓展，将文化知识分专题、系统性地融入课堂教学中，这在独立学院没有开设专门跨文化课程的情况下，可以极大地改变学生文化知识零碎和欠缺的局面。在文化输入的同时，加入一些相关的视频材料，既可以增加学生的英语学习兴趣，又可以调节课堂气氛，开阔学生的视野，让学生对西方文化有更直观的感知，并且视频中原汁原味的英语，也有助于提高学生的听说语言能力。

二、在输入西方文化的同时进行中西文化对比

跨文化是两种文化的交流与碰撞，需要交际者对本族文化和异国文化都充分了解，因此，在西方文化专题学习的同时，也应该注重对中国文化的深入了解，要加入相关的中国文化，引导学生进行中西文化差异对比。以价值观为例，中西方价值观在日常生活、社会生活、文学作品、影视作品等各个方面都

可以体现出来。西方价值观的核心是"individualism"和"independence"，西方文化比较重视个体的利益和个体的独立性。这也能解释为什么西方人日常生活方式与中国人有很大的不同。例如，为什么西方人是分餐制，而中国人是一起吃饭，不分餐？为什么西方人喜欢 AA 制，各自付账？为什么大部分西方老人不喜欢和子女住一起？并非子女不孝顺或者老人很孤独可怜，而是他们重视自己的独立性，不想处处依赖子女。而中国是集体主义价值观，重视家庭，注重和谐关系。父母和子女之间也是相互依赖的关系。父母年纪大了需要子女赡养和照顾，父母要帮子女准备婚房，在子女成家后父母依然尽其所能地帮忙照顾子女的孩子。这些家庭关系和生活方式的不同，都呈现出了和西方完全不同的文化现象。在外语教学中进行文化对比，不仅可以让学生对于所学语言国家的文化特征有所了解，而且能够自觉地汲取语言中的文化信息。这不仅可以提高学生的跨文化意识，而且可以提高学生运用外语的准确性和得体性。在引导学生去发现中西文化差异并进行对比的过程中，如将中西价值观、教育理念等进行对比，不仅使学生对西方国家相关的文化有更深刻的理解，而且对比能形成强烈的认知冲击，有利于学生在进行跨文化交际时选择合适的策略进行交际。

三、以输出为基础的课堂实践活动设计

Littlewood 认为，交际语言教学使我们更加强烈地意识到只教会学生掌握外语结构是不够的，学习者还必须掌握在真实的环境中将这些语言结构运用于交际功能中去的策略（王晓燕，2011）。在掌握了一定的跨文化知识之后，教师还应该积极创造跨文化交际的虚拟和真实场景，培养学习者在真实或模拟环境下的文化交际能力。例如，可以进行以下课堂实践活动设计：

（1）案例分析。组织学生就某一典型文化现象进行讨论分析，然后由老师点评，以帮助学生加深理解所讲述的中西文化差异，并把握在相关场合进行跨文化交际的策略。例如，就"中西价值观差异"在对学生进行知识输入之后，可以选取一个典型文化差异现象如"who pays（谁来付钱）？"进行案例分析。一位中国学生和一位美国学生一起吃饭之后，中国学生付了钱，美国学生坚持要把钱还给中国学生，中国学生坚决不收，美国学生最终让步但很不愉快。组织学生分组讨论：为什么美国人喜欢自己付钱？有什么深层次的原因？如果同样的事发生在中国人之间，被请客的一方会有什么不同的反应？会像美国人一样坚持付钱吗？为什么？文化根源是什么？通过这种具体的案例分析，可以使

学生对中西价值观差异有更直观、形象的认知，不仅仅是停留在理论知识这个层面，而且可以在具体的文化交往中选择恰当的交际策略。

（2）文化场景短剧。对于有的中西文化习俗差异，可以组织学生以情景短剧的形式进行表演。例如，关于中西传统婚礼习俗的差异表现在很多方面，如结婚地点、婚礼服饰、结婚流程等，组织学生分组进行表演，将中方和西方的婚礼仪式以短剧的形式展现出来。这样学生通过模拟体验，可以将知识性的东西加以具体化、形象化，以实践体验的方式呈现出来，有助于加深学生对西方文化习俗的了解。

（3）角色扮演。对于有的文化对比，可以组织学生采取角色扮演的方式进行表演。如中西家庭教育模式的对比，中国对孩子的家庭教育大多是"学习至上"，主要只关心孩子的学习，让孩子将大部分时间花在做作业、参加各式各样的艺术培训上；而西方家长则更注意培养孩子的独立性，从小让孩子学会清理房间、做饭、修理草坪，甚至鼓励孩子在外面做兼职工作。组织学生分组，将中西家庭教育模式差异以角色扮演的方式展现出来，让学生在类似小品的话剧表演中，体会到家庭教育模式的不同，并讨论不同家庭教育模式所带来的不同预后结果，结合他们自己的问题，引起学生更深层的思考。

除此之外，教师还可以通过中西习语和谚语对比，解析其中隐含的价值观念来使学生了解中西文化差异；或者通过文化实物如工艺品、著名建筑物模型或图片、人民生活情景图片等来使学生增加地域文化知识，体会中西地域文化差异；或者通过教育、教学影片欣赏，使学生了解西方教育体系的特点，并比较中西教育体制的差异。

第三节　跨文化交际能力培养的内容

一、培养跨文化意识和文化敏感性

培养学生的文化敏感性，就是要让学生对交际过程中的文化差异、轻重缓急、敏感地带等十分敏感，使其了解并掌握异国文化的主要价值观、思维方式和行为方式，具备对异文化的基本特征的感性和理性分析对比能力。跨文化交际能力培养的一个重要的方面，就是要培养学生的跨文化敏感性。不仅是要培养他们对文化表层现象有敏锐的察觉和感知能力，而且要培养对文化表层现象背后的文化深层原因和本质进行探究和分析的能力。

文化敏感性不是天生就具备的，而是需要通过后天的学习不断提升的。文化敏感力的培养需要由浅入深、由表及里、循序渐进。在跨文化交际能力培养的基础阶段，可以训练学生对处于文化表层的母语文化和异国文化的基本特征进行观察和描述，训练他们寻找发现常人不易发现的现象，然后再逐步引导学生对所感知到的这种文化现象进行文化对比和文化深层次原因的分析，要多视角看待和分析问题。

二、培养正确的跨文化情感与态度

（一）积极看待异文化

对于中国文化背景的学生来说，他们对英语文化的了解甚少，与英语国家的人实际交往的机会也很少，因此在跨文化交际发生之前，应该要引导学生先假设异国文化的对方是善意的，他的本意是友好交流，因此要假设这种异国文化和中国文化在深层次上是有很多共同点的，如果能够积极看待异国文化和正确看待交际对方的意图，就能够在彼此之间建立好感与信任感，形成一种对跨文化交际有利的氛围，从而促进交际的良性循环。相反在跨文化交际当中，如果假设对方是恶意的，不怀好意的，这就会对跨文化交际产生一种负面的影响，从而不利于跨文化交际的顺利进行。

（二）尊重理解与宽容的态度

对待异国文化的正确态度，尤其是一些奇特文化，应该是尊重理解和宽容。入乡随俗，指的就是要尊重当地文化，如印度文化里面的用手抓饭文化和厕所文化，如何看待这种印度的传统文化、特色文化，我们也许不能做到入乡随俗，但是不能因此而认为印度人不讲卫生，不爱干净，从而形成对印度人的一种刻板印象和偏见。正确的态度应该是，要尊重理解这种文化，而且也要理解这只是印度人的一种传统生活方式，在印度不论社会地位的高低，文化程度，身份的贵贱，所有的人都会做的行为习惯和生活方式，因此我们对待这种看起来比较奇特的异国文化的态度，应该是要尊重。再比如有些国家的时间观念不够强，因此可能在见面的时候迟到了半个小时以上，那我们应该要持更宽容的态度，而不能固定地用我们自己的思维去认为他是不尊重也不重视这个见面，因此这就需要我们有一个更加宽容的态度来对待对方的迟到行为。

（三）培养跨文化移情能力

跨文化移情能力是指在跨文化交际的过程当中能够尽量设身处地站在交际对方的角度和立场去思考，要跨越母语文化的局限，使自己处于异文化成员的立场，设身处地感悟对方的感受，理解对方的思维和情感，从而达到移情或者同感的一种境界。

跨文化移情能力还包括站在对方的角度来理解他的交际意图。这种移情能力是建立在对交际对方的文化有更加深入和全面的了解的基础之上的，因此就必须对异国文化进行深入的学习和了解。

培养跨文化移情能力，还包括认识到来自异国文化的成员，可能感知到我们习以为常的现象，意识到他们可能会对我们的母语文化有不同的诠释和感受。如一个中国学生与他的美国同学一起合影，然后这个中国学生紧接着就在自己的朋友圈发了他们的合影，而没有经过这个美国朋友的同意。美国朋友看到了之后非常不高兴。在发照片之前，中国学生就应该要站在对方的角度去考虑对方的感受是怎样的，他的美国朋友是否希望在不经他允许的情况之下把他们的照片放出来。如果站在中国文化的角度去考虑，可能觉得这是没有关系的，但是美国人更重视个人隐私，他们可能不希望把自己的私人照片公之于众。交际者需要考虑到对方的文化和感受，从而避免跨文化交际过程中的矛盾和误解。因此跨文化移情能力就是要多站在交际对方的角度去思考，从对方的文化的角度来思考我们这样的行为方式，是否会让对方感觉到不适，而不是从母语文化的角度去感受和理解。

三、跨文化交际理论的掌握与运用

要培养学生的跨文化交际能力，在了解英语文化知识和掌握英语语言技能的同时，还应当向他们讲授有关文化学和跨文化交际学的相关理论知识、研究方法和重要的研究成果，包括文化的特点、文化的发展规律、跨文化交际的特点，描写和分析文化的方法、工具、模型等；应当了解和批判性地分析目前比较有代表性的文化理论和模式，以及跨文化交际理论和模式，如霍尔的跨文化分析模式、霍夫斯泰德的文化维度理论、潘琼纳斯和特纳的文化维度理论等。跨文化交际课程不能照搬西方的理论，应该结合中国文化的特点，进行对比分析和创新，探索中国自己的跨文化交际理论体系。

要培养学生的跨文化交际能力，还要引导学生学会使用正确的文化分析方法，在跨文化交际理论的指导下对英语国家文化和中国的文化进行对比分析，这种对比分析是多方面的，包括国民性格、价值观、思维方式、行为方式、社会习俗、时间观、空间观、非言语交际方式等方面。可以采用项目式教学法，让学生选一个主题，即中西文化的某一个具体方面，学生通过收集数据和案例，进行比较和分析，找出文化差异，然后探究这种文化差异的深层次原因，最后再以小组汇报的形式将结果进行展示。文化比较不仅是跨文化交际教学中的一种重要方式方法，而且是贯穿学生跨文化学习整个过程的一个重要环节。在某个文化专题的对比研究结束之后，要帮助学生对跨文化交际的理论学习进行总结提升。

在进行文化对比的时候，需要注意的是，也要鼓励学生去发现异国文化与中国文化的共同之处。从学习心理学的角度来看，学生由于缺乏实际的经验和对异国文化的深入了解，在实际的跨文化交际中会产生焦虑感和畏惧感，他们往往也过于强调这种西方文化与中国文化之间的差异，如果能够找到文化之间的一个共同点，那跨文化交际活动就会更加顺畅一些。

跨文化交际理论的学习应该与实践相结合，要通过具体实践活动进一步理解和运用。教学过程中可以结合实际的案例进行分析，从交际双方所处的不同文化角度，用所学的跨文化交际的基本理论知识，来阐释和分析交际场景，分析交际双方的思维和不同的行为方式，提出建议或解决办法。

四、培养跨文化行为能力

跨文化交际行为能力指交际主体能够与不同文化背景的人进行有效沟通的能力，是指交际者能利用所获得的基本语言技能、工作技能、学术技能等在跨文化交际语境中克服文化差异的障碍，有效运用合适的交际策略，以得体的举止与交际对象进行沟通和交流，从而顺利实现交际目标。跨文化行为能力是以认知能力和情感能力为基础的。

跨文化行为能力包括社交能力、非言语交际能力、文化适应能力。社交能力涉及社交形式、交际方式、交际态度、交际对象、交际环境、交际目的等多种因素，具有很强的可变性和不确定性。在教学中要通过不同的教学方式来培养其社交能力。良好的社交能力就包括：①吸引对方与自己交际，寻找共同话题。②营造宽松的交流氛围，善于言语交际，也善于积极地倾听和交际引导。③善于观察和分析，能够针对并根据交际中对方的交际目的、思维方式和行为方式等调整自己的行为。非语言交际能力的培养指身势语，包括身体及其部位的姿势，如手势、表情、动作等。从交际角度来看，非语言交际能力通常是伴随着言语交际产生的，是民族文化、文化习俗和交际礼仪在交际个体身上的客观反映。教学中应注意让学生了解目的语国家常用的身势语文化，才能有效避免因身势语造成的文化误解和冲突。文化适应能力在外语教学上属更深层次的范畴，它是学生通过外语学习而获得实际交际能力的关键制约因素。这种能力要求学习者对目的语文化与自身现有知识进行等值条件下的转化，另一方面要求无条件地但又积极地理解、吸收与本土文化不同的信息。文化适应能力是在语言知识的传授、言语技能的训练和交际能力培养过程中不断获得的知识和能力"内化"而生成的。当然文化适应能力受到各种因素的制约，包括知识结构、心理状态、生活经验和个性发展。培养学生的跨文化交际能力应是外语教学的最高目标。外语教学要使学生在有限的时间内获得一定的跨文化交际能力，除了培养语法能力、社会语言能力、语篇能力、策略能力，还必须通过有效的方式对学生的行为能力进行专门的培养和训练。

第四节　跨文化交际能力培养的途径

一、优化跨文化交际课程设置

20世纪60年代末，美国高等院校首次开设跨文化交际课程。在改革开放以后，中国学者胡文仲和贾玉新等将这门新兴课程引入国内高校。20世纪80年代，随着我国对外交流步伐加快，国际经贸迅速发展，需要大量懂外语且能用外语进行有效国际交流的人才。北京外国语大学、北京大学等高校陆续开始了跨文化交际课程的教学，教学内容以西方国家文化概况为主，采用比较分析的方法来对比中西文化差异，培养学生的跨文化交际能力。

如今经济全球化日益深入，高等教育国际化范围不断扩展，大学英语跨文化交际课程需要与时俱进，进一步优化。应包括语言文化类、专门用途类、交际实践类课程，突出英语和专业特色，并且通过开展国际合作办学来丰富课程体系。所设置课程要有助于提升大学生的跨文化交际能力，有助于发展他们的个性和拓展他们的国际视野，并能增强他们的创新实践能力、质疑精神以及批判思维精神。目前大多数高校都已经开设了跨文化交际英语课程，但有一些高校的跨文化交际课程只是针对对外汉语专业学生或者英语专业学生开设，而并没有在全校非英语专业学生中普及。既然跨文化交际能力成为学生外语能力培养的重要目标之一，那么跨文化交际英语课程也应该成为全校学生的必修课。同时，跨文化交际理论知识的讲授，也应该贯穿于整个大学英语教学阶段。

高校应该要严格按照教育部颁发的《大学英语课程教学要求》对现有英语课程进行调整和优化，以符合教育部对学生外语学习培养目标的要求。既要开设综合类、应用类、技能类的英语课程，又要开设语言文化类课程，并将这些课程进行有机结合，确保不同语言水平的学生在语言综合运用能力方面都能够得到有效提高。近年来，随着大学英语教学改革的不断推进，英语教学越来越重视交际能力的培养。为了确保培养学生的交际能力这一英语教学目标的顺利实现，以交际能力培养为目标，就有必要对英语课程体系进行优化设置。笔者结合当前的一些研究成果和自身的工作经验，认为可以将大学英语课程作如下调整和设置。首先是基础阶段（必修课程）。此阶段的课程类型主要设置为初级综合课程，目的在于通过教学让学生理解语言知识，培养学生听说读写译等基本语言技能。其次是拓展阶段（选修课程）。此阶段的课程类型主要设置为技能分类课程，目的在于通过教学强化语言知识技能，并通过拓展进一步拓宽专业语言知识。最后是整合阶段（选修或必修课程）。此阶段的课程主要设置为高级综合课程，目的在于对知识进行整合分类，培养学生的语言综合应用能力。不同阶段的课程设置的教学侧重点和教学目标都不同，是循序渐进的。教学实践中教师要根据学生的实际学习情况就不同阶段课程数量的设置、课程类型的安排进行科学的组合和调整，对提高学生的跨文化交际能力从课程角度作合理的规划设计。

教师应当建立更加完善的教学课程体系，设置出相应的语言类、文化类等课程，并将丰富的文化元素融入其中，增加学生文化背景知识的输入，帮助学生积累国内外文化知识。在此基础上，要不断培养学生的跨文化意识，从而实现最终的英语教学目标。英语这门语言的学习需要经过长时间的积累，所以大学英语教师要把该能力培养的理念深入渗透到教学过程中，为学生创设良好的语言环境，并在教学中注重不同文化知识的介绍和对比。这样才能确保学生具备更多的语言文化背景，从而提升学生的交际水平。最为关键的是，教师在培养学生这一能力的同时，应当要充分利用教学资源和网络平台，把实践体验融入其中。例如，可以在语言实训室的平台上创设模拟的交际场景，给学生提供跨文化交际的真实体验，从而提升教学效果。

利用现有教材，加入跨文化交际教学内容。在大学英语基础教学阶段中应该在各类英语课程中适当增加西方语言文化知识和跨文化交际方面的内容。当前我国大学英语教材正在由传统的注重学生语言语法知识的掌握向侧重文化因素与价值观的熏陶转变。在现有的教材中，课文内容也涉及了政治、宗教、文化、经济等多方面内容，在一定程度上呈现出了中西方文化的差异。教师可以利用现有教材，在备课时不仅要注意语言语法知识，还需在教案中加入文化背景知识、文化内涵渗透、重点语句点拨、中西语言文化差异讲解以及文化价值观念差异介绍等内容，建立不同教学模块。例如，西方文化教学模块，使学生了解英语国家的基本概况、社会文化、风俗节庆文化、文明史等文化知识内容；跨文化交际教学模块，使学生通过交际学、商务沟通、中西文化比较等知识内容的学习提高跨文化交际意识与能力；国际视野教学模块，可以使学生了解国际政治、国际关系史、外交实事、世界历史、全球国际组织机构等内容，增加其对国际问题的敏感度。通过使用这些教学模块，文化教学渗透到英语教学的各个环节中。大学英语基础阶段教学已不再是单一的语言语法知识的灌输，而且是提高学生文化修养、开阔学生视野、培养其良好价值观的跨文化课堂教学。

二、加强师资培训

中国外语教学环境下，学生的跨文化交际无法真正实施，主要的语言输入还是依靠教师，因此，外语教师的专业水平和跨文化交际能力，很大程度上决定了学生的水平，需要重视教师自身能力和水平的提高。加强师资培训主要有以下几个方面：

一是教师需要更新教学观念。一些外语教学的教学观念还比较陈旧，认为外语教学的重心应该是培养学生的听说读写能力，认为学生只要掌握了大量的词汇和基本的语言技能，就能成功地进行跨文化交际了。甚至以英语等级考试作为衡量跨文化交际能力的唯一标准。还有一些教师认为跨文化交际教学就是教西方文化知识，在课堂上多讲解外国文化就可以提高学生的跨文化交际能力，把文化教学等同于跨文化教育，混淆了二者的实质关系。外语教师应该意识到跨文化交际能力的重要性。现在的外语教学，并不是要把学生培养成一个本族语者（native speaker），而是要把学生培养成熟练掌握中英双语文化的跨文化者（intercultural speaker）。学习英语的最终目的还是为了能够用英语进行顺畅的交流。因此，教师的教学观念有待进一步转变，重视跨文化教学在外语教学中的重要地位。

二是教师需要加强自身跨文化理论知识的学习和注重跨文化交际意识的提高。外语教师掌握了大量的语言知识和技能，以及丰富的文化背景知识，但对于跨文化交际理论知识了解甚少，也就无法在课堂上跟学生讲解跨文化交际的理论知识，顶多只是涉及中西文化的对比，但对于为什么会造成这种文化差异，差异背后的深层次原因是什么，中西方的价值观有什么本质区别，以及文化分析方法、文化模式、文化差异的对比维度等都不一定知道。因此，外语教师自身应该加强学习，努力提升理论知识，并能够对理论知识进行阐释和运用。除了理论知识的学习和补充外，教师还要提高自身的文化敏感性和跨文化交际意识，能够在教学中深入挖掘跨文化交际元素，发现文化差异，并且引导学生进行文化对比和讨论。

从我国大学英语课堂教学现状来看，大多课程在教室中完成，而教师占据了绝对的主导地位，只有教师转变传统教学观念，切实认识到培养学生跨文化交际能力的重要性，才能全面推动跨文化交际教学活动的开展。另外，教师应不断加强自身的学习与发展，增强综合文化素养，合理把握英语文化知识教育的量与度，在教学过程中提高中英文化差异的敏感度，调动学生的学习主动性与积极性。实际上，跨文化知识的范围非常大，一方面以广义角度为出发点，涉及各个国家的经济、政治、历史、宗教、礼仪、地理、伦理、道德、社会生活、心理等；另一方面以狭义角度为出发点，涉及日常用语、专业术语、民间谚语、成语典故等，都体现了丰富的跨文化背景知识。作为大学英语教师，应在平时养成阅读外文杂志、观看外国新闻等好习惯，以更好地投入跨文化交际教学中去。

三是教师应接受专业的跨文化理论与实践的培训。培训能够使大学英语教师更好地理解跨文化教育理念，采用先进的教育信息技术，利用丰富的网络资源，综合运用各种教学手段，确保顺利开展与推进教学工作。外语教师应接受系统的跨文化教育理论的培训，结合实践，走出国门，去英语国家学习和考察，了解国外跨文化教育课程的教学目标、课程内容、提升策略、课程评估，并对国内外跨文化教育进行反思和比较，结合中国国情及自身所在院校的发展战略和生源实际情况进行本土化教学。英语教师去西方国家体验和感悟文化，能够对文化差异有切身体会，能够在课堂上带给学生更加真实的跨文化交际的例子，其自身在国外的生活经验就是很好的教学素材。

跨文化知识的范围很广，广义上涉及政治、经济、历史、宗教等各大层面；狭义上又包括日常用语、经典故事、民间谚语，甚至是肢体语言。大学英语教师在工作之余，可通过阅读外文书籍和期刊、收看国外新闻等方法不断拓展自己的知识，增强中西方文化差异的敏感性。教师在教学过程中不应带有强烈的个人观点，而要在进修培训时不断扩充知识，系统学习跨文化交际教育教学理论，增强自觉意识，提高自身素养，转变自己的思想观念，并将意识转变为实际的教学活动，引导学生逐步提高跨文化交际能力。

在教育中，教师历来是课堂的主导者，掌控着学生学习的内容、教学进度和教授方法，甚至对学生的思想道德和身心健康都有极大影响作用。在大学英语教学中，尤其是学生跨文化交际能力的培养方面，教师更起着不可替代的作用。因此，建设一支高素质的英语教师队伍，是提升大学生跨文化交际能力的根本途径。只有教师自身充分认识到跨文化交际的重要性，并且具备足够的跨文化交际能力，才能在教学中及时准确发现学生跨文化交际能力存在的不足和产生不足的原因，进而采取针对性的跨文化交际教学方式。只有围绕培养学生跨文化交际能力这一中心目标，才能培养出具有跨文化素质的国际化人才。大学英语教学必须围绕培养学生跨文化交际能力这一中心目标展开，一方面学校要给外语教师提供更多的出国深造、课题研讨和学术交流等机会以提高外语教师自身的跨文化交际能力。另一方面，学校可以邀请国内外专家给在校教师进行文化讲座，或招聘引进跨文化交际这方面的专家学者等，建设一支高素质的英语教师队伍，为开展跨文化教学、培养学生跨文化交际能力奠定坚实的基础。

三、培养学生跨文化交际意识

高等院校可以有效地利用课堂学习和课外活动来推广跨文化教育，创造浓郁的跨文化学习氛围，使学生意识到文化差异的存在。首先，教师应该在课堂上讲授西方国家的各种文化特征，帮助学生获得基本的跨文化交际所需要的知识；并设计课堂主题讨论，鼓励并指导学生运用杂志、网络等各种信息媒介自主学习，将所学到的西方文化知识呈现在课堂讨论中。学校也可以与其他国家的大学共同创建连线课堂，进行真实的跨文化交际沟通和训练，让学生感受实际的交际行为，获得跨文化交际经验，提升跨文化交际能力。其次，可开展丰富的课外活动，为学生创造机会与留学生、外籍教师或具有出国经历的教师进行交流，获得跨文化知识，培养跨文化交际意识和能力。不少大学生在当前仍是埋头学习书本上的知识，没有足够的实际交流经验，也缺乏这方面的意识。因此，教师要转变传统的思想观念，把英语从工具性的语言改变成跨文化交际的平台，让英语充当人与人之间交流的媒介，从而最大限度地体现出英语在跨文化交流中起到的效用。教师可以多为学生提供实践交流的机会，让学生凭借英语这门语言来处理各种场合中发生的各类事件，作出正确、得体的应对，并不断适应自己在环境中的新身份，以便于更好地融入日常生活中。不论是教师还是学生，都应当转变自身的传统文化意识，秉持互相学习、取长补短的理念，借鉴国外文化中的精髓与新思想，切实了解不同国家之间存在的文化差异，掌握多种多样的文化思想。在课堂上，教师也可以让学生自主观看英文原声电影，或是听一些地道的英语新闻，让学生在了解中外文化差异的同时，也能知晓国际上的动态情况，对课本进行拓展。

四、增加本土文化教学内容

文化是双向流动的，既要有输入，又要有输出，这样才能保持平衡。跨文化交际也是两种或多种文化的交流与碰撞。如果对本国文化不够了解，不能够用英语对本族文化进行解释，势必也会造成跨文化交际的障碍。学生学习西方文化知识，可是对中国特色文化和传统文化，却不知道如何用英语来表达。民族文化也是国际文化，因此在学习他国文化知识的同时，大学英语教学也要注重本土文化知识的学习，尤其是要学习如何用英语来传播中国文化，增强学生的文化自信，引导学生发现并了解自身的风俗习惯和文化身份。教育内容应包括中国的历史、地理、文学、艺术、美学、科技等学科知识，以及中国社会的价值观、人民生活方式和各民族传统文化等方面的内容。长期以来，我国的大学英语教学一直侧重于英美文化的学习，对学习者的跨文化意识培养也集中在使其更多地了解英美文化知识，而忽视了对传统文化的输入。事实上，跨文化意识的培养不是单向的文化学习，而是双向的、对等的交流。随着我国综合实力的不断增强和世界影响力及话语权的不断提升，学习者在学习西方文化的同时，也必须要加强对传统民族文化的了解和学习。因而，在培养跨文化交际意识的过程中应加入中国文化内容，弘扬民族文化、建立文化平等概念，提高民族文化的对外表述能力。

五、开设第二课堂，拓展课外活动

由于课堂教学的有限性，外语教师应该开设第二课堂，创设丰富多样的英语课外活动，将教学延伸拓展到课外活动实践中，为学生创设提升跨文化交际能力的机会，搭建文化交流的平台，营造真实的跨文化交际环境。具体而言，跨文化交际的课外活动可以通过以下方式进行课外拓展：①通过学校的周末外语电影栏目，定期给学生播放英语经典电影或者纪录片，学生通过观看原版电影不仅可以增加对英语学习的兴趣，还可以感知文化差异，更加直观地感受英语国家的语言文化。②学校可以邀请外籍教师以及有出国经历的本校教师给学生作中西文化差异方面的专题知识讲座，增加学生的文化敏感性。③定期开设英语角、英语沙龙等形式多样的活动，引导学生将视野拓展到国际化。④举办主题文化周活动，如"英国文化节""欧盟文化节"等，介绍英国、美国、加拿大等主要英语国家的人文、地理、风土人情等。营造一种文化学习的氛围，让学生在课外活动中更好地了解西方文化。⑤举办形式多样的比赛竞赛，如知识竞答、英语征文比赛、英语演讲比赛、英语辩论赛、英文歌曲大赛、英语配音大赛、英语话剧表演等，尤其是要组织跨文化交际知识能力竞赛，进一步拓宽学生的文化视野，在真实的实践交流中提升自己的跨文化交流能力。⑥以项目的形式让学生进行探索研究。如鼓励学生积极参与有关跨文化意识或者跨文化多样性认识的调查活动，了解当前在华投资企业、外资独资企业的人力资源构成状况，了解多元化文化给企业管理模式带来的影响等。⑦开展社会实践活动。学生可以利用寒暑假或小长假的机会去省内或学校周围的旅游景点，义务为外国游客进行导游和讲解工作，让学生在这种真实交际中亲自体验不同文化，发现文化差异，总结跨文化交际经验，在与异国人的交流实践中提高自身的跨文化交际能力。

通过以上方式开展各种课外活动，引导学生提高对文化知识的理解程度，一方面能够有效提高学生的综合运用语言技能，另一方面能够加深对西方文化的了解，从而提高跨文化交际水平。教师不仅要开发和创设更多的课外活动，还要引导和鼓励学生积极参加这些课外实践活动，让学生在真实交流中锻炼自己，在实践中提升自己的跨文化交际能力。

六、跨文化培训

跨文化培训是针对将进入异国文化的人员进行的一系列训练活动，为的是使其能够适应异国文化、提高在异国文化中的沟通能力和工作能力。随着全球一体化进程的加快，国际交流与合作日益普遍，跨越国界的活动也日益增多。跨文化交际的群体很广泛，既包括由于政治经济宗教原因而永久移民的群体，如移民和难民，又包括出国深造学习的学术交流群体，如访问学者和留学生；也有肩负各种工作使命和任务的群体，如开拓市场的海外工作人员、劳务输出的工人、政府的外交人员、维和部队的志愿者和各种非政府组织的工作人员；还有为体验异域文化风情而出境旅游观光的游客。由于跨文化群体的日益增多和文化的多样性，跨文化交往中的文化冲击和文化不适应现象成为跨文化交际的普遍社会现象，这也引起了学术界的关注。文化冲击是每个进入异国文化的人都要经历的阶段，那么应该采取怎样的措施和培训方法，使他们在出国后能够尽快适应异国文化，减少文化冲击带来的影响呢？跨文化培训就是为了解决出国人员的跨文化冲击和文化适应的问题。为解决这个问题最早进行实践探索的是美国。虽然跨文化培训在美国也只有半个多世纪的实践，但它作为一个行业发展迅速。美国是一个多元文化国家，早在20世纪60年代就已经重视到文化冲击这种社会现象，并着手开始设计和开发减少文化冲击的培训模式。当前跨文化培训领域所使用的培训模式和方法大多借鉴的是美国模式。这种模式是美国人针对自己的文化特性专门为本国外派人员设计的，因此有很大的文化局限性，不能生搬硬套。还有，这些培训方法多是在20世纪中后期的经济背景下开发出来的，已经不能满足今天复杂多变的文化环境的需要。因此，跨文化培训必须作出相应的改革以适应新的社会发展的需要。

（一）跨文化培训的内容

跨文化交际能力的培训可以根据跨文化交际能力的组成要素有针对性地开展，进行模块化设计。跨文化培训从认知、情感、行为三个层面分为三大模块：跨文化交际知识培训模块、跨文化交际意识培训模块、跨文化交际技能培训模块。针对不同模块设计相对应的培训内容和采用不同的培训方法。

1. 跨文化交际知识培训模块　第一模块是基于认知层面的知识培训模块。这一模块主要是帮助学生建立跨文化交际的知识库，这些知识包括：中西方文化的价值取向、中西方在言语交际和非言语交际方面的差异、跨文化交际基本理论、跨文化交际研究的动态等。从跨文化交际学的角度，培训的具体内容还包括：语言与文化、跨文化交际与文化、言语交际、非言语交际、跨文化冲突、跨文化适应、跨文化交际障碍等。知识培训模块可以采用的培训方法有课堂讲授、知识讲座、阅读分享、比较分析等。

2. 跨文化交际意识培训模块　第二模块是基于情感层面的意识培训模块。这一模块主要是针对态度、情感和动机的培训。仅具有中西方文化知识和跨文化交际理论的知识是不够的，因为知识不能有效转化为意识和技能。跨文化交际意识培训模块的主要培训内容为：对本土文化和异国文化的尊重和包容；具有同情心和移情能力，善于换位思考；客观对待自己的认知；以描述的方式而非判断的方式回应别人；愿意摒弃对异国文化的偏见或成见；能够积极适应异国文化；不违反异国文化公认的准则或风俗；具有自我价值感或自尊感；能够准确恰当地表达自己，也能够接受他人的表达；等等。跨文化交际意识培训模块可以采用的培训方法为案例分析、影视作品鉴赏与分析、角色扮演、情景模拟、小组讨论等。

3. 跨文化交际技能培训模块 第三模块是基于行为层面的技能培训模块。第三模块培训的主要内容是：语言技能，能够熟练使用本国或他国语言进行交际沟通的能力；人际交往技能，形成和发展良好的人际关系的能力；理解能力，能够理解异国文化的能力，与母语文化进行比较和联系的能力；学习能力，能够习得新知识和新技能的能力；实践能力，在实际的交际中应用知识和技能的能力；自省能力，自我监控和对跨文化互动进行管理的能力；协同能力，团队合作、分享共赢的能力。目前，跨文化交际技能训练侧重于语言技能的培养，强调英语的听说读写技能，而忽视了其他几种能力的培养。技能培训模块使用的方法主要是实际情境法，即创设真实的跨文化交际语境或情境，为跨文化交际的开展创造机会。

（二）跨文化培训的方法

具体的跨文化培训方法多种多样，如演讲、案例分析、课堂讨论、阅读材料、语言培训等。综合西方和国内相关的研究和实践来看，目前主要的跨文化培训方法可以归为四大类：讲座式培训、经验式培训、仿真模拟式培训、讨论式培训。

1. 讲座式培训 讲座式培训是根据传统讲授的教学方式设计出来的最普遍、最方便操作的一种培训方法。其主要是通过讲座讲解、观看视频、阅读文字材料等方式来获得关于目的语国家的基本文化背景知识，如国家地理、政治、经济、文化传统、风俗习惯、教育等多方面的文化知识。这种培训方式的优点是便于操作。培训材料的准备比较容易。通过培训者举办一系列主题讲座，就可以将目的语国家的相关文化知识讲授给听众。早期维和部队人员的培训基本是采用这种模式。受训者集中学习和了解派驻国的历史、地理、政治、人类学和习俗等各方面的具体知识。由于这种方法针对性较强，能够在短期内学习和了解到大量的文化背景知识，因此较受欢迎。但这种培训模式也有其局限性。受训者仅仅是学得一点文化细节、文化概况和日常生活经验，它无法提供真实的个人体验，脱离了交际场景的实际，只是单方面的文化灌输，容易造成理论与实践的脱节。受训者所学的文化基本知识并不能有效解决跨文化交际中遇到的实际问题。正如哈里森（Harrison）和霍普金斯（Hopkins）所指出的：这种方法适应性较差，参加培训的人员在国外的实际环境下解决问题时，缺乏专家的指导，他们无所适从，无法使用所学的文化知识来应对文化差异带来的误解或冲突。虽然讲座式培训存在一些缺陷，但易于操作、成本低，还可以充分利用各种多媒体网络资源，可以在短期内解决参训者的文化欠缺问题，因此这种培训方式仍然很受培训者欢迎，是普遍使用的一种方式。但不管怎么说，讲座式培训总是难以达到跨文化培训的预期效果。体验式培训法能够弥补讲座式培训法的不足，成为跨文化培训的新模式。

2. 经验式培训 经验式培训是指通过接触不同的跨文化交际中真实的场景描述，来了解和积累跨文化经验，从而实现跨文化交际的顺利进行。最早的是由美国伊利诺伊大学心理学家 Triandis 提出的 "culture assimilator"。中文意思是文化吸收，或文化同化。它是一种跨文化培训工具，这个工具设计了一系列真实生活场景的描述（real life scenarios），主要是与跨文化交往相关的重要事件（critical incidents），让参加培训的学员根据场景描述作出相应的判断和选择，并对自己的判断进行解释。最后对照培训者给出的判断结果和原因进行反思、学习和纠正。这一培训工具操作灵活方便，非常适合进行自我培训和学习的学员，因此很受欢迎，也迅速得到推广。

3. 仿真模拟式培训 仿真模拟式培训是通过创设与异国文化环境相似的模拟环境，让参训者获得亲身的经历和体验的培训方式。这种培训可以弥补讲座式和经验式培训的缺陷，更有利于学员的参与互动。这种模式是以参训者为中心，更加注重参训者的主动参与和亲身感受。学员在模拟体验中会产生新的行为和态度，并及时地调整自己。仿真模拟式培训可以让受训者再现异文化的环境，受训者在仿真环境中积极参与整个培训过程，并从"即时即地"的活动体验中学习，通过体验学习获得新的技能。受训者有望培养出一种新的解决问题的行为和态度。这会提高他们跨文化交际的有效性。一般旅居者在正式出国前参加强化集中培训的机会并不多。仿真模拟就是复制海外环境，让参训者进行实地模拟训练。这个模式不仅强调了情感目标，还强调文化具体细节的接触和体验的过程。这个模式的优点在于：以受训者为中心而不是以培训者为中心、要求受训者对自己的学习过程负责、基于问题解决、培训者的角色变成为受训者提供材料而不是提供解决问题的答案。但它同样存在不可避免的缺点。首先是文化无法复制，在仿真模式培训中表现很好的受训者，在海外的真实环境中也许会面对两难冲突，适应性很差。而且许多仿真法只是模仿某个文化环境，而社会政治和人际因素都被忽略，并且很多赖以判断的复杂的文化密码和符号无法仿真。

4. 讨论式培训 讨论式培训法是采用分组讨论的方式来培训。此类方法可以主要通过案例分析来实现。培训者提供由文化差异引起的冲突事件和背景材料，由受训者发现冲突并解释冲突，从而提高对目的文化的认知能力和对目的文化的接受容忍能力。但是这类培训对培训者的要求很高，必须提出适当案例和合理问题，否则讨论就没有效果。

随着对跨文化培训的不断研究和电子技术的进步，越来越多的培训方法出现了。但是，没有任何一种方法是完美的，也没有一种方法适用于所有跨文化培训。培训方法的选择不仅要考虑该方法自身的优缺点，还应该考虑受训人员和目的国家的具体情况。根据培训目的和培训要求选取培训方法，值得注意的是最好是把几种培训方法结合起来。同时，引入一些具体的培训技巧来增强培训效果。这些培训技巧包括案例研究、基于学习者真实生活经历的关键事件研究、文化同化、仿真、角色扮演、团队项目和体验学习等培训技巧。上面所谈的早期跨文化培训模式大多是西方的，主要是美国研究人员针对美国文化特性开发的培训模式。有的模式可以为中国的跨文化培训所借鉴，但有的模式则有很大的文化局限性，不能生搬硬套。

（三）跨文化培训的评价标准

一个跨文化培训项目如果设计合理并且得到有效实施的话，就能够给参加培训的人员带来很好的培训效果。跨文化培训的有效性可以从认知、行为和情感三个角度来衡量。①认知角度：跨文化培训对参训者的认知的转变。能否以东道国人民的视角看待异国文化；是否减少对东道国人民的刻板印象和消极看法与偏见；对异国文化背景知识是否增加，以及对异国文化的认识是否深刻。②行为角度：跨文化培训对参训者的行为的转变。能否与工作团体中来自不同文化背景的人们之间建立良好的人际关系；能否较好地协调和面对在另一种文化中所受到的日常生活的压力，有较好的工作表现；与东道国人们接触时，是否感觉放松；能否在与东道国人们建立良好的人际关系的基础上设定和达成自己的目标。③情感角度：在与异国人们交往的时候能否获得愉悦感；是否与东道国的人们保持良好的关系，并从外派的工作中获得乐趣。情感层面的跨文化培训就是培养"文化移情"能力，能够从他人的角度换位思考，用他们的方式理解他们，消减文化冲突造成的负面影响。能够设身处地从他人角度来理解他文化，摆脱本土文化约束，克服"心理投射的认知类同"。在围绕认知、行为、情感三个层面展开的培训中，认知和行为这两个层面比较容易衡量和观察到，因此评价比较容易，但是情感层面的意识和态度的转变不容易观察，如何进行评价目前在跨文化培训领域仍然是一个挑战。

跨文化培训为个人的跨文化交际能力的发展提供了实现途径。探索可操作的跨文化培训模式则具有很强的实践价值。技术、交通和通信为我们提供了创造新的文化培训方式的可能性。跨文化培训不应只是针对出国人员这个单一的群体，而是所有使用英语的群体，都应该掌握和训练，应该运用于跨文化交际教学中。跨文化培训是一种实践。要提高学生的跨文化交际能力，外语教师应该安排或者在课堂上加入跨文化培训的内容，通过多种培训方式给学生创设真实的交际语境，使学生从真实的体验中获得跨文化交际的技能。

REFERENCE 参考文献

陈爱玲，2021. 跨文化交际语境下的大学英语教学探究［M］. 北京：中国书籍出版社．

陈国明，2007. 跨文化交际学基础［M］. 上海：上海外语教育出版社．

陈申，2001. 语言文化教学策略研究［M］. 北京：北京语言文化大学出版社．

陈晓萍，2005. 跨文化管理［M］. 北京：清华大学出版社．

戴昭铭，1996. 文化语言学导论［M］. 北京：语言出版社．

邓炎品，刘渭清，1989. 语言与文化［M］. 北京：外语教学与研究出版社．

杜道明，2008. 语言与文化关系新论［J］. 中国文化研究（4）：133－140.

高一虹，1999. 语言文化差异的认识与超越［M］. 上海：上海外语教育出版社．

郭海英，2007. 外语教学的重要目标——培养跨文化交际能力［J］. 内蒙古师范大学学报
（教育科学版），20（9）：116－119.

郭晶晶，2019. 跨文化交际与英语教学的融合［M］. 北京：北京工业大学出版社．

郭坤，2017. 全球化背景下大学英语跨文化教学研究［M］. 成都：电子科技大学出版社．

郭秋香，2008. 英语写作教学中的跨文化交际能力培养［J］. 继续教育研究（4）：104－106.

郭瑞卿，温耀峰，2004. 外语教学中自主学习能力的培养［J］. 中国高教研究（7）：92－93.

胡文仲，1997. 外语教学与文化［M］. 长沙：湖南教育出版社．

胡文仲，1999. 跨文化交际学［M］. 北京：外语教学与研究出版社．

贾玉新，1997. 跨文化交际学［M］. 上海：上海外语教育出版社．

李婷，2019. 跨文化交际研究与高校英语教学创新探索［M］. 北京：九州出版社．

任瑞，2009. 跨文化交际学理论概述［J］. 山东外语教学（1）：3－7.

阮国艳，2020. 跨文化交际英语教学与研究［M］. 北京：中国纺织出版社．

商金芳，李清晨，2003. 大学英语教学中学生跨文化交际能力的培养策略［J］. 教育探索
（3）：43－44.

孙茂华，韩霞，2020. 英语教学与跨文化交际能力培养［M］. 沈阳：辽海出版社．

陶卫红，2004. 大学英语教学中的合作原则［J］. 西安外国语大学学报（4）：46－49.

王宝平，2016. 基于跨文化交际能力培养的英语教学策略［J］. 教育理论与实践（26）：
49－51.

王振亚，2005. 以跨文化交往为目的的外语教学［M］. 北京：北京语言大学出版社．

吴大荣，2003. 常用英汉颜色词的比较与翻译 ［J］. 贵州民族学院学报（哲学社会科学版）
（6）：122－124.

吴卫平，2010. 影响自主学习能力的学习者因素探析 ［J］. 中国成人教育（9）：117－118.

徐锦芬，2007. 大学外语自主学习理论与实践 ［M］. 北京：中国社会科学出版社.

许力生，2000. 跨文化的交际能力问题探讨 ［J］. 外语与外语教学（7）：17－21.

杨军红，2010. 西方跨文化培训发展脉络研究 ［J］. 前沿（16）：176－179.

杨勇萍，2012. 跨文化交际与英语文化教学 ［M］. 太原：山西人民出版社.

张红玲，2007. 跨文化外语教学 ［M］. 上海：上海外语教育出版社.

张鑫，张波，2021. 跨文化交际视阈下大学英语教学理论构建与创新路径 ［M］. 长春：吉
林大学出版社.

赵伟，2016. 大学英语教育中的跨文化交际能力培养策略 ［J］. 黑龙江高教研究（5）：
142－144.

周树江，2007. 论英语教学中的真实性原则 ［J］. 黑龙江高教研究（6）：133－135.

朱家科，2009. 大学英语教学中的文化教学 ［M］. 武汉：华中科技大学出版社.